垂帘听政

慈禧真相

向 斯 —— 著

人民文学出版社

图书在版编目(CIP)数据

垂帘听政:慈禧真相/向斯著. —北京:人民文学出版社,2017
ISBN 978-7-02-012916-4

Ⅰ.①垂… Ⅱ.①向… Ⅲ.①西太后(1835—1908)—传记 Ⅳ.①K827=52

中国版本图书馆CIP数据核字(2017)第122919号

责任编辑　王一珂　赵　萍
装帧设计　崔欣晔
责任印制　苏文强

出版发行　人民文学出版社
社　　址　北京市朝内大街166号
邮政编码　100705
网　　址　http://www.rw-cn.com

印　　刷　天津千鹤文化传播有限公司
经　　销　全国新华书店等

字　　数　292千字
开　　本　720毫米×1020毫米　1/16
印　　张　45.5　插页1
印　　数　1—15000
版　　次　2018年6月北京第1版
印　　次　2018年6月第1次印刷

书　　号　978-7-02-012916-4
定　　价　128.00元

如有印装质量问题,请与本社图书销售中心调换。电话:010-65233595

孝钦显皇后（慈禧太后）朝服像

慈禧着团寿字纹衣正面坐照

慈禧着团寿字纹衣侧身坐照

慈禧着团寿字纹衣侧身坐照

慈禧着团寿字纹衣正面坐照

慈禧着团寿字纹衣正面坐照

慈禧簪花对镜立照

慈禧执团扇簪花坐照

慈禧汉服挂珠坐照

慈禧汉服挂珠立照

慈禧簪花立照

慈禧簪花坐照

大清國當今慈禧端佑康頤昭豫莊誠壽恭欽獻崇熙聖母皇太后

慈禧戴朝珠坐照

慈禧簪花坐照

慈禧簪花坐照

大清國當今慈禧端佑康頤昭豫莊誠壽恭欽獻崇熙聖母皇太后

慈禧在颐和园仁寿殿前乘舆照。前右为李莲英,左为崔玉贵

慈禧在颐和园乐寿堂前照。中执扇者为慈禧，地上伏着她的爱犬；慈禧左为光绪皇后、瑾妃，右为四格格。前右为李莲英，左为崔玉贵

慈禧在颐和园乐寿堂前照。中执扇者为慈禧，地上伏着她的爱犬；慈禧左为光绪皇后、瑾妃，右为四格格。前右为李莲英，左为崔玉贵

慈禧在颐和园照

慈禧在颐和园照。这张照片上她露出了笑容

慈禧在颐和园排云门前照。左一为光绪皇后，左三为德龄，左六为四格格，左七为元大奶奶，左九为德龄之母，左十为容龄

慈禧在颐和园乐寿堂与四格格（左一）、元大奶奶（左四）、容龄等合照

慈禧在颐和园乐寿堂与外国公使夫人合照

慈禧与光绪皇后、瑾妃、德龄、德龄之母、元大奶奶、奕劻三女儿、四女儿及李莲英等在中海乘平底船

慈禧等人在中海乘平底船观荷

慈禧太后赏雪照

慈禧太后赏雪照。右二为四格格

慈禧太后赏雪照。右二为四格格

孝钦显皇后（慈禧太后）便服像

孝钦显皇后（慈禧太后）朝服像

孝钦显皇后（慈禧太后）佛装像

孝钦显皇后（慈禧太后）佛装像

孝钦显皇后（慈禧太后）佛装像

孝钦显皇后（慈禧太后）弈棋图

慈禧太后御笔『福、寿、龙、虎』字

慈禧太后御笔『喜』字

慈禧太后御筆『福、祿、壽、喜』合字

一曲山呑白雪高玉清新
賜絳綃裾金堂玉室
水仙篆空拜金盤
五色桃
　　吳樹梅敬題

光緒戊子新正御筆

中履和含

慈禧太后御笔"含和履中"纸匾

慈禧太后绘《富贵天香图》

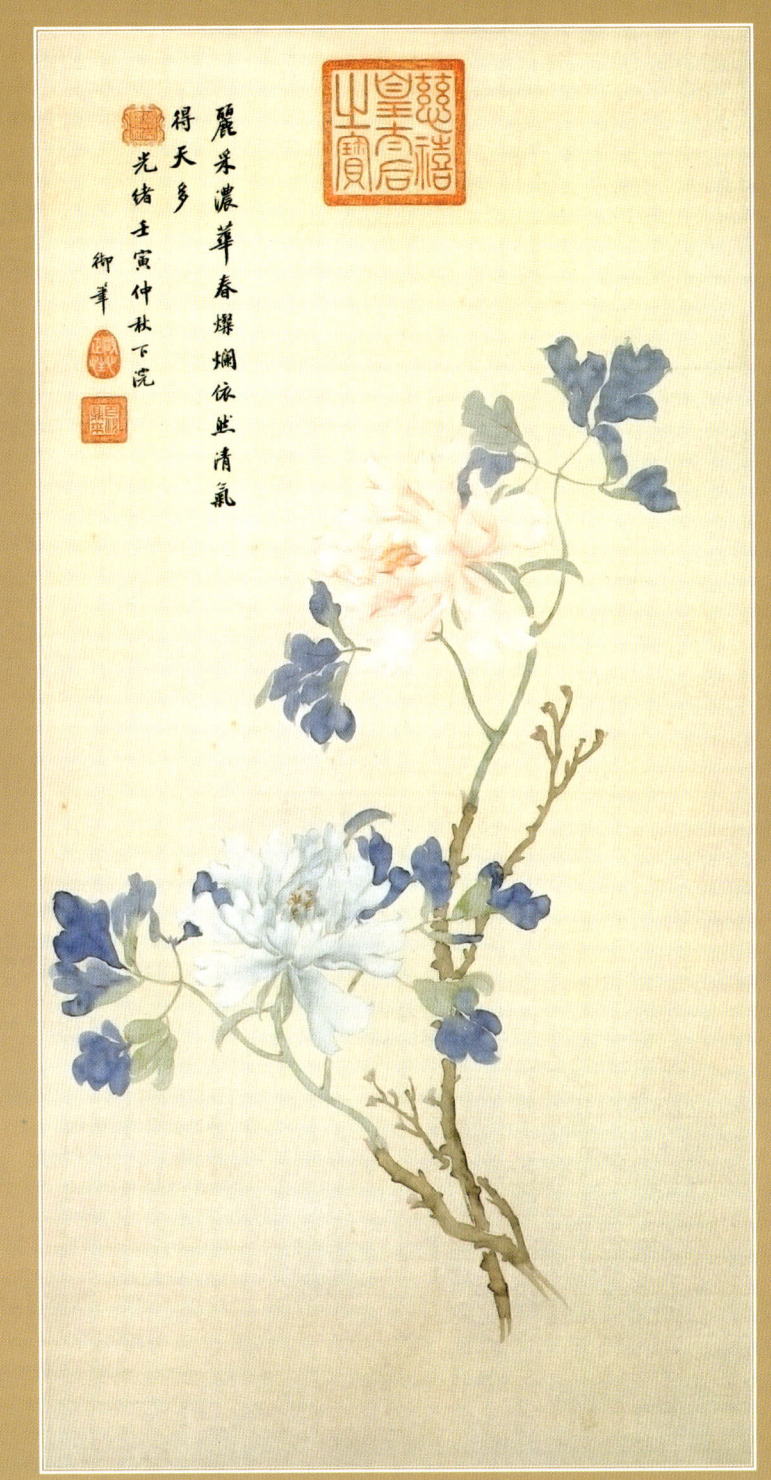

慈禧太后绘《牡丹图》

麗采濃華春燦爛 依然清氣得天多

光緒壬寅仲秋下浣 御筆

慈禧太后绘《松蝠灵芝图》

慈禧太后绘《仙人图》

慈禧太后绘《鱼藻图》

慈禧太后绘《蟠桃图》

慈禧太后绘《九秋图》

福自天來

慈禧太后繪《鍾馗圖》

慈禧太后指画《凤凰图》

钤慈禧御玺绢画花卉图面紫漆柄团扇

同治十二年上慈禧皇太后徽册

光绪二十四年上慈禧皇太后徽册

"御赏""同道堂"玺

慈禧皇太后之宝

慈禧端佑皇太后之宝

慈禧皇太后御览之宝

青金石柄"慈禧皇太后御笔之宝"铜印

慈禧太后"数点梅花天地心"檀香木玺

慈禧"恩风长扇"印

慈禧端佑康颐昭豫庄诚寿恭钦献崇熙皇太后之宝

孝钦显皇后（慈禧太后）谥宝

目 录

引子 垂帘听政 …………………… 一
帝系传承 ………………………… 一一
叶赫家族 ………………………… 五一
秀女入宫 ………………………… 七五
生下龙子 ………………………… 一〇一
丽妃之死 ………………………… 一一九
咸丰北狩与驾崩 ………………… 一二九
两大集团的生死较量 …………… 一四七
正式垂帘 ………………………… 一七一
短暂的同治时代 ………………… 一八九
再度垂帘 ………………………… 二一一
光绪继位 ………………………… 二二三
慈安之死 ………………………… 二三九
恭亲王四遭严谴 ………………… 二五三
慈禧训政 ………………………… 二七一
光绪亲政 ………………………… 二八一
甲午战争 ………………………… 三〇九
闲散恭亲王 ……………………… 三五一
夭折的变法 ……………………… 三六五
八国联军入侵北京 ……………… 三九一
画像与照相 ……………………… 四二三

德龄、容龄姐妹 …………………… 四五九
光绪之死 ………………………………… 四七五
临终前的冷静安排 …………………… 四九一
撒手人寰 ………………………………… 五〇七
李莲英的消失 ………………………… 五二五
普陀峪归宿 …………………………… 五三七
盗墓谜案 ………………………………… 五五九

附录一　慈禧的养颜和美容……………… 五七三
附录二　溥仪及其家眷………………… 六一七
附录三　慈禧大事年表………………… 六五七

引子 垂帘听政

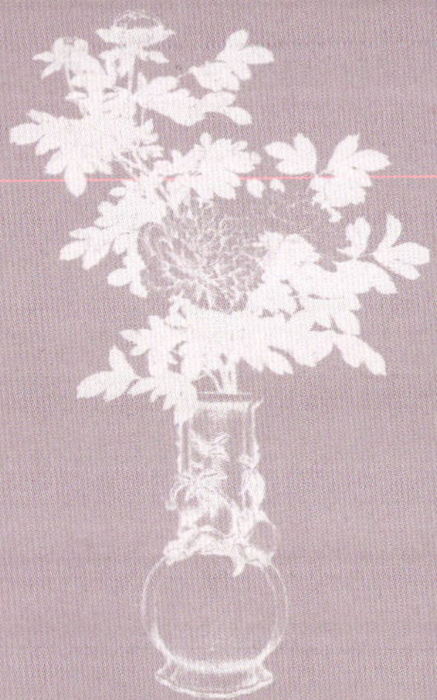

武则天像

引子 垂帘听政

慈禧太后十七岁进宫，二十六岁执政，统治中国长达四十八年之久。她三次变更祖制，垂帘听政：第一次，咸丰皇帝和慈禧的儿子载淳六岁即位，为同治皇帝，慈禧为首的两宫皇太后首次垂帘听政；第二次，非皇子继承大行皇帝载淳之父咸丰皇帝之位，也即咸丰七弟和慈禧之妹生下的四岁儿子载湉即位，为光绪皇帝，慈禧再度垂帘；第三次，光绪皇帝十七岁亲政，慈禧太后训政三年；十年后，变法失败，光绪被囚，慈禧太后三度垂帘。

垂帘听政，最早始于战国。据史书记载，战国时，国王去世，新帝幼小，由小皇帝之母临朝辅政。宫中规定，大臣不得直观皇太后，因此，辅政皇太后端坐于皇帝理政大堂侧面房间，在房间和大堂之间悬挂一帘，讨论政务，称为垂帘听政。最早的垂帘听政，始于战国之际赵国之赵太后。其后，有汉高祖之吕后、汉殇帝之邓太后、北魏冯太后、唐武则天、宋仁宗之刘太后、宋英宗之曹太后、宋哲宗之高太后、宋徽宗之向太后、宋高宗之孟太后、宋光宗之吴太后、宋理宗之杨太后、宋恭帝之谢太后、宋端宗之杨太妃，以及晚清之时三次垂帘听政的慈禧太后。归政，则称撤帘。

大一统王朝之时，最早垂帘听政者，就是吕后。正式见诸史书记载之垂帘听政者，则是武则天。《旧唐书》称："时，帝风疹，不能听朝，政事皆决于天后。自诛上官仪后，上每视朝，天后垂帘于御座后，政事大小皆与闻之，内外称为二圣。"中国两千余年帝制时代之最后一个垂帘听政者，是身历四位皇帝的晚清实际统治者慈禧太后。从吕后、武则天到慈禧太后，相距一千八百年，她们同是女性，却是男权社会三个大一统王朝的最高统治者。

说到中国女皇，人们都知道：中国历史上，只有一个女皇，她就是唐高宗皇后武则天。其实，这个说法对，也不完全对。对，是因为历史上，确实只有武则天一位女人真正称帝：六十八岁时，东魏僧人法明进《大云经》，称武则天乃弥勒佛降生，当取代李唐为帝，大臣率众九百余人上表劝进，武则天正式称帝，建国号为周。不完全对，是因为，在中国历史上，武则天之外，还有两位不同寻常的女人，有女皇之实，只是没有称帝而已，她们就是汉高祖皇后吕雉和清慈禧太后叶赫那拉氏。

女皇，概括起来，应该有三个标志：一是临朝执政，完全掌握王朝文武官员的任免大权，对于朝野百官可以生杀予夺；二是身为军队实际最高统帅，绝对控制王朝，特别是京城的主要军事力量，可以按照自己的意图调动军队；三是为人处世完全按照自我的意志行事，文武大臣心悦诚服。一句话，实际意义上的女皇就是实际掌握皇帝权力、临朝称制、手握生杀大权的出色女人。在通常情况下，是由皇帝的妻妾在自己的儿子即皇帝位之后进而侵夺皇权充任皇太后来承担这一特殊角色。这一特殊角色，必须与皇帝有着十分密切的关系，深谙政坛权术，熟悉九重宫殿的宫廷生活。

故而，在中国两千年的帝制时代，符合上述条件，具有

白金镶蓝宝石戒指

七

朝　珠

女皇权威的，只有吕雉、武则天、慈禧太后三人。她们是一个王朝的绝对统治者，是一个时代的真正主宰。

这三位女性，代表着三个不同的时代，有着各自鲜明的特点：吕后，生活在西汉王朝初期，刘邦去世后，临朝称制，大封诸吕，建立了自己的吕氏政权，执政十六年，六十一岁去世；武则天，生活在大唐王朝的鼎盛时期，六十六岁时正式称帝，在位十六年，执政五十六年，八十一岁去世；慈禧太后，生活在大清王朝末期，执政四十八年，七十四岁去世。

慈禧太后，属叶赫那拉氏，满洲镶黄旗人。十七岁之时，她以青春美貌选入咸丰皇帝的后宫，封为贵人。以好色、纵欲著称的咸丰皇帝，当时痴迷于四位绝色佳人，称为汉人四春：杏花春、武陵春、海棠春、牡丹春。小名兰儿的慈禧，以她悠扬动听的江南小曲，将风流的咸丰皇帝吸引到桐荫深处，在天地一家春成就了一段姻缘。从此以后，皇帝再也离不开这位声音柔美、性格迷人、刚柔兼济的美人。慈禧太后的一生，传奇不凡。年仅十七岁时，入宫，是她人生命运的第一次大转折。六年后，她二十二岁，生下决定她命运的儿子载淳，

这是她人生命运的第二次重大转折，也是决定性的一次大转折。二十六岁时，她的丈夫咸丰皇帝在热河行宫病逝，终年三十一岁。对于她来说，孤儿寡母，不熟悉皇室家族，不熟悉文官集团，不了解公文的运转流程，没有家族可以依靠，没有力量强大的父母做靠山，没有有相当势力的兄弟姐妹或者他们的姻亲伸出有力之手，她靠的是自己，是自己六年来在宫中的经营和网罗——那是她一生之中最为关键，也是最为危难的时刻。

在那段非常时期，慈禧内联慈安太后结成密切的后宫联盟，外结恭亲王组成强大的朝官集团，以过人的胆魄和出众的智慧，回到紫禁城，以迅雷不及掩耳之势，发动祺祥政变，一举将老谋深算的顾命八大臣收拾干净。辅政八大臣的结局十分悲惨：康熙第十三子怡亲王五世孙怡亲王载垣和郑亲王端华，被赐在宗人府自尽；端华之弟肃顺被斩首；另五人被夺职；穆荫充军边疆。慈禧太后一生经历了四位皇帝，每个皇帝的结局都很凄凉。她的丈夫咸丰帝身体十分孱弱，慈禧亲眼看着自己的丈夫从纵欲到毁灭，走完了三十一年的短暂人生。之后，她分别将儿子、外甥送上皇帝宝座，但当感觉皇帝的存在威胁了自我统治之时，她就会采取行动，对其毫不留情地压制和打击，直至清除威胁。同治皇帝继承了母亲心高气傲的天性，不甘心做一个傀儡皇帝。可是，他没有母亲的智慧，也没有对政局的控制能力；别无选择之后，他只有纵情声色。临了，他在性病的痛苦折磨中，含恨离世。光绪皇帝是慈禧妹妹的

明黄绸手串袋

织锦多格梳妆盒

儿子，身为皇帝，一直生活在太后的阴影之下，死时年仅三十八岁。去世前，慈禧太后又将醇亲王载沣之子溥仪立为皇帝。

那是西方列强疯狂肆意地瓜分中国的时代，他们在中国的土地上划分自己的势力范围，虎视眈眈中国的大好河山。在列强的侵略下，一千一百多个丧权辱国的不平等条约签订，大清不断割地赔款。当慈禧太后得到荣禄的密报，告以八国联军合议要逼她下台归政于光绪，盛怒之下，她毅然决然，正式向八国宣战。宣战的结果是大清惨败。八国联军耀武扬威地开进北京，大肆洗劫。这座八朝古都惨被破坏蹂躏。

慈禧太后一身农妇打扮，仓皇西逃，一路狼狈不堪。联军统帅瓦德西骄横傲慢，不可一世，大摇大摆地住进了中南海仪銮殿。他声称，数万联军要在北京过冬，傲慢地宣布直隶为八国联军占领区。慈禧太后任命李鸿章为议和全权大臣，与列国签订了丧权辱国的《辛丑条约》。大清帝国支离破碎，几乎灭亡。可是，慈禧为保住自己的权力地位，与西方列强结盟竟然宣称："量中华之物力，结与国之欢心!"

晚清时期，慈禧太后是最高统治者，大清的衰亡、民族的屈辱、国民的苦难，她自然应负主要责任。她狭隘愚昧，使民族受辱；作为最高执政者，她没有圣明君主的远见卓识，当国家和民族处于危急关头之际，她不能引领国民走上一条强国富民之路，数十年间，大清停滞不前，任人宰割。因此，人们谈到她时，总会义愤填膺，似乎，慈禧太后就成为近代导致中国苦难的代名词。

作为一个心智正常的家长，一定希望家族繁荣，经济富裕，人丁兴旺。客观地说，慈禧太后是一位心智正常的人，也是一位争强好胜之人，更是一位百折不挠、勇往直前的女性。作为大清帝国的家长，慈禧太后一心希望国家强盛，百姓安乐。事实上，慈禧太后统治大清的近半个世纪，为政、为人，有许多可圈可点：她不拘一格，选贤任能，朝野人才济济；政权巩固，国家稳定，江山基本保持统一；为政尚勤，官僚机器一直能够正常运转；为人尚公，手握最高权力，家人、亲戚却并未鸡犬升天。有鉴于此，不妨基于宫廷档案和历史资料，尽可能真实地复原历史，恢复历史事件原貌，尊重史实，重新客观、公正地认识慈禧太后。

帝系传承

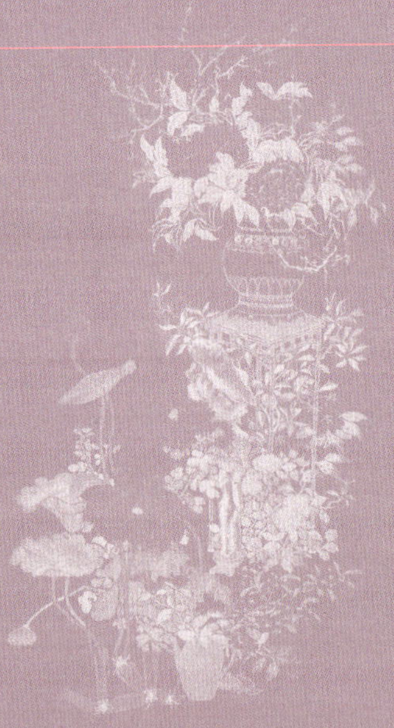

努尔哈赤像

皇太极像

顺治帝像

康熙帝像

雍正帝像

乾隆帝像

嘉庆帝像

道光帝像

康熙帝读书像

雍正帝佛装像

情殷鑑古
道光己酉清和月

描绘道光帝的《情殷鉴古图》

道光帝孝穆成皇后像

道光帝孝全成皇后像

描绘道光帝孝全成皇后的《璇宫春霭图》

道光帝孝全成皇后便装像

道光帝静妃（恭亲王奕訢生母）像

描绘道光帝后的《春溢秋庭图》

《道光帝行乐图》

道光帝御笔"抚序思难"

道光帝御书《九九消寒图》

管城春滿

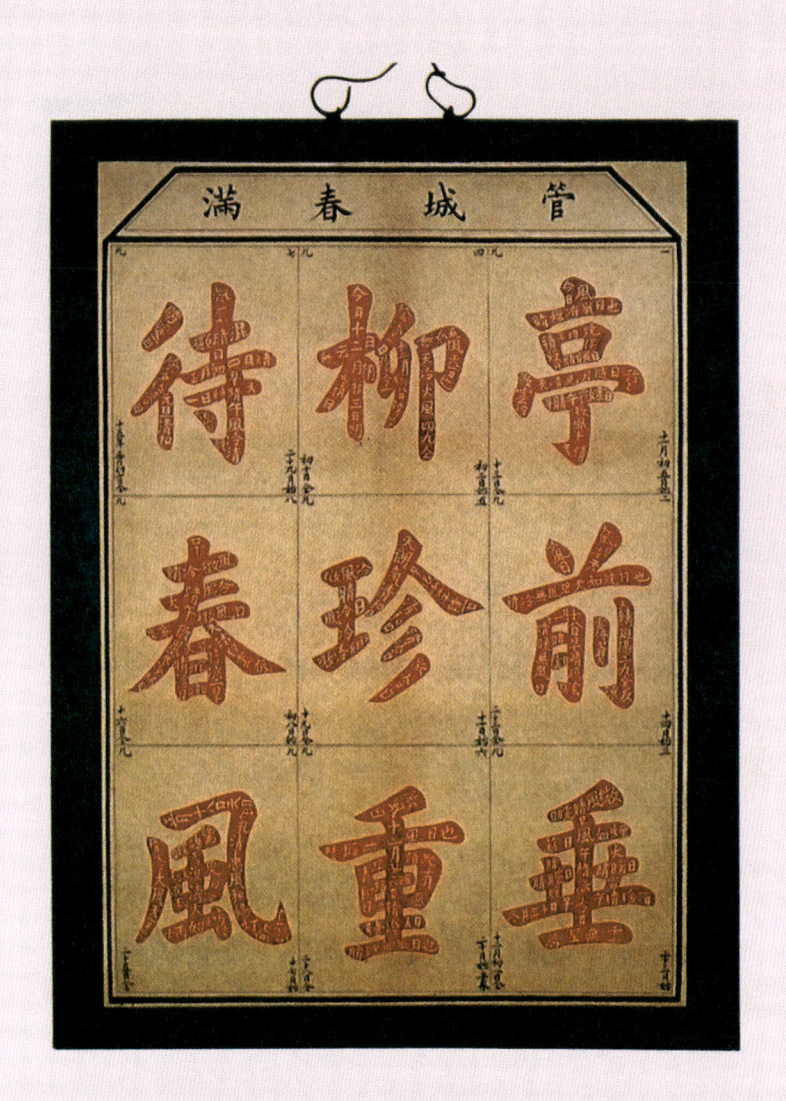

亭前垂柳珍重待春風

《九九消寒圖》

林则徐像

《林则徐看剑引杯图》(局部)

咸丰帝夏朝服像

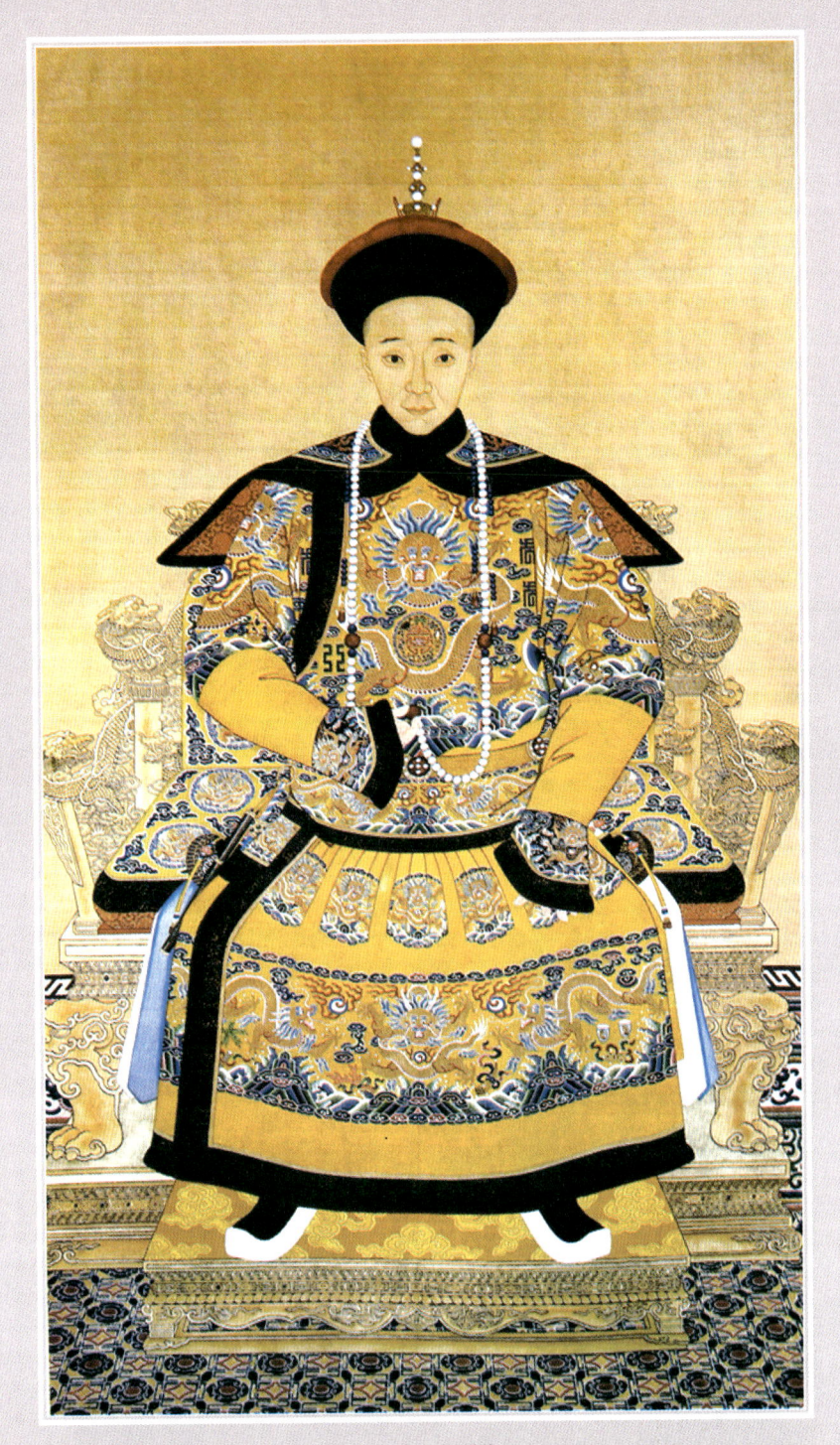

咸丰帝冬朝服像

《玟贵妃、春贵人行乐图》

咸豐二年十二月十四日

諭皇后宮庭之內樸素為先朕看皇后及嬪貴人常在等服飾未免過於華麗殊不合滿洲規矩是用定遵行以垂永久

一簪釵等項悉照舊樣不可競尚新奇亦不准全用點翠梳頭時不准戴流蘇蝴蝶亦不准繩紅穗戴帽時不准戴流蘇蝴蝶及頭上不可有流蘇活鑲等件鈿大塊帽花帽花上不准點翠亦不准彫花花亦同

一尋常帽飄帶

一耳挖上不准穿各樣花長壽字等項

一耳墜只准用鈎不准用花流蘇等項小耳鉗亦不准點翠亦不准彫花

一皇后用黃色皇貴妃同貴妃至嬪俱用杏黃色貴人以下無論何色俱二根同色緣五分寬片金邊不准緣花縧

一皮至紗敞衣襯衣袍窄袖襯衣緊身襯袖不准緣邊

一皮至紗敞衣襯衣袖不准寬俱倒捲

再各宮女子媽媽里無論尋常年節衣服上不准戴大耳鉗王耳環

以上各條於皇后殿內及嬪等住屋各懸掛一道經朕此次酌定後有不遵者以違旨論特諭 御筆

咸丰二年御书《谕后妃》贴落

諭

咸豐四年二月十四日

皇后嬪貴人常在等從前二年十二月所降諭旨尚有未備之處茲再

諭旨飭諭遵行尋常所帶

明白飭諭遵行尋常所帶

鄉秋領不准有花邊絛邊青緞邊梳頭時只准戴兩支花若有戴三支花者即應懲辦手上所帶鐲子不准用響鐲鞋底只准用一寸厚若有一寸五分者即應懲辦雖年節穿朝服蟒袍時亦只准用一寸厚底之鞋以上新定之條限五日內一律換齊前降之

旨及新定之條如有不遵

者

皇后則加倍罰銀或口分自嬪以下則降位分一等女子媽媽里如有不遵者從重治罪特

咸豐四年御書《諭后妃》貼落

如夢令　　李清照

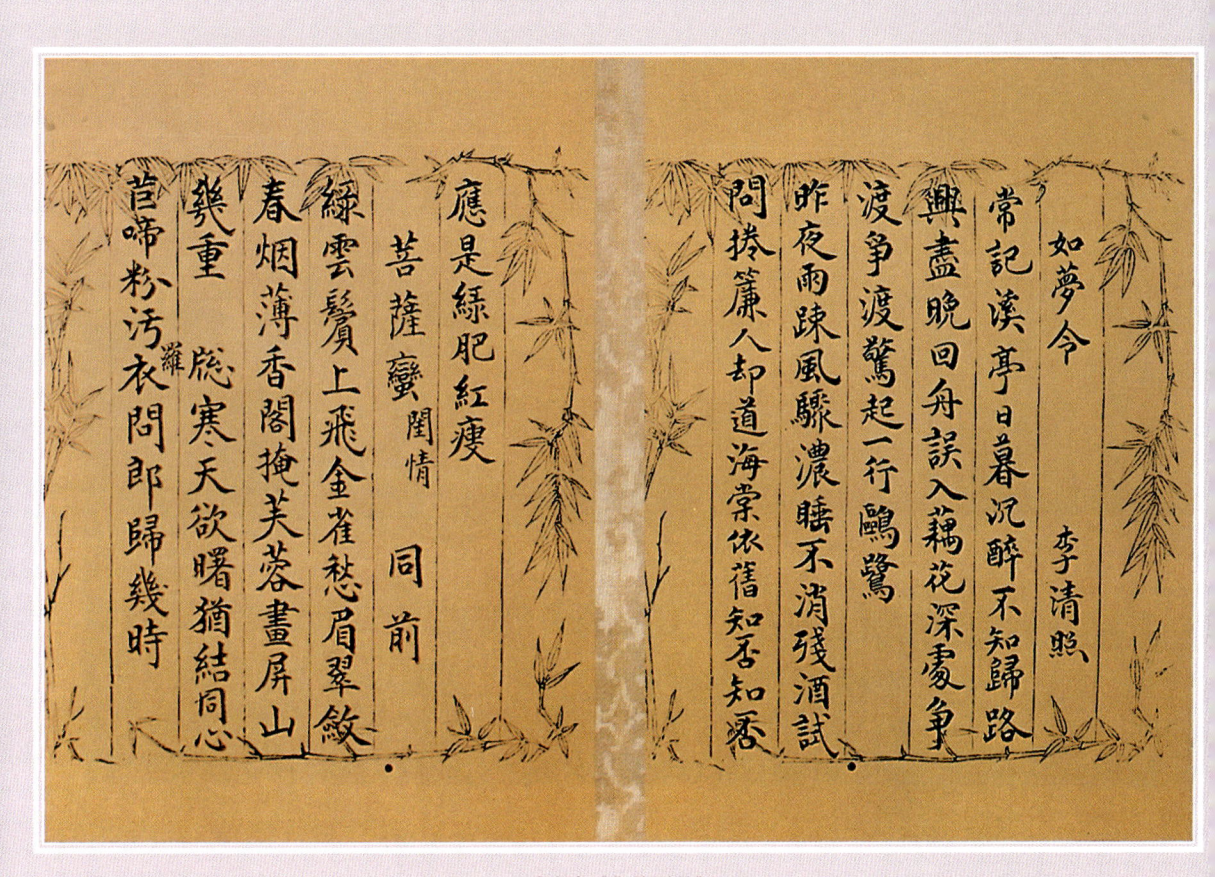

常記溪亭日暮沉醉不知歸路
興盡晚回舟誤入藕花深處爭
渡爭渡驚起一行鷗鷺

昨夜雨疏風驟濃睡不消殘酒試
問捲簾人却道海棠依舊知否知否
應是綠肥紅瘦

菩薩蠻　閨情　同前

綠雲鬢上飛金雀愁眉翠斂
春煙薄香閣掩芙蓉畫屏山
幾重　羅　惢寒天欲曙猶結同心
苣啼粉污衣問郎歸幾時

咸丰帝《御笔词册》

满洲皇室仿照汉人,按照拟定之字,论资排辈。据史料记载,清初太祖、太宗、世祖之时,诸皇子命名,没有统一规定。圣祖(康熙)之时,儿子取名多用"允"字。世宗(雍正)之时,儿子取名多用"弘"字。但是,没有形成定制。清皇室子孙行辈之制,始于高宗(乾隆)之时。乾隆时期,皇六子永瑢精绘《岁朝图》,进献皇太后,乾隆帝御笔题诗,上有"永绵奕载奉慈娱"之句。后来,乾隆仿照汉人行辈之制,确定"永、绵、奕、载"四字为以后宗室子孙命名行辈之字。道光时期,续定"溥、毓、恒、启"四字。咸丰时期,再续定"焘、闿、增、其"四字。从嘉庆皇帝开始,正式以"永"字排行。

爱新觉罗·努尔哈赤是大清创业之君,属羊,庙号太祖,五十八岁登基,在位十一年,享年六十八岁。年号天命,意思是上承天命,统治人寰。天命皇帝有十六位妻子,生育十六个儿子、八个女儿。皇八子皇太极,属龙,庙号太宗,三十五岁登基,在位十七年,享年五十二岁。年号崇德,意思是尊崇圣德,仁爱苍生。崇德皇帝有妻十五人,生育十一个儿子、十四个女儿。皇九子福临是清入关定都北京的第一位皇帝,庙号世祖,属虎;他六岁登基,在位十八年,享年二十四岁。年号顺治,意思是顺利治国,中华一统。

顺治皇帝有妻十七人,生育八个儿子、六个女儿;皇三子玄烨,庙号圣祖,属马,八岁时奉遗诏继承皇位,在位六十一年,享年六十九岁,年号康熙,意思是康宁兴隆,天下和熙。康熙皇帝有妻六十七人,生育三十五个儿子、二十

乾隆帝写字像

个女儿；皇四子胤禛，庙号世宗，属马，四十五岁登基，在位十三年，享年五十八岁，年号雍正，意思是雍亲王得天位之正统；雍正皇帝有妻二十三人，生育十个儿子、四个女儿；皇四子弘历，庙号高宗，属兔，二十五岁登基，在位六十年，太上皇四年，享年八十九岁，年号乾隆，意思是天运兴隆，国家昌盛。乾隆皇帝有妻四十一人，生育十七个儿子、十个女儿；皇十五子，庙号仁宗，属龙，三十六岁登基，在位二十五年，享年六十一岁，年号嘉庆，意思是嘉祥吉庆，四海安宁。嘉庆皇帝有妻二十人，生育儿子五人；皇二子旻宁，庙号宣宗，属虎，三十九岁登基，在位三十年，享年六十九岁，年号道光，意思是道统相承，发扬光大。

清道光皇帝是中国历史上一位悲剧皇帝，其悲剧色彩十分浓重：他的悲剧，既是个人悲剧，又是家庭悲剧，更是国家悲剧。道光的父亲是嘉庆皇帝，祖父

道光七年吉庆流苏簪

是乾隆皇帝。嘉庆生母魏佳氏，是内务府包衣之女。嘉庆皇帝有两位皇后，一是孝淑皇后，生皇二子，就是后来的道光皇帝。嘉庆皇二子旻宁，生于乾隆四十七年八月初十（一七八二年九月十六日）。他是清皇帝中唯一由皇后嫡子身份登上皇帝宝座之人，也即后来的道光皇帝。他的母亲喜塔腊氏是内务府总管和尔经额之女，十五岁出嫁。道光帝出生时，其父嘉庆皇帝二十二岁，其母二十三岁。旻宁在十三岁那年，好事连连，最大喜事，就是他三十五岁的父亲被乾隆皇帝册立为皇太子。一年后，旻宁十四岁，家中三喜临门：一是其父即皇帝位，为嘉庆皇帝；二是其母被册立为皇后；三是皇父为他娶亲，新娘是户部尚书的女儿。可惜，其母孝淑皇后福气太薄，只做了一年皇后，不幸病逝。两年后，旻宁十七岁，被父亲秘密立为皇太子。

在中国历史上，道光皇帝占了三个之最：做皇子时间最长，做皇太子时

垂帘听政 慈禧真相

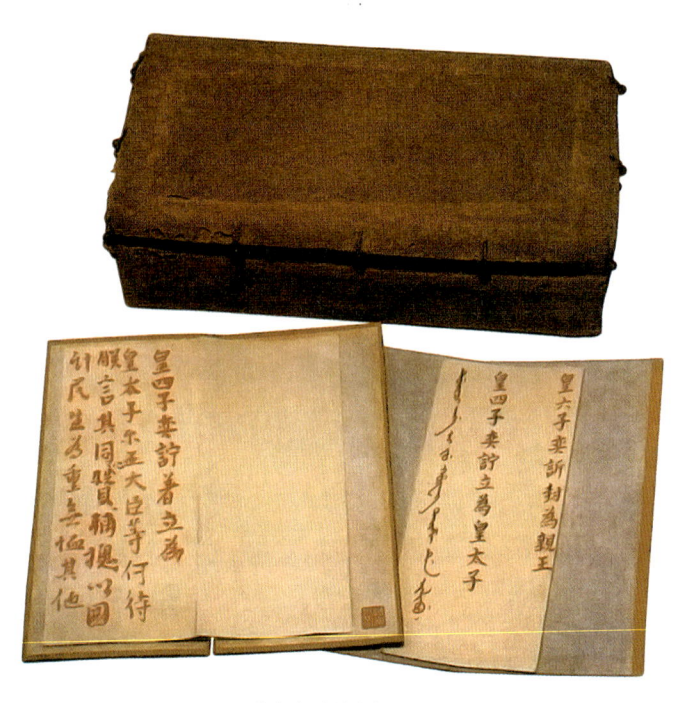

道光帝建储密旨及匣

宣宗成皇帝（道光）谥宝

间最久，宫中生活和读书时间最漫长。旻宁之所以做皇子最长，是因为祖父乾隆皇帝过于长寿，其父苦等了三十六年才登上皇帝宝座，他也跟着苦熬苦等，做了三十八年的皇子，做了二十三年的皇太子。所以，他自然是中国历代宫廷之中做皇子时间最长之人。同时，他也是中国宫廷之中读书时间最长的皇子，他六岁开始读书，在宫中度过了长达三十余年的皇子读书生活。

　　道光皇帝先后有四位皇后，是清代皇帝中皇后最多的一位。第一位是孝穆皇后，道光皇帝没有即位之前就已过世，封号是后来追加的。第二位是孝慎皇后，做了十三年皇后，病死。第三位是孝全皇后，生皇四子奕詝，三十三岁去世，身份是全皇贵妃，特旨赐谥孝全皇后。第四位是孝静皇后，一直身份是皇贵妃，咸丰五年去世，四十四岁，由其儿子皇六子奕䜣逼迫咸丰皇帝追尊为孝静皇后。这位孝静皇后极不简单，一生受到道光皇帝的宠爱，生有三个皇子：皇二子奕纲，皇三子奕继，皇六子奕䜣。孝全皇后去世后，皇四子奕詝十岁，由孝静皇后抚养。

　　道光皇帝共有九个儿子：皇长子奕纬，英俊魁伟，不好学习，被父亲踢死，年仅二十四岁。皇二子奕纲，两岁病死。皇三子奕继，三岁夭折。皇四子奕詝，就是后来的咸丰皇帝。皇五子，过继给皇叔。皇六子奕䜣，就是恭亲王。皇七子奕譞，封醇亲王，其子载湉就是后来的光绪皇帝。皇八子，二十五岁去世。皇九

道光帝御用"虚心实行"玺

道光帝赏赐皇六子奕䜣的白虹宝刀

子，三十三岁去世。

道光二十九年（一八四九年）十二月，道光帝的继母孝和皇太后以七十四岁高龄去世。道光帝十五岁丧母，饮食起居一直由这位继母照料，母子间感情深厚。孝和皇太后的去世，令道光皇帝哀伤过度，体力不支。道光三十年（一八五〇年）正月十三日，道光帝在圆明园慎德堂染病，第二天病危，急宣宗人府宗令会同御前大臣、军机大臣、总管内务府大臣公启秘匣，宣布御笔亲书：立皇四子奕詝为皇太子。随即，道光皇帝崩于慎德堂，终年六十九岁。

咸丰皇帝奕詝，生于道光十一年六月初九日（一八三一年七月十七日），属兔。咸丰十一年七月十七日（一八六一年八月二十二日）去世，终年三十一岁。咸丰皇帝一生命运坎坷，祸事连绵。他十岁丧母，十九岁丧父，三十岁逃离京师，在此期间，五代皇帝苦心经营一百五十余年的皇家御园圆明园被英法联军纵火烧毁。咸丰一生喜好游乐，沉湎美色，身体虚弱，折亏阳寿。万里江山，兵连祸结，狼烟四起，在内忧外患之中，他年仅三十一岁就离开了人世，将满

道光御赏之宝

目疮痍的庞大帝国留给自己不满六岁的儿子。从此，万里帝王家，落入了他的妻子叶赫那拉氏，也就是后来的慈禧皇太后之手。

咸丰共有十六位妻子：其中三位皇后，两位皇贵妃，两位贵妃，四位妃，五位嫔。

三位皇后其一是孝德皇后萨克达氏，太常少卿富泰的女儿。咸丰皇帝为皇子时，皇父道光皇帝为他册立萨克达氏为嫡福晋，时年十七岁。一年后，萨克达氏去世。又过一年，咸丰由皇子即皇帝位，念其没有册立为皇后，又无儿女，特旨追封萨克达氏为孝德皇后。其二是孝贞皇后，即慈安太后。其三是孝钦皇后，即慈禧太后。事实上，咸丰皇帝生前，只册立了一位皇后，即孝贞皇后，也就是东太后慈安。

两位皇贵妃其一为庄静皇贵妃他他拉氏，主事庆海的女儿。她与慈禧太后同时入宫，小慈禧两岁。初入宫时，她被封为丽贵人。后来，晋丽嫔、丽妃，生下咸丰皇帝唯一的女儿。在一些影视作品中，慈禧太后得势后，将丽妃砍

去手脚，泡在酒缸，折磨至死。这纯属杜撰。事实上，丽妃与慈禧一直关系很好，得到善终。其二是端恪皇贵妃佟佳氏，入宫时被册封为祺嫔。咸丰去世后，先后尊她为祺妃、祺贵妃、祺皇贵妃。

两位贵妃其一为婉妃索绰络氏，左都御史奎照之女。入宫时，赐号婉贵人，先后晋为婉嫔、婉妃、婉贵妃。其二为玟妃徐佳氏，领催诚意之女。入宫时，赐号玟贵人，先后晋为玟嫔、玟妃、玟贵妃。四位妃分别是璇妃、吉妃、禧妃、庆妃。五位嫔分别是云嫔、英嫔、容嫔、寿嫔、玉嫔。

道光帝御用"政贵有恒"玺

叶赫家族

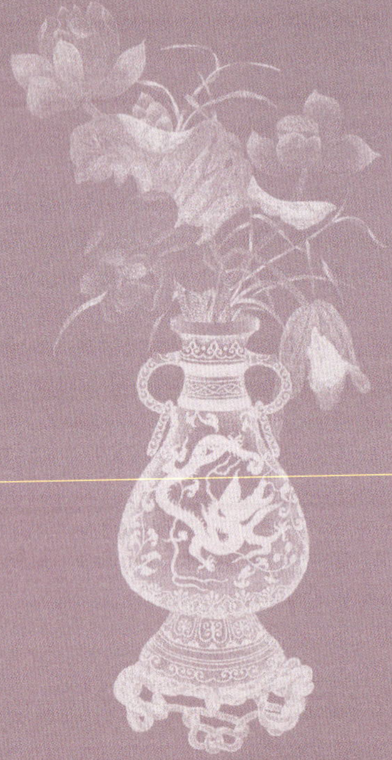

慈禧真正出生地：北京西城西四辟才胡同宅院旧址

慈禧弟桂祥照

叶赫家族

慈禧的先祖原是蒙古人，生活在蒙古大草原。

慈禧姓叶赫那拉，是满洲最著名的海西女真叶赫家族的后裔。这是个古老的部落，常年生活在东北叶赫河畔。那里土地肥沃，河流奔涌，长年不息。早先满洲最尊贵的家族是皇族爱新觉罗，爱新觉罗的祖先曾宣布：爱新觉罗是天地间最尊贵的金子（爱新觉罗，满语为金子之意）！叶赫那拉家族先人十分不屑，他们表示："金子算得了什么？我们是无与伦比的太阳（叶赫，满语是太阳之意）！"为此，爱新觉罗家族多次对叶赫家族发动战争。但是，叶赫家族兵强马壮，越战越勇，多次打败爱新觉罗家族，成为东北最大的家族和部落之一。

叶赫家族原姓土默特，是蒙古族。后来，他们灭亡了纳兰部落，占领其地，改姓纳兰。他们自由自在，过着逐水草而居的游牧生活。他们从蒙古大草原游牧到扈伦部的叶赫河边，招赘在那里定居，改称叶赫那拉，史称海西女真。那拉，满语就是爱之意。满洲有八大姓，称为八大家族，他们是：叶赫那拉氏、钮祜禄氏、瓜尔佳氏、舒穆鲁氏、完颜氏、富察氏、费莫氏、马佳氏、章佳氏。这是九姓，费莫氏和马佳氏二姓实为一族。叶赫家族在清二百余年中，涌现了许多杰出的文臣武将，为大清王朝的建立和鼎定，立下了赫赫战功。

叶赫子孙名人众多，在清廷重要部门担任要职：首领金台吉之子德尔格勒、尼雅哈，授佐领，骑都尉世职。

尼雅哈子明珠，历内务府总管，刑部、兵部、吏部尚书，左都御史，武英

明珠府旧址

殿大学士；领修《大清会典》《大清一统志》《明史》、两朝"实录"，为总裁官，授予太子太傅、太师。

明珠长子纳兰性德（一六五五——一六八五），原名成德，字容若，号楞伽山人，满族，满洲正黄旗，清初著名词人。性德少聪颖，读书过目即能成诵，继承满人习武传统，精于骑射。在书法、绘画、音乐方面均有一定造诣。康熙十五年进士，授三等侍卫，寻晋一等，武官正三品。妻两广总督卢兴祖之女卢氏，赐淑人，诰赠一品夫人；婚后三年，妻子亡故，吴江叶元礼亲为之撰墓志铭。继娶官氏，赐淑人；妾颜氏；后纳江南沈宛，著有《选梦词》，文采风韵不减夫婿，后亡佚。纳兰性德死时，年仅三十一岁；文人祚薄，哀动天地。他葬于京西皂荚屯，有三子四女。一女嫁与骁将年羹尧。

明珠次子揆叙，历日讲起居注官、翰林院掌院学士、工部侍郎、左都御史。

清代历任皇帝妻室中都有叶赫女子。清太祖努尔哈赤孝慈高皇后叶赫那拉

努尔哈赤像

氏是叶赫酋长杨吉努的女儿；大妃和两个侧妃也都是叶赫女人。其后，太宗有继妃、侧妃、庶妃；顺治有庶妃，康熙有惠妃、通嫔和两个贵人；雍正有孝敬宪皇后；乾隆有第二任皇后、舒妃；道光有和妃等。这里面，最有名的是努尔哈赤的孝慈高皇后。

清入关之前，清太宗皇太极曾先聘尼堪外兰之女。叶赫纳兰部落仗着自己强大，先下手为强，竟然将尼堪外兰之女强娶。皇太极大怒，举兵征服尼堪外兰，接着征服叶赫纳兰，灭亡其部落。从此，纳兰以部落为姓氏，称为叶赫那拉氏，慈禧太后就是叶赫那拉氏的后裔。《清宫词·太祖娶叶赫女》写道："纳兰一部首歼诛，婚媾仇雠箠脱弧。二百年来成倚伏，两朝妃后姪从姑。"

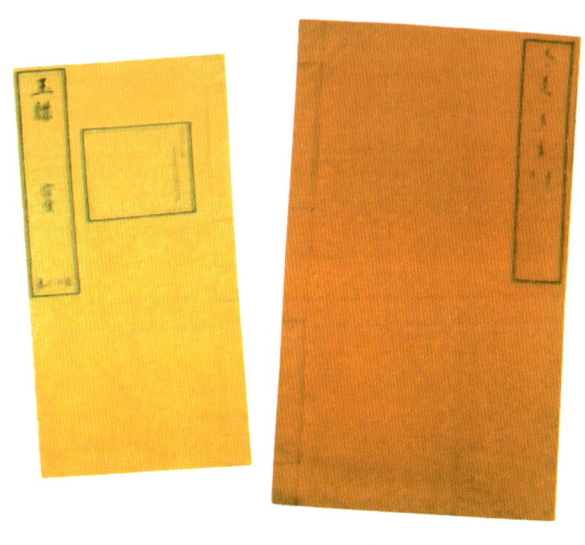

清皇室家谱：《玉牒》

大清皇室的子孙后代，正是爱新觉罗男性和叶赫女性血脉的延续。奇怪的是，大清江山的最后主人，也是叶赫家族的女人，她们就是慈禧皇太后叶赫那拉氏和隆裕皇太后叶赫那拉氏。可以说，大清起于叶赫，兴于叶赫，亡于叶赫。

慈禧太后出生于官宦之家，她的祖上三代为官，虽然不是一二品大员之家，也是四五品官职的中等官僚家庭。慈禧的曾祖父吉郎阿，官至户部银库员外郎。嘉庆十九年（一八一四年），吉郎阿去世。三十年后的道光二十三年（一八四三年）三月，清廷查出了一宗银库亏空大案，案件直接牵连到这位当年的银库员外郎。

引发这场银库大案的人物，是万泰银号的老板张亨智。道光二十二年（一八四二年）五月，张亨智想给儿子张利鸿捐一个知州的官。他们用钱开路，走通关系，采用各种手段很顺利地将其办妥。张老板觉得捐官的这个方法很好，不用儿子苦学，捐几个钱，就可以轻松地做官。于是，他就想再为大儿子捐一个员外郎。很快，各种事情谈妥，就等着交钱。交钱的时候，正好张亨智的好友前往户部交纳款项，就请好友代为交纳。张亨智告知这位好友，说自己的弟弟就在银库当差，请打个招呼，让他帮忙照料一下，尽快将这些银子入库。

张亨智的好友带着这两笔捐官的银子，一万一千四百七十四两，分装十一袋，如数送到户部银库纳款。银库职员十分忙碌。张亨智的弟弟接收了这笔款，按照惯例，他将第二秤报为第三秤，将第七秤报为第十秤。这是他们约定俗成的做法，大家心照不宣。这样，仅仅这一笔，就多出了四袋银子，供他们自己私下分赃。这些内幕和细节，全是经办人员做的手脚，银库的主管御史和负责银库的库管之人当然并不知晓。每天，银子入账以后，经办人员就开始私下分赃。可是，由于分赃不均，有人将这件事情透露了出去。怀有私心的人，就借此事，开始大胆地敲诈勒索，但没有成功。于是，敲诈者一气之下，干脆向北京南城吏部衙门告发。

道光皇帝立即行动。经过精心挑选和周密安排，他神不知鬼不觉地派遣一批十分精干的朝廷司员，入驻户部。他们不必请示户部尚书，马上封存银库，直接调出账本查账，所有清查结果，直接向皇帝汇报。查账的结果，果真不出道光皇帝之所料，大清国库库银的亏空，竟达九百二十五万两之多，占年收入的四分之一！这个时候的大清王朝，正处于内忧外患之中，到处需要钱，国库可怜的一点银子，东挪西借，十分紧张。在

清康熙黑漆髹金龙纹交椅

慈禧赏赐：清道光官窑五彩龙凤御碗

慈禧赏赐：清光绪三十二年彰德附近秋操纪念奖品景泰蓝酒杯

银根如此紧张的情况之下，竟然有如此大的国库亏空，这种结果，简直让人难以想象。

清代二百六十八年的历史，财政收入的规模不断变化。财政收入规模，是指整个国家的财政收入总体水平，是一定时期之中衡量一个国家财政实力的重要标志。清代的财政收入，比较当时的西方列强各国来说，低得可怜，一直到清中期仍然维持在较为低下的水准。但从总体规模上看，清代财政收入，一直呈现上升的趋势，特别是慈禧太后执政时期，突飞猛进，比起清中期翻了几番：清初顺治时期，年收入两千四百余万两。康熙时期，三千万两。雍正时期，三千五百万两。乾隆初期，四千万两，乾隆中期，四千八百万两。嘉庆、道光年间，四千至五千万两。咸丰、同治年间，五千至六千万两。光绪十二年（一八八六年），八千万两。光绪三十四年（一九〇八年），二亿两。从清代的财政收入状况上看，道光时期，岁入四千余万两，这场银库亏空案，高达九百二十五万两，真正是占据年收入的四分之一。

道光皇帝看过清查报告以后，接连几日饮食不思。他决定，派王公大臣会同司法部门，彻底调查户部银库。道光指示办案大臣，必须查明真相，明确责任，不惜一切代价追回所有赃款。调查的内容是：自嘉庆五年（一八〇〇年）以来，银库的一切银两出入情况。调查的重点是：调查历任库管官员和库房管理人员，不管是去世的还是活着的，一个也不放过。追赃的方式是：

慈禧赏赐：清乾隆珐琅彩俄国美女鼻烟壶

慈禧赏赐：金怀表

所有有关人员，不论死活，一律赔付亏空巨款，死去的，由其子孙代为赔付。

最后，负责调查的王公大臣很快查清了这笔巨大的银库亏空案，查出了所有的相关人员。结果，吉郎阿应该赔银四万三千二百两。因为吉郎阿已经去世，按照追赃方案规定，赔款减半，是两万一千六百两。道光皇帝亲自过问此事，明令：凡是去世的，由其子孙代为赔款。吉郎阿的这笔赔偿，自然就落到慈禧太后的祖父景瑞的头上。赔偿赃款两万多两白银，对于慈禧一家来说，无疑是一场空前的灾难。然而，他们没有想到的是，这只是家庭所有不幸的开始，更大的灾难还在后面。慈禧的祖父景瑞，不过是京城之中一介中下级文官，哪里有钱赔偿这笔巨款？可是，此案震动朝野，也是户部的第一件大事，皇帝直接过问。负责此事的督办大臣，丝毫不敢怠慢。

由于赔偿数额巨大，景瑞的赔款一直不能到位。御史出面干预，参奏景瑞。弹劾奏章送达御案，道光皇帝立即批复，将其逮捕。赔偿一案未了，牢狱之灾降临。由皇帝批准逮捕的人犯属于钦犯，关入皇帝控制的牢狱之中，不能假释。景瑞突遭横祸，家中的顶梁柱轰然倒塌。慈禧的父亲惠征吓得面无人色，一时手足无措，终日愁眉不展，郁郁寡欢。这时，少女慈禧悄悄探明事情的原委，并小心翼翼地给父亲提出建议：变卖家产，向亲友告贷，全力以赴筹措赔款，把祖父从牢中赎出。

惠征对女儿的胆量和果断感到很是吃惊，也觉得非常有道

慈禧赏赐：宫中"百子千孙"铜币

慈禧赏赐：丝绣小荷包

理。于是，惠征照此而行。经过一家人和亲朋好友的共同努力，惠征陆续凑齐了九千余两。再努力，又上交了两千八百余两，合计一万两千余两，占全部赔款的百分之六十。惠征全家全力以赴，东挪西借，尽力赔偿欠款。左邻右里看在眼里，大臣们也都很同情，于是，情况开始出现转机。京官们就开始为惠征说话，特别是一些御史，主动出面，进奏道光皇帝，认为其余四成的赔款，可以通过扣薪、田产折赔来解决。看了奏折，道光皇帝同意了大臣所请。这样，景瑞在入狱一年以后，被成功保释，重新恢复了自由。

景瑞曾任道台，官至刑部郎中。惠征，监生出身，官至吏部主事、吏部员外郎，山西归绥道道员，安徽宁池太广道道员等职。道光八年以后，不断加官晋级，到四十九岁去世之前，他还从泾县国库之中提取银子三千两。咸丰三年（一八五三年）三月，惠征以携带饷银、印信逃避江苏镇江之罪开缺。六月三日，惠征病死于镇江府，享年四十九岁。

慈禧的母亲佟佳氏，是大家闺秀，外祖父惠显历官安徽按察使、驻藏大臣、工部左侍郎、山西归化城副都统等职，是位居二品的封疆大员。都出身官僚家庭，官衔、品级却高于慈禧父亲的家庭。

慈禧的父亲惠征，清嘉庆十年（一八○五年）出生，满洲镶蓝旗人。道光八年（一八二八年），任笔帖式，时年二十三岁。笔帖式是各部衙门的低级文官，职在抄写、拟稿，是满

慈禧赏赐：银鎏金双蝠捧寿簪子

文书写小官的称呼，相当于文案秘书。六年后，迁二等笔帖式。三十四岁，惠征再迁八品笔帖式，时年三十四岁。这样，在这份低级文官的职位上，惠征摸爬滚打，整整用了十余年的时间。正是因为这段时期的官场历练，惠征开始时来运转，在随后的十年间，红运当头，连升数级：由办事文书的笔帖式迁正式官员的吏部主事，官阶正六品；由吏部主事晋吏部员外郎，从五品；由员外郎授吏部郎中，正五品；道光二十九年（一八四九年），擢迁山西归绥道员，正四品。

道员是非正式的官职，又称为道台，是明清时期省以下、府以上的高级行政长官。明初设立布政司、按察司，因为二司辖区广大，由布政司的佐官左右参政、左右参议分别经理各道钱粮，称为分守道。按察司的佐官副使、佥事分别经理各道刑名，称为分巡道。这是道员的早期形式，也是道员称谓之始。清乾隆时期，改革官制，裁撤参政、参议、副使、佥事等职，专设分守、分巡道，兼任兵备职衔，管辖府、州一级的地方行政、军事事务。

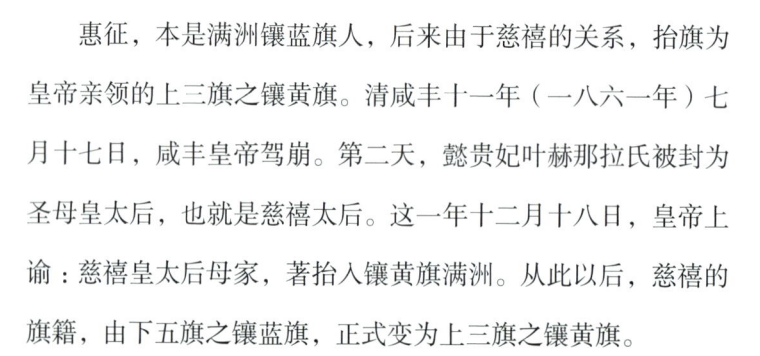

惠征，本是满洲镶蓝旗人，后来由于慈禧的关系，抬旗为皇帝亲领的上三旗之镶黄旗。清咸丰十一年（一八六一年）七月十七日，咸丰皇帝驾崩。第二天，懿贵妃叶赫那拉氏被封为圣母皇太后，也就是慈禧太后。这一年十二月十八日，皇帝上谕：慈禧皇太后母家，著抬入镶黄旗满洲。从此以后，慈禧的旗籍，由下五旗之镶蓝旗，正式变为上三旗之镶黄旗。

慈禧赏赐：玉凤饰品

皇家护书

清八旗，分上三旗、下五旗。上三旗是正黄旗、镶黄旗、正白旗，是由皇帝亲领，地位尊崇，待遇较高。下五旗是镶白旗、正红旗、镶红旗、正蓝旗、镶蓝旗，地位、待遇远低于上三旗。清廷同时规定，在一定的条件下，皇太后、皇后的娘家，或者是出于皇帝的特旨，满洲旗籍可以变更，就是从下五旗升入上三旗，称为抬旗。

惠征的家人，从史料上看，应该还有一个哥哥、一个弟弟。惠征的哥哥资料不详，只知道慈禧在祭奠他的父母时，称其父亲为先考惠二太爷。惠征的弟弟名叫惠春，清光绪十一年的选秀女单上记载：三等侍卫惠春之女，年十七岁，慈禧皇太后胞叔之女。史料上说，惠征兄弟三人，实际上，家谱记载，是兄弟四人，在他们三兄弟之外，还有一个弟弟，出走了。据说，他一生好武，行踪不定，不知所终，传闻，荣禄就是他的干儿子。

慈禧是家里的长女，有一个妹妹，三个弟弟。一个妹妹，后奉咸丰帝旨意，与醇亲王完婚。大弟照祥，小名佛阁；二弟桂祥，小名佛保；三弟福祥，小名佛佑。

慈禧出生之地，一直是个谜案。说法众多，大致归纳有六种：北京说、山西绥远说、山西长治说、安徽芜湖说、浙江乍浦说、甘肃兰州说。其中，占主流的说法是北京说，获得史学界大多数学者认可。而动静最大的，就是山西长治说了，十余年前，由当地人提出。这是一种较新颖的说法，见解较独特，体系较完整，同时，还提出了二十八件文物作为佐证。

该说认为，慈禧太后的童年就是在长治度过的；并且，慈禧并非满人，而是汉人。他们成立了长治慈禧童年研究会，编辑出版了《慈禧童年》《慈禧童年续编》《慈禧童年考》《慈禧是山西长治人》《慈禧生平》等书。

山西长治说认为，慈禧出生地就在西坡村。道光年间，长治县西坡村王增昌之妻生了一个女儿。奇怪的是，这个女儿的双脚心上各长了一个瘊子。家人很高兴，奶奶说："脚心瘊，住高楼。俺孙女儿长大了，一定有大福！"小女孩长得好看，人极伶俐，奶奶给她取名小慊。小慊三岁时，母亲染病去世，父亲王增昌上有老母，下有两个妹妹和一个弟弟，生活艰难，父亲背着小慊到长治高河上秦村，将她卖给了生活较富裕的宋四元，从此，这个女孩改名宋龄娥，而小女孩的父亲自此下落不明。小龄娥十分聪明，七岁上学，九岁会写字，读书过目不忘。可惜，祸从天降，在她十岁时，哥哥被狼吃掉，母亲被狼咬死。接着，大旱之后大雨，宋家彻底破败，宋四元只好又将小龄娥卖给了潞安满人知府惠征。知府夫妇收养她为干女儿，将其改姓叶赫那拉，小名玉兰，并且特地在府衙西花厅为她设书房，精心培养。玉兰后来参加皇宫选秀女，入选进宫，成为咸丰皇帝的宠妃，就是后来的慈禧太后。

长治说提出慈禧是长治汉家女的观点，并进一步引出八条证据：一是百余年来，长治西坡、上秦村附近村民一百五十余人签名，称慈禧就是本地人，是地道的汉人。二是长治县有慈禧的后裔，她们是西坡村的王培英，慈禧五辈侄孙；上秦村宋双花，慈禧五辈侄孙女等。三是有慈禧出生地遗址，位于西坡村田花则老人旧宅西。四是长治县有慈禧生身父母坟墓，位于西坡村外羊头岭西麓荒滩边。五是长治县有慈禧娘娘院，位于上秦村关帝庙后，是慈禧五辈侄孙宋六则兄弟们的旧宅。六是长治城区原潞安府署后院，有慈禧太后书房院，至今保存完好，并有文物古迹保护标志。七是长治县有五件相关实物：西坡村王培英《家谱》；上秦村宋六则祖传光绪年间特制清朝帝后祀谱皮夹，简称皮夹子；上秦村宋六则弟弟宋德文家祖传宣统年间清廷特制皮夹式清廷帝后宗祀谱；上秦村宋六则家保存的慈禧太后给其堂兄宋禧馀写的信；上秦村宋六则家祖传慈禧寄送的单身照。加上各种证据，多达三十八项。八是慈禧爱吃长治人喜吃的窝头、团子、壶关醋、襄垣黑酱；爱看山西上党梆子戏，喜爱选用山西人为御厨、奶妈、御前侍卫、文武官员等这些生活习惯反映出她就是长治人。

检索山西长治说的各种证据，考察其真伪，发现这些证据普遍缺乏有效的证据链，漏洞百出。长治西坡、上秦村民签

皇家凤在上福寿带

名，只能是一种民间行为，是传闻的结果，无法作为信史采用。长治慈禧的后裔，都是自称的，缺少证据，应该做DNA鉴定。慈禧出生地遗址，只是口传，现在是臭烘烘的猪圈，没有任何实证。慈禧生母坟墓，据说躲过了"文革"时的平坟造地，保留至今。"文革"时批判慈禧很激烈，她生母的坟墓得以保存，不可想象；而且，坟墓以前是木碑，现在换成了新石碑，几乎没有价值。慈禧娘娘院，也是宋六则等人自称的。至于惠征任职潞安知府，查上谕档、朱批奏折和起居注册，道光至咸丰时期的二十五年间，潞安知府七人，没有惠征的名字。惠征的履历表里，也没有记载其担任过这一职务。故而此说并不成立，收养慈禧和潞安知府慈禧书房院之说自然也就荒诞了。

至于家谱，王氏家谱上记载：王小慊，后来成为慈禧太后。家谱没有这样的写法，显系后加。说到慈禧所写的书信，长治留存下来的只是残片，据说是慈禧五辈侄孙宋六则从慈禧所住房屋东边土炕中挖出来。可将此信与慈禧年轻时写的密谕以及光绪二十六年慈禧手书的真迹便条相比较，明显看出这封书信不是出自慈禧的手笔。家信由别人代书，这在慈禧来说是不可能的。这封残信本来就值得怀疑，加之持山西长治说的学者又据自己的猜测在残信上增添了一百余字，这种行为，让这封残片几乎失去了任何历史价值。

慈禧生于北京西四辟才胡同的说法，史学界看法较为一

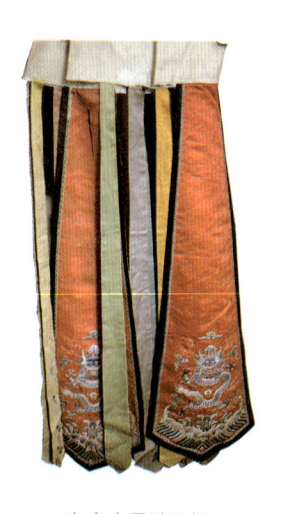

皇家女子骑马裙

致，专家学者们取得了共识，基本已成定论。持这一观点，主要是存在大量真实可靠的史料和档案作为佐证，慈禧后人的家谱，也有相关记载。支持这一说法的，主要是《清史稿》《清帝列传》《清代全史》《清代人物传稿》《慈禧外传》《龙夫人》等中外重要史料，它们无不明确记载着慈禧太后生于北京。《慈禧太后传》称：慈禧，姓叶赫那拉，小名兰儿，生于道光十五年十月初十日。父亲惠征，道光十一年，八品笔帖式，历史部文选司主事、吏部验封司员外郎、山西归绥道道员、安徽宁池太广道道员。入仕十八年，由八品迁至四品。母亲佟佳氏，普通妇女。兄妹四人，弟弟二人，照祥、桂祥；妹妹一人，奉咸丰之旨嫁醇亲王，为亲王福晋。

第一历史档案馆的档案记录，也支持着慈禧生于北京之说。清宫有选秀女制度，有秀女选单。清廷规定，满洲八旗女子，年满十三至十六岁，必须参选秀女；皇宫选秀女活动，三年一次；选中者留在宫中，侍候皇帝、后妃，或者指婚给皇室子孙；未选中者，赏银数十两，送回；未参选秀女，不许嫁人。参选秀女时，数人一班，每班填写单子，称为秀女排单。所有秀女排单，都留在宫中，存档收藏。

清咸丰五年（一八五五年），清宫选秀女，慈禧胞妹叶赫那拉氏参选，有秀女排单。这份排单上，有较为详细的记录，称叶赫那拉氏，醇亲王福晋，光绪皇帝生母。光绪十一年，清宫选秀女，慈禧叔伯妹妹参选，有秀女排单，排单记录也较详细：祖辈，满洲镶蓝旗，姓叶赫那拉。父亲名惠春，祖父名景瑞，曾祖父名吉郎阿。惠征，官至五品道员。

慈禧出生的北京皇城西部的辟才胡同的幽静院落，坐北朝南。门前一棵挺拔的银杏树，不知何人所植，粗壮高大，枝繁叶茂。这座宅院临街，有一

座精巧的阿塞门（北京一种门楼）。南边是灰砖倒座抱厦厅，门内立着一座朱漆影壁。入门两边，是简易的游廊。台阶之下，是灰砖墁成的甬路。路边是一片黄草，没有树木。过第一进院子的穿堂，就是正房大院。上房三间，灰砖墁地，宽敞通透，感觉十分舒适。

慈禧生下皇子之后，咸丰皇帝降旨将新街口北二条的一处宅子赏赐给懿妃娘家。这样，慈禧全家就从辟才胡同搬迁到新街口。后来，到同治元年（一八六二年），慈禧家族人丁兴旺，她的三个弟弟都住在这里，居住条件较为拥挤。慈禧经过再三考虑，决定赏赐娘家一个大宅子，这就是方家胡同的芳嘉园，这是她娘家的最后一个住处。

芳嘉园，位于北京东城区朝阳门内小方家胡同。明代时，这里就是一个园子，花木较为繁盛。后来，在这个园子的旧址上，建造了一个尼姑庵，人称净业庵。清咸丰时期，被咸丰皇帝的爱将胜保将军买下，将其扩建改造为一座豪宅。慈禧太后执政初年，以拥兵纵寇之罪，逼令胜保自杀，将这座占地十余亩的豪华宅院，收归己有，赏赐给自己的娘家。这处宅子，由三弟桂祥居住，人称为桂公府。

很少有人知道，慈禧的童年并不是幸福的，这是一直埋藏在她心里的阴影。有一次，慈禧太后对身边的女官德龄说："自余髫龄，生命极苦，尔所知也！以余非双亲所爱，尤觉毫无乐趣！吾兄所欲，余必欲之。至于予者,靡不遭呵叱！""髫"，

皇家格格帽带

是指童年。中国古代，小孩头上下垂的短发，就称"髫"。"垂髫"，即指儿童。这里所说的"吾兄"，有两解，一是说慈禧排行老二，她有一个哥哥；一是说她的兄弟们。这还有待考察。慈禧所说的孩童时代，生活极苦，是相对而言的。应该说，她当时的生活，温饱没有问题，生活还较富裕。当然，她的父亲惠征是八品笔帖式，这样一个吏部文书小官，养活一大家人，还要应付官场迎来送往，确实不大宽裕。

不过，慈禧是一位感情细腻、内心丰富的女孩子。她心中所苦的，可能不是指这简单、平凡的生活。她一直耿耿于怀，一生所不能忘怀的是：不得父母所爱！作为一个女孩儿，得不到父母的疼爱，在中国算是平常事。但是，对于倔强的她来说，父母对自己的冷落和对弟弟的偏爱是不能接受的。

对于亲情，慈禧太后很讲原则、很有分寸。她非常理性，家与国，区分得很清楚。虽然儿时留下了不太美满的记忆，可从入宫以来，家人如有困难，她都会尽力给予帮助。她是用自己作为贵人、嫔、妃、贵妃的份例，给家人一些粮食，或者给点钱，但是，每次都不多，解决问题就行。慈禧对家人，从来不乱赏和滥施皇恩。她一直鼓励家人，不要依赖自己，而要认认真真做事，实实在在做人，要靠自己去奋斗，自食其力。所以，慈禧的家人，没有一个担任要职。她的大弟照祥曾经发牢骚，想要慈禧太后给他一个高官做做，慈禧没有同意，也没有给他任何承诺。虽然她执掌政权长达半个世纪，可只是按照旧例，给家人封了个承恩公，还是三等。当初，承恩公封给了她较为敬重的祖父。可惜，她的祖父寿命不长，接着就由她的父亲惠征承袭。慈禧十七岁时，父亲去世，这个爵位就由她大弟照祥承袭。两年后，大弟也走了，最后由二弟桂祥继承。她的三弟，一直没有官职，依靠二哥生活，和二哥一家挤住在一起。她的母亲身体健康，比丈夫多活了许多年，从辟才胡同到方家胡同（白克豪斯《慈禧外传》称他们一直居住在外国使馆区附近的锡拉胡同），始终居住在北京。做了皇太后以后，念及养育之恩，慈禧封其母亲为公爵夫人。母亲去世后，她将父母安葬在城外西郊的家族墓地中，并建造牌楼，牌楼前，耸立着精致的大理石碑。一九〇二年一月，慈禧太后结束了在西安的逃亡生活，乘坐专列从正定府沿京汉铁路返回北京。这条铁路，正好从慈禧父母的墓地经过。为了不打扰九泉之下的父母，慈禧太后特地吩咐，绕道而行，从南城迂回回宫。

慈禧从小就很聪慧。大约四岁时，她的父亲就请有学问的先生做家馆，相当于家庭教师。家馆，是由一个家庭独立开馆，和私塾不同。私塾往往是一个家族为相同相近年龄的孩子开设的，相当于家族学校。家馆，授课老师直接对东家主人负责，相当于一对一地教育孩子，并针对孩子的特点，开课讲授。惠征为儿女们开设家馆，前后大约有十年时间，少女慈禧就是在这段时间，用功读书，在经学、历史和文学方面打下了坚实的基础。她学习满文和汉文，读经书、史书，六岁《三字经》《千字文》和许多唐诗宋词就能成诵。

慈禧喜欢写字、绘画；临摹宫中法帖和名画，是她的休闲爱好；尤其步入晚年，书画之好成为她生活的重要内容。为了满足自己的书画之娱，她还特地命各地督抚和江南织造等官员，推荐善于书法、绘画的女性入宫。经过筛选，最后有六人的作品送到慈禧太后面前，供慈禧太后钦定。云南人缪嘉蕙女士的哥哥重金买通李莲英，在李莲英的运作下，缪嘉蕙进入皇宫，走进了慈禧太后的生活，每天侍候太后习书绘画。

慈禧太后的书法间架稳健，结构方正，笔力遒劲，横平竖直，笔下从不拖泥带水。她留传下来的作品不少，宫中收藏的慈禧作品，主要包括悬挂于养心殿体顺堂东梢间的慈禧手书"含和履中"纸匾；慈禧手书"喜""龙"字，"福、寿、龙、虎"字。最为奇特的是，她的身材不高，却喜欢用大毛笔，书写很大的字。慈禧鉴赏书画作品，以及御笔书画，喜用"慈禧皇太后御览之宝""慈禧皇太后之宝"，以及"慈禧皇太后御笔之宝"等御印。特别中意的御笔书画之作，她则用"慈禧皇太后御笔之宝"。为此，她还特地制作了一枚青金石柄的"慈禧皇太后御笔之宝"铜印。

太监信修明回忆："太后喜写龙、虎、福、寿大字，六尺、八尺，极有气魄。太后身高四尺有余，写八尺之字，需拉纸者乘势一拉。仁寿殿的一笔寿字犹大，真是神奇！太后不写小楷，但喜绘画，而无工笔。偶然草草三五笔，稍俱规模，便命太监交如意馆添枝加叶，设计颜色。完成后，命南书房题跋，赏赐近臣。太后曾用朱笔写《般若波罗蜜多心经》一册，命如意馆前后绘观音像。如意馆按照太后的御容绘写，太后见之，大悦。此经，昔存颐和园。"信修明所说的这册慈禧太后朱笔《般若波罗蜜多心经》，如今保存在故宫博物院图书馆。

慈禧的绘画极有特色，她喜欢花鸟，绘画方面直接师法自然。她的绘画作品清新典雅，朴素天然，特别是她的花卉画，喜欢直接用花卉天然汁液涂于画面，非常逼真，富于质感，栩栩如生。她的指头画、朱笔画、墨画等都别具一格，时人视为奇珍，往往以神品收藏，观览必沐浴熏香，朝夕供奉，视为镇宅之宝。她尤其喜欢牡丹、兰花等花卉，花瓣、叶脉细微处十分传神。宫中收藏的慈禧御笔绘画作品主要包括：慈禧太后指画《凤凰图》轴、指画《花鸟画图》；慈禧太后御笔《九秋图》、《富贵天香》轴、《仙人》轴、《鱼藻图》轴、《松蝠灵芝》轴，以及光绪十四年（一八八八年，戊子）慈禧太后御笔《福禄寿喜》《钟馗图》轴；在《钟馗图》上，慈禧太后御书"福自天来"，上钤"慈禧皇太后御笔之宝"。

慈禧虽然在幼年和童年时期生活不太愉快，没有感受到父母之爱。可是，自从她入宫，特别为咸丰皇帝生下了唯一的皇子以后，她的身份和地位开始发生变化。几年后，咸丰皇帝去世，她由懿贵妃一跃而为皇太后，执掌朝政，成为君临天下的女皇。她并没有对家人记仇，也没有忘记自己的家人，而是尽可能地对家人给予照顾，特别是对自己的母亲，非常孝顺。

秀
女
入
宫

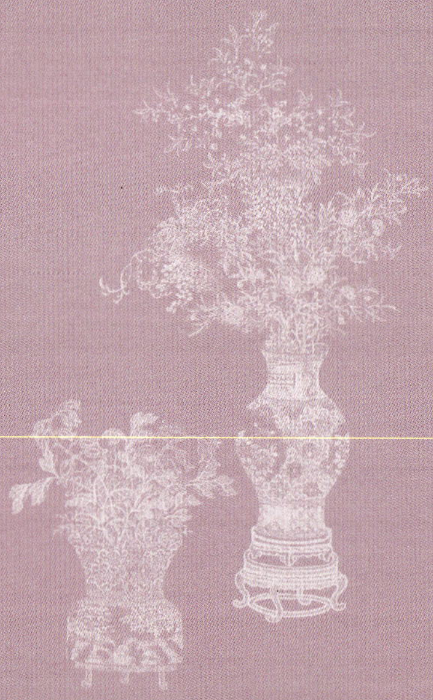

描绘孝贞后（慈安）的《璇闱日永图》

《英嫔、春贵人乘马图》

咸丰帝皇子时代画作：《设色人物图》

咸丰画作:《马图》

柏悅芝榮
柏實仙家饌芝房樂府廣百圖
森古幹三秀發新莖茂為含和
久祥因獻
壽呈
慈暉臨照普萬景沐滋榮

臣英訏敬題

臣英訏恭繪

咸丰画作：《柏枝图》

列队待选的正黄旗秀女

咸丰御览之宝

储秀宫北房明间御用宝座

慈禧太后容颜美丽，极富个性魅力。

关于她童年和青年时期的相貌，零星见诸记载。《清朝野史大观》称："西后（慈禧）垂髫时，雅好修饰。……每一出游，道旁观者皆喃喃做欢喜赞，谓天仙化身不足过也！"慈禧太后年近古稀之时，德龄成为她身边的女官，她在《慈禧与我》一书中赞叹道："太后，当伊在妙龄时，真是一位丰姿绰约、明媚鲜丽的少女，这是宫中人所时常称道的。就是伊在韶华流逝、渐入老境之时，也还依旧保留着几分动人的姿色！"

一九〇三年，美国女画家卡尔女士为慈禧太后画像。她在所著《清宫见闻杂记》一书中，描述六十九岁的慈禧太后："予相皇太后面貌，乃一极美丽、和善之夫人。度其年事，不过四十而止。……太后全体各部，极为相称。面貌之佳，适与其柔荑之手、苗条之体、黑漆之发，相得而益彰。盖太后广额丰颐，明眸隆准，眉目如画，樱口又适称其鼻，下颔极广阔，而并不带有一毫顽强之态。耳官平整，牙齿洁白如编贝。嫣然一笑，姿态横生，令人自然欣悦。予若不知其已臻六十九岁之寿者，平心揣之，当为一四十许之美女人。太后精神焕发，神采照人。可知其平日，居气养体之安适，决非常人所及。加以明玦满身，珠翠盈头，其一副纤丽庄严之态度，决非笔墨所能形容者！"

最初，慈禧是作为秀女被选入宫的。

清宫选秀女，是清圣祖顺治皇帝从自己不幸的婚姻中总结教训而创的。顺

小宫女立像之一

小宫女立像之二

治八年（一六五二年）八月，刚刚十四岁的皇帝迎娶第一个皇后博尔济吉特氏，她是蒙古卓礼克图亲王的女儿，也是顺治生母孝庄文皇后的侄女。这位美丽的皇后非常任性，极其奢侈，皇帝每天感觉十分不悦，彼此关系渐渐疏远，最后形同陌路。这门亲事，是由睿亲王包办，没有经过顺治皇帝挑选，皇帝决定废除。孝庄皇太后看儿子态度坚决，只好舍弃侄女，同意废后。顺治于是颁谕天下：选立皇后，作范中宫，敬稽典礼，应于内满洲官员之女，在外蒙古贝勒以下、大臣以上女子中，敬慎选择。这是清宫选秀女的开始，也是早期的选秀标准。

清后宫不同于任何朝代，从皇后到宫女，都是从旗人女子中挑选。八旗是清代独有，从八旗女子中挑选秀女之制也是清代所独有。清太祖努尔哈赤创立了八旗，这套军政合一的制度，兼有行政、军事、生产等多方面职能。以黄、白、红、蓝四色旗帜为标志，组成镶黄、镶白、镶红、镶蓝、正黄、正白、正红、正蓝八旗。清入主中原后，旗人分为八旗和内务府包衣三旗。八旗，包括满洲八旗、蒙古八旗和汉军八旗，共二十四旗；内务府包衣三旗，是清皇室的家奴。二者之间，身份不同，政治地位也不同。

按照规定，清宫八旗和内务府包衣三旗之女挑

养心殿皇帝卧室

选入宫，统称为选秀，但两者在时间、挑选程序、入宫待遇以及宫中的地位诸方面是有所不同的：八旗选秀，三年一次，由户部主持，秀女可备皇后妃嫔之选，或者赐婚皇家三代以内、血缘关系比较密切的近支宗室；内务府包衣三旗选秀，一年一次，由内务府主持，秀女主要承担后宫杂役。清代后期，内务府包衣三旗女子之选，不再称为选秀，所选之女不再称为秀女，而是明确称为使女，全称是"引见包衣三旗使女"。

清宫挑选秀女，程序十分严格：

一、严格审查旗属与年龄，不在旗的不得参选；在旗的想逃避，也不可能。顺治朝规定：凡满、蒙、汉军八旗官员、另户军士、闲散壮丁家中年满十四岁至十六岁的女子，都必须参加三年一度的备选秀女，十七岁以上的女子不再参加。乾隆五年（一七四〇年）进一步规定，如果旗人女子在规定的年限之内因

储秀宫北房西次间

种种原因没有参加阅选，下届仍要参加阅选。没有经过阅选的旗人女子，即使到了二十多岁也不准私自聘嫁，否则，查参该旗都统，予以惩治。

二、挑选秀女，逐级上报。先是户部奏报皇帝，允准之后，行文八旗都统衙门，逐层呈报，汇总到八旗都统衙门，最后由户部上报，皇帝决定选阅日期。凡是有病、残疾、貌丑者，必须逐层具保，由都统咨行户部，户部奏明皇帝，由皇帝定夺。

三、各旗秀女，坐骡车提前到京。乾隆时规定："引看女子，无论大小官员、兵丁女子，每人赏银一两，以为雇车之需。……此项银两，……著动用户部库银。"秀女到京后，入宫前一天，坐在骡车上，由本旗参领、领催安排次序，称为"排车"。

四、按照顺序入宫。八旗序列——满、蒙、汉；每旗序列——宫中后妃之亲戚；曾选中留牌子、复选之女子；新选秀女。各组秀女，分别依年龄排列，鱼贯而入，车树双灯，上有：某旗某佐领某某人之女。

储秀宫北房西进间

五、入宫路线。日落发车，入夜进地安门，到神武门外等宫门开启，由太监引导，按序入顺贞门。秀女们乘坐的骡车则从神武门夹道东行而南，出东华门。第二天，骡车由崇文门大街北行，经北街市，经地安门来到神武门外。中午时，初选完毕的秀女们在神武门外坐上来时所乘的骡车，各归其家。这种排车法，是嘉庆年间的一位名叫丹巴多尔济的额驸所创。

六、验看秀女。秀女们在神武门外下车后，按序列队，由太监引入宫中御花园、体元殿、静怡轩等处。每天阅看两个旗，通常是六人一排，有时仅一人，由皇帝或太后选阅。选中者，留下其名牌，称留牌子；没有选中者，称撂牌子。

七、留牌复选。留牌子者，再定期复选，复选未留者，也称为撂牌子。复

储秀宫东次间文竹百宝柜

选选中者，一是留在宫中，随侍皇帝或者女主，二是赐予王公、宗室。

八、入选妃。复选选中者，成为后妃候选人。经"引阅""复看"，选中者分"记名""上记名"。记名，就是留牌子；上记名，就是皇帝亲自选中留牌子者。经过"留宫住宿"，女官仔细检查、考查，选定数人，入选后妃。其余人等，都撂牌子。

清宫选秀女，有两条标准：一是出身，二是品德。品德不好把握，没有具体条款，选中者通常说是：孝慈、宽仁、淑慎、温恭。这样，门第就成为最为重要的标尺，册书上常见"诞育名门""祥钟华阀"等等。光绪皇后隆裕相貌平平，但出身名门，是慈禧皇太后的侄女，故选为皇后。珍妃的父亲是侍郎长叙，其祖父裕泰曾任总督，其伯父长善是广州将军，最关键的是，长善是大学士桂良的女婿，还是恭亲王奕訢的连襟，她们姐妹选中进宫，册为珍嫔、瑾嫔，不足为奇。

清宫后妃分八级：皇后、皇贵妃、贵妃、妃、嫔、贵人、常在、答应。

储秀宫东次间玉洗、玉碗

咸丰后妃中，最主要的有三人：咸丰二年进宫，钮祜禄氏被封为皇后，叶赫那拉氏封为兰贵人（即慈禧太后），他他拉氏封为丽贵人。

咸丰元年（一八五一年），十五岁的慈禧参加清宫选秀入选后，被封为第六等级的贵人。因她一身兰香，喜爱兰花，咸丰赐名为兰儿。少女兰儿入宫，获得了皇帝的格外恩宠。

慈禧长得端庄、美丽，甚至有几分妩媚，也就是人们常说的，是水做的女人。兰儿入宫之前，咸丰皇帝一直流连在圆明园，迷恋四位江南美女，分别给她们赏赐名字，人称四春。咸丰时期正值中国多事之秋，内忧外困。他心灰意冷，每每"以醇酒和妇人自戕"。于是，关于咸丰皇帝留下许多传闻，尤以"四春"之说最为风行。从中国第一历史档案馆的清宫档案中发现的部分档案史料考察，四春并非子虚乌有，而是事实存在："咸丰九年四月十一日，敬事房传旨：长春宫女子海棠春，封为禧贵人，位在吉贵人之次。"五个月后，长春宫另一女子被封为庆贵人，位在禧贵人之次。

　　档案上记载的这三个女子，都是宫女出身，封为贵人，后来，又同时晋位为妃。另外，有一位璥妃，与这三人一起，共同葬二妃园陵寝。除璥妃是低级官员家出身之外，禧妃，察哈拉氏，是内务府厨师常顺之女；吉妃，王氏，是园户清远之女；庆妃，张氏，出身不明，宫女身份。民间传说咸丰的四宠是汉女，又名"四春"，分别住在圆明园各景区内："海棠春"，住地无考；杭州人"牡丹春"，住镂云开月；方姓扬州人"杏花春"，住杏花春馆；"武陵春"，住武陵春色。其说，虽然出身、民族等都对不上，却不是空穴来风。时人王湘绮在《圆明园词》中有云"袅袅四春随风辇，沈沈五夜递铜鱼"之句，同样也是一种印证。

　　圆明园天地一家春，留下了少女慈禧和咸丰皇帝的美好回忆。从此，兰儿进入咸丰的生活，竟让咸丰乐以忘忧，不知疲倦。

　　据史料记载，慈禧在获得贵人封号后，就住进了储秀宫，在那里度过了作为兰贵人、懿嫔、懿妃、懿贵妃大约十年最美好的时光，直到咸丰十年八月，随从咸丰皇帝前往热河。第二年七月，咸丰驾崩，她永远失去了丈夫；九月，与清廷成员从热河还京时，懿贵妃已经变成了皇太后。光绪十年，慈禧太后重新入

储秀宫金砖地面和紫檀木器

储秀宫明间宝座

储秀宫前殿慈禧起居处

储秀宫寝室

住储秀宫。随后，她在这里隆重庆祝了自己的五十岁生日。储秀宫以及其前面的翊坤宫，其殿前楹柱、配殿、围廊里，都留下了慈禧祝寿时的大量印记。其中，苏州有状元陆润庠等人恭书的《万寿无疆赋》，精心地雕刻在围廊的砖墙上。

储秀宫是一座十分幽静的院落，坐落在西六宫的最北端，出宫门往北，就是御花园。走进这座典雅宁静的宫院，正殿廊檐下是一对戏珠铜龙和一对铜鹿。清室对这座宫院曾做了较大改造：拆除了其西部的长春门，建造了面阔五间的体元殿，殿之北面出抱厦三间，建造了一座小戏台；拆除了储秀门，建造了前后带廊、面阔五间的体和殿；两殿是倒座式宫殿，有幽深的游廊通向主殿。

慈禧太后生活的储秀宫宫院，由两部分组成：北部是慈禧太后居住的正殿储秀宫，南部就是她吃饭的体和殿。

储秀宫西梢间玉壶、烛台

储秀宫，是后宫之中最华丽的宫室之一，作为慈禧太后的发祥圣地，这里到处都体现了她的爱好、欣赏趣味和个人情趣。宫室的外檐，是她喜爱的明朗、秀丽的苏式彩画，彩画的内容是令人赏心悦目的神话故事、花鸟虫鱼和山水楼阁，线条生动，着色淡雅，清秀中透着超脱红尘的宁静。散发着淡淡清香的楠木窗格，透雕着一幅幅生动的万福万寿、蝠鹿同春的图案。

走进宫门，迎面是紫檀木雕镂彩绘的屏风、楠木雕福寿纹靠背，屏风前是雕刻着云龙图案的宝座和造型精巧的香几、宫扇。放眼看去，东西两侧深色稳重的碧纱橱上，镶满了大臣们敬绘的字画，几乎都是慈禧太后最喜爱的兰花、香草、玉兰和竹子。东西次间，由精雕的花梨木门隔开，室内是华贵的紫檀家具和奇珍异玩：象牙宝塔、竹黄多宝格、嵌玉石橱柜、龙凤象牙宝船、点翠凤鸟花卉挂屏、缂丝福禄寿三星图等等。

储秀宫浴室

　　面阔五间的正殿储秀宫，三明两暗。三个明间是她生活起居的地方：正中一间，设有正座，用于接受朝拜；只是在节日之时稍坐，平常不坐这里；西一间，与卧室相连，相当于卧室的外间，用于放一些卧室内的用物；叫起回来后，她在这里换衣服，司衣宫女折叠好之后送到西偏殿临时收存；东一间，南窗前有一条形炕，明朗豁亮，院子内的景象，一目了然；她经常坐在这里的炕东头，隔窗外望，喝茶、吸烟。

　　两个暗间，是她修养身心的地方。最西一间，是她的卧室兼化妆室：北墙西边是一铺长炕，比双人床还大；寝室的硬木雕花床罩上，雕刻着象征子孙昌盛的子孙万代葫芦图案，床罩上是闪着迷人光泽的五彩苏绣床帐，床上是精心绣绘着龙凤、祥鸟、花卉图案的江南三织造进贡的名贵稀有的绫罗锦绣丝织品被子；炕床上放着的睡觉用的被褥，按照四季的不同而更换，如夏天挂纱帐，

储秀宫香房及珍玩

储秀宫北房东次间手炉、镜表

宫内门板夹帘

铺一层褥子，冬天则挂灰鼠帐，铺三层褥子；南窗东南角，放着一个慈禧太后一生痴爱的梳妆台，台上是她作为女人一生都极喜爱的心爱之物，就是各种各样内务府精制和自己研制的养颜美容化妆品，琳琅满目。西面架子上的匣子里，是她最为心爱的首饰珠宝，她时常拿出来赏玩。

她每天都要在这里消磨大量的时光，用于养颜美容，差不多早、中、晚，大约要三个小时。慈禧太后是位爱美的女人。她总是从容不迫地生活着，很注意自己的形象和仪容。

这里最特别的地方是她睡觉的床头，靠着更衣间北面的隔扇，是一面清亮透明的大玻璃。这是宫中所特有的，专门为她设立的：一方面是为了美容美饰，一方面是精明过人的慈禧太后，要事事洞若观火，她睡觉是头朝西面，在这炕床上一歪身子，轻掀帐帘，窗外的一切尽收眼底。储秀宫最苦最累的活儿是擦洗，就是把地面、家什打扫得一尘不染，光可照人。慈禧太后身边得宠的女官何荣儿回忆：宫里的地面用砖铺成，俗话叫金砖墁地，其实是澄浆泥的砖。质地非常细，也非常硬。铺的地面非常严密，几乎连条砖缝也看不见。据说，铺完砖以后，还要用蜡烫几遍，使砖的缝与缝连成一片，像一整块一样。夏天这样的地面是不会起土的，到了冬天，砖的下面一生火，砖就发燥，浮土就会扬起来，这在宫里——尤其在储秀宫是绝对不许可的。乘老太后叫起的机会，必须把储秀宫的地面用水过一遍，免得有尘土。

有八个干粗活的宫女，立在西偏殿的廊庑下准备用湿苫布擦地。她们必须等候宫里把装饰摆设都擦抹干净之后，才能进殿干活，所以是最后的一批。先由小太监担来两担水准备着，然后，八个人分成两组，先擦东西两个单间，再擦中间的明三间。凡是桌子腿以下的地方，都由她们负责。两个单间擦完以后，一组由东向西，一组由西向东，八个人轮流着擦明三间。擦完之后，退着出来，连脚印都不许留。

慈禧太后叫起回来，整个寝殿像一盆清水似的可以当镜子，这就是真正的储秀宫。寝殿不仅要一尘不染，还要保持清新的气息，慈禧最爱闻的就是水果的清香。宫里的桌子、条案、茶几下和院子里，都放着几个空缸，那是为慈禧熏殿用的。慈禧太后不喜欢熏香的气味，宫人们就改用南果子熏殿。通常是在太后吃饭、上朝和离开的间隙，宫女们立即手脚利索地倒出旧

贵妃凤冠

果子，换上新鲜的果子。所以，储秀宫里，永远飘荡着清香爽快的气味。女官何荣儿回忆：如果在夏天，气味透过竹帘子，满廊子底下都是香味。深深地吸上一口，感到甜丝丝的，特别舒服。如果是冬天，一掀堂帘子，暖气带着香气扑过来，浑身感到软酥酥的温馨。这就是储秀宫的味道！

慈禧太后五十至六十岁之间，常住储秀宫。在储秀宫，她养了一只小墨猴，大小如猫，娇小玲珑，出奇乖巧。它浑身上下毛发黝黑，红脸，长尾巴，胆子特别小，经常躲在条案的瓷帽筒里。一来生人，它就钻入慈禧的衣服里。颇得慈禧喜爱。

这期间，慈禧间或住在紫禁城东部的宁寿宫，或者中南海丰泽园，或者是夏宫御园的颐和园。

生下龙子

咸豐六年三月二十三日立

懿妃遇喜大阿哥

《懿妃遇喜档》封面

奏三月二十三日未時

懿嬪分娩阿哥收什畢敬方帶領大方脈小方脈請得

懿嬪母子脈息均安

萬歲爺大喜謹此

奏

聞

三月二十三日藥衆 李萬清 匡攸忠請得

懿嬪脈息和平於本身時過喜阿哥母子均安相宜慎重

三月二十三日藥衆應文照請得

阿哥神色脈紋俱好今用福壽丹開口

三月二十三日總管雜索玉具紅摺牛肉一甫大夫說帖二張

奏過奉

旨知道了欽此隨

奏過

旨知道了敬知過

如皇貴太妃 琳貴太妃 嬪貴人 常在等位知又敬過

覿妃 嬪 貴人 常在等位訖

《懿妃遇喜檔》正文

懿妃册文

圆明园"天地一家春"烫样

生下龙子

等级森严的帝制时代，宫规森严。清代嫔妃诸人，从入宫、怀孕、生子、抓周、百日到皇子长成，都有一套完善的宫廷制度，必须严格遵守。比如，嫔妃入宫，从言行举止、衣服首饰到头花鞋底，都有十分严格的规定，任何人必须遵循。否则，违背宫规，将施以惩罚。咸丰皇帝是一位风流成性的君主，然而，在他执政时期，宫规森严，对后宫嫔妃严加约束，不许越雷池半步。

初登帝位时，咸丰也是一位严谨的皇帝。咸丰二年（一八五二年）十二月十四日，他降谕后妃，禁止奢侈。《谕皇后宫廷之内朴素为先》中写道："朕看皇后及嫔、贵人、常在等，服饰未免过于华丽，殊不合满洲规矩。是用定制遵行，以垂永久。一、簪钗等项悉用旧样，不可竞尚新奇，不准全用点翠。梳头时，不准戴流苏、蝴蝶及头绳、红穗。戴帽时，不准戴流苏、蝴蝶，亦不准缀大块帽花，帽花上不可有流苏活镶等件，钿上花亦同。二、耳挖上，不准穿各样花及长寿字。三、耳坠只准用钩，不准用花、流苏等项。四、小耳钳，不准点翠，亦不准雕花。五、寻常帽飘带，皇后用黄色，皇贵妃同。贵妃至嫔俱用杏黄色。贵人以下，无论何色俱二根同色缘，五分宽片金边，不准缘花条。六、不准戴大耳钳、玉耳环。七、皮至纱敞衣、衬衣、袍、窄袖衬衣、紧身衬袖，俱不准缘边。八、皮至纱敞衣、衬衣袖不准宽，俱倒卷。再各宫女子妈妈里无论寻常年节，衣服上不准缘边。以上各条，于皇后殿内及嫔等住屋，各悬

挂一道。经朕此次酌定后，有不遵者，以违旨论。特谕。"

咸丰四年，咸丰皇帝御书《谕后妃》："咸丰四年（一八五四年）二月十四日《谕皇后贵人常在等》——从前二年十二月所降谕旨，尚有未备之处，兹再明白饬谕遵行。一、寻常所戴棉秋领，不准有花边、条边、青缎边。二、梳头时，只准戴两枝花。若有戴三枝花者，即应惩办。三、手上所戴镯子，不准用响镯。四、鞋底只准一寸厚，若有一寸五分者，即应惩办。五、虽年节，穿朝服、蟒袍时，亦只准用一寸厚底之鞋。以上新定之条，限五日内，一律换齐。前降之旨及新定之条，如有不遵者，皇后则加倍罚银或口分；自嫔以下，则降位分一等；女子妈妈里如有不遵者，从重治罪。特谕。"

据《清史稿》记载，咸丰五年（一八五五年）五月，丽贵人生下皇长女。咸丰六年（一八五六年）三月，时为懿嫔的慈禧在储秀宫中生下皇长子载淳，晋封为懿妃，这是咸丰皇帝的第一个儿子。不久之后，玫贵人徐佳氏生下了咸丰的第二个儿子，但尚未命名就夭折了。从此，载淳成为咸丰皇帝的独生子。事实上，考证档案和史料，皇子载淳出生地应该是在咸福宫。

咸福宫位于西六宫中西北侧，在储秀宫西、长春宫北，是一座十分幽静的宫院。这座宫院，明代时只供普通嫔妃居住，清代时，却是皇帝流连之地。咸福宫前殿，是乾隆御笔匾额：内职钦承。每到年节时,宫中悬十二挂宫训图。咸福宫西壁上，

铜镀金凤

悬挂《婕妤当熊图》；东壁上，悬挂乾隆皇帝御笔撰写的、大臣汪由敦敬书的《婕妤当熊赞》。这幅宫训图，描绘的是西汉元帝之时，皇帝之妃冯婕妤在大熊袭击的危险关头挺身而出、护卫皇帝的故事：有一次，冯婕妤奉旨随皇帝游玩御苑。突然，御苑兽圈之中，蹿出一头发狂的大熊，疯魔地扑向皇帝。随行嫔妃吓得四下逃散，只有冯婕妤一人，挺身挡在皇帝身前，护卫皇帝，直到侍卫赶来救险。

咸福宫后殿正室，悬挂乾隆皇帝御笔题匾：滋德含嘉。咸丰时，御笔书匾：襄赞壸仪。东室、西室都是乾隆御笔题匾，东室曰：琴德簃；西室曰：画禅室。据记载，东室琴德簃存放着康熙皇帝留下稀世古琴，包括宋代的"鸣凤"琴和明代的"洞天仙籁"琴等。当时，咸福宫庭院之中，栽种莲藕。乾隆皇帝对荷抚琴，其乐融融。咸丰年间，这里称为"译经粹室"。嘉庆四年（一七九九年）正月，太上皇乾隆病故，嘉庆皇帝先是以上书房作为倚庐，二十天后移住到咸福宫，继续为父皇治丧。按照嘉庆皇帝的要求，咸福宫不设床，只铺白毡和灯草褥。嘉庆皇帝驾崩后，道光皇帝也在咸福宫为父皇守制。

道光驾崩后，咸丰皇帝也在这里守丧。咸丰在位期间，多次来到这里小住，默念祖宗宏业。后来，咸丰皇帝将咸福宫后殿命名为"同道堂"。据史料记载，慈禧曾多年在储秀宫居住。曾侍候过慈禧的宦官透露，咸丰五年时，时为懿嫔的慈禧犯下过失，咸丰皇帝大怒，勒令她移居咸福宫后殿之同道堂反省，

翠镂双蝠双喜佩

以此作为薄惩。不久，懿嫔怀孕，于咸丰六年三月，在同道堂生下皇子载淳。随后，懿嫔被晋为贵妃，迁回储秀宫。

慈禧在咸福宫生下皇子载淳，鲜为人知。正史记载，慈禧生皇子载淳于储秀宫。慈禧本人，也宣称是在储秀宫生下皇子。不过，对于慈禧来说，"同道堂"是她生子的福地，也是她政治生命的起点：咸丰皇帝临终时赐赏两枚印章，其中之一，就是"同道堂"印。有了这方御印，慈禧在同治年间，得以垂帘听政。

据档案记载，懿嫔怀孕之后，咸丰皇帝非常高兴，多次降旨，给予其特殊照顾。咸丰五年十二月二十四日，内殿总管韩来玉传旨：懿嫔兰儿之母，进苍震门，至储秀宫住宿。两天后，二十六日上午，她的母亲带着跟随来的家妇二人，前往储秀宫。按照清宫规定，嫔妃怀孕，只有临产之时生母才可以入宫，陪同女儿住一些日子，通常不超过一个月。可是，兰儿的预产期是三四月份，她的生母奉咸丰皇帝特旨入宫，陪同在女儿身边，整整提前了三个月。

懿嫔有身孕，宫里开始忙碌起来。在储秀宫和同道堂，同时备办着一切用品，为分娩做准备。咸丰六年正月，擅长风水的钦天监博士张熙奉旨入宫，察看风水。他从内右门到储秀宫，看得宫室后殿，也就是咸福宫明间东边门北间，大吉，隐约有紫色云气。这里正是懿嫔之寝宫，也是其儿子即同治皇帝出生之地。

喜字玉如意

生下龙子

二

正月二十四日，首领太监黄承恩、内监韩来玉在储秀宫总管太监安德海的陪同下，带领营造司首领太监三人，来到储秀宫前，选择最佳地点刨喜坑。然后，他们一同来到咸福宫同道堂，选择了一个极佳之地，刨了一个更大的喜坑。刨完喜坑之后，随行的两名姥姥跳着喜舞，口念喜歌，在喜坑安放筷子、红绸子和金银八宝。刨喜坑，是用于生产之后，在这里掩埋胎盘、脐带等物。

会计司官送来精选的精奇呢妈妈里十人，兆祥所首领太监王成送来精选的灯火妈妈里、水上妈妈里二十人，她们随总管太监韩来玉，跟着敬事房太监，从后宫神武门到苍震门，绕一圈之后，来到储秀宫、同道堂，听候懿嫔挑选。懿嫔兰儿各挑选了两人，她们都是上三旗正黄旗、镶黄旗披甲人、苏拉之妻，最小的二十四岁，最大的四十岁，另外，又选择了姥姥二人、大夫六人。从此，这些经验丰富的妈妈里开始轮流上夜守喜。

紫檀百宝嵌福禄寿文具盒

小孩穿用的衣服也开始准备，包括：红兜肚四个，白纺丝小衫四件，春绸小袄二十七件；单幅红春绸挖单一块，石青素缎挖单一块，红青纱挖单一块；蓝素缎挡头两个；蓝扣布褥一床，蓝高丽布挡头长褥一床，蓝高丽布褥十床，潞绸被十八床；白布糖口袋两个，白纺丝小带四条，挂门大红绸五尺，蓝扣布挖单十个，白漂布小挖单二十六个，共用各种绸缎一百五十六尺、布料十匹。懿嫔分娩时的各样物品，也陆续送到宫中，包

同道堂东进间咸丰帝御笔"克敬居"

括处理胎盘、脐带时用的各种用品：木锹一张，小木刀一把，木碗两个，大木槽两个，小木槽两个。同时，武备院也准备了黑毯一块，长六尺，宽四尺；造办处准备了吉祥摇车一座，车上金光四射。

正月二十四日，太医院院使栾泰和从全国精心挑选出来的御医李万清、匡懋忠，奉旨入宫，为懿嫔请脉。请脉结果极好："脉息平和，系妊娠七月之喜。"咸丰皇帝非常高兴，特地下旨："从二月三日开始，大夫、姥姥，上夜守喜；各宫各室，准备好一切用品。"按照清宫规定，嫔妃诸人怀孕生子，上夜守喜和准备各种用品，一般是在临产前一个多月，最早也是怀孕八个月之时。懿嫔孕期七月，圣旨安排开始上夜守喜，时间较宫中规定提前了许多，而且，待遇也大大优于其他嫔妃。

三月初九日，御医诊得脉象，妊娠时间已将近九个月。宫中更加紧张起来，主事人员开始忙碌着挑选嬷嬷，讨易产石。三月初十日，两位接生的嬷嬷取脉，断定大约是在三月底或四月初分娩。三月十三日，木槽、木碗、木刀、木锹和吗哪哈一分、四六尺黑毡一块等物，全部送到同道堂。从养心殿西暖阁，取来一把大楞蒸刀，悬挂在寝室次间。

咸福宫后殿同道堂明间咸丰皇帝御笔"襄赞壶仪"

据史料记载，宫中易产石和大楞蒸刀，都是产子珍稀之物：易产石收藏于后宫正宫之乾清宫，大楞蒸刀收存于皇帝裁理政务之养心殿。平常之时，任何人都不许擅自携出，只有宫中嫔妃临产之时，皇帝特许，方可请出；分娩之后，要立即送回原处。然而，这两件宝物，懿嫔使用了之后，一直小心地收藏起来，没有送回原处。

一九二四年，成立清室善后委员会，清点宫中物品。查阅《故宫物品点查报告》六编，养心殿内清点物品，没有大刀、腰刀、大楞蒸刀；乾清宫内，有近百件旧玉七屉，也没有易产石！咸丰六年，懿嫔生下咸丰皇帝的第一个儿子；两年后，咸丰八年，咸丰皇帝的第二个儿子降生随即夭折。从此之后，直到清亡，六十多年间，清廷没有再生儿育女。这两件宝物，没有再派上用场，然而，谁也不知道它们的下落。

档案记载，三月二十三日，养心殿总管太监韩来玉不停地奏报兰儿临产动向：大约午时，进奏皇帝："巳时，懿嫔坐卧不安，随奴才韩来玉问姥姥□氏，说似有转胎之象。"韩来玉再奏："三月二十三日未时（下午二时），懿嫔兰儿分娩阿哥。"韩来玉又奏："奴才带内科、小儿科御医大方脉、小方脉请懿嫔脉，

同道堂东梢间挂帘和门匾

诊得脉息均安，恭贺万岁爷大喜！"韩来玉又再奏："大夫诊视，兰主脉息均安，阿哥神色脉纹俱好，就用福寿丹开口。朱砂一分，黄连一分，甘草五厘，研末，蜜水调服。"

　　小满月快到了，咸丰皇帝下旨："懿嫔兰儿，晋封为懿妃。"储秀宫总管太监安德海等人，各获厚赏。新生阿哥出生年、月、日、时辰之命帖，交送钦天监。钦天监监正亲自将命帖交给博士贾席珍、陈希吕，由他们为小阿哥选定吉日。二人选定，三月二十五日午时，为小阿哥洗浴日：面南正向洗浴，迎喜神方位，大吉。这是宫中洗三之俗。洗三风俗，起源较早，盛行于唐宋宫廷。清宫重视洗三之俗，宫内有许多内务府精制的洗三盆。三月二十四日，宫殿监督领侍史进忠等，送进小阿哥洗三时用的绸缎；内殿司房近侍，送进洗三时用的大金盆。同时，史进忠还备好了四月初五日小满月时宫里要用的绸缎七十匹。

负责懿妃饮食的食医官进奏，懿妃每天供应特殊饮食：粳米、碎粳米、碎红米、黄老米、碎黄老米、小米、凉小米，共七样米，每样七合五勺，芝麻四合，鸡蛋二十个。从二十四日起，直至小满月。史进忠进奏，大阿哥所用之物：每月，用安徽六安茶叶二两，天池茶叶一斤，豆面一升，细草纸五十张，粗草纸一百张。乳母、嬷嬷，每天也是特殊供应：每日鸭子半只，或者肘子、肺头，轮流食用。鸭子、肘子、肺头，都是下奶佳品。御医、姥姥、妈妈里等人的饮食钱粮和柴、炭、煤、烛之类，也都是特殊供应。

三月二十五日午初二刻（上午十一点半），开始给大阿哥洗浴。午正三刻（中午十二点四十五分），大阿哥洗浴完毕。大阿哥洗三，是宫里最为隆重的日子之一，宫内所有成员都要参与。按照宫中礼仪规定：洗三这天，每人都要送礼，称为添盆。皇帝所送之礼：红雕漆盒一件，内装金洋钱三个，金宝一分，银宝一分。皇后所送：金银八宝八个，金银如意四个，金银钱四个，头挡一个，枕头两个，棉被两件，棉褥两个，棉袄四件，夹袄四件，袜子四双，吗哪哈四个，兜肚四个，红绸带四条，抱抱帘四个，白布糖口袋两个，月白纺丝带四条。

丽妃、婉嫔、容贵人、鑫常在以及比阿哥早生一年的大公主等，也都一一添盆。长辈之中，皇贵太妃、琳贵太妃、常嫔、佳嫔、彤嫔、成嫔、祥嫔以及寿安固伦公主、寿藏和硕公主、寿恩固伦公主、八公主、九公主等，都送了厚礼添盆。惠亲王、恭亲王、惇亲王、钟郡王、孚郡王、恭亲王福晋、恭亲王长女、惇亲王福晋、瑞福郡王福晋、隐志郡王福晋等人，也都添盆。懿妃之母，特地备了一份特殊之礼，添盆贺喜。宫中，宫人为大阿哥准备了各种常用物品，包

铜凤——慈禧心中的吉祥鸟

括铜面盆、铜蜡扦、铜剪烛罐、铜莲子壶，锡扦盆、锡背壶、锡柿子壶、锡肥皂盒等等。

御医为懿妃请脉，发现脉息明显沉滑，系产后恶露未畅、肠胃干燥之症。御医用回乳生化汤，吩咐午服一帖。后来，御医栾泰、李万清、匡懋忠等奉旨入宫复查，请懿妃脉，诊得懿妃脉息滑缓，诸症俱减，乳汁渐回，结核消散，只是略有气血未和，尚有滞热。御医们进奏："仍用原方，调荣化滞，午服一帖即可。"清宫规定，皇子降生后，生母不负责乳养孩子；喂乳之事，由内务府精选乳母承担。

钦天监博士选定：四月初二日，卯时，升摇车，万全大吉。四月初二日卯时，大阿哥一身新衣，准时升摇车。摇车，事先安放在储秀宫后殿东次间、同道堂次间。届时，造办处太监遍贴福字，营造司首领太监念唱喜歌，储秀宫首领太监执香前引，大阿哥谙达从东进间阿哥卧室南床，抱起大阿哥，送到东次间，升摇车。升摇车仪式，程序烦琐，从皇帝、皇后、嫔妃到长辈、亲友等人，都要送精巧别致的小荷包两个，内装各式各样的金洋钱、金银宝、金银如意之物。每次送上，都要一轮封赏，十分热闹。

四月五日，是小满月。皇子小满月，是宫里很重要的日子。按照清宫规定：小满月之日，皇帝降旨，恩赐银两：皇后，银一千两，衣料表里三百匹；妃，银三百两，衣料表里七十匹。生女之时，赏赐减半。四月二十三日，是大阿哥满月。这天午正二刻，内殿太监杨寿给大阿哥剃头。赏杨寿银子四两，小卷袍料一件。

满月这天，皇帝不赏，皇后、妃嫔、长辈、皇亲国戚等，都有赏赐。皇后所赏，最为丰富：金镯四个，金带头一个，金扳指一个，银镀金镯四个，银镀金铃铛、升、斗、钟、印各一份，小帽两顶，单纱小衣服八件，兜肚两个，裤子两条，鞋袜四双。

七月初七日，是大阿哥百禄之喜。这次，又是一番送礼和赏赐。百禄，就是百日。因为人死之后，有百日之祭，为避免不吉利，生子百日，故称百禄。

百禄之后，就是周岁晬盘。按照宫中规定，每逢皇子周岁晬盘，照例用：玉陈设两事，玉扇坠两枚，金匙一件，银盒一圆，犀钟一捧，犀棒一双，弧一张，矢一支，文房一分，晬盘一具，中品果桌一张。周岁碎盘，这是中国从宫廷到民间的风俗，这一风俗大约始于南北朝时期，唐宋时大盛于宫中。周岁之日，摆满一桌子东西，让孩子手抓，称为试儿。中国江南风俗，孩子出生一周岁时，制新衣，盥浴装饰，男孩摆弓、矢、纸、笔，女孩放刀、尺、针、缕，再加上各种各样的生活用品、饮食糖果和珍宝服玩等等，全部摆放在小孩跟前，看他喜欢什么，拿取何物，以此察看小孩长大之后的志趣和愚、智、贪、廉的品行。大阿哥周岁，是三月二十三日卯时。懿妃和咸丰皇帝十分重视抓周，准备了丰富物品。这一天，周岁大阿哥身前，摆满了弓、矢、纸、笔、书籍、珍宝。大阿哥一身新衣，面向西北，手抓啐盘：先抓书籍，再抓弓矢，然后抓笔。

丽妃之死

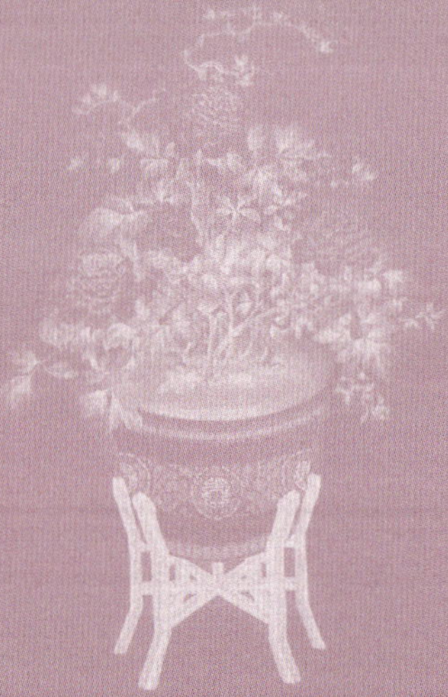

咸丰帝便装像

龙旗图案

丽妃之死

丽妃在晚清宫廷之中，一直是一个神秘的女人。最初，她和慈禧同时入宫，封为贵人。

丽妃是满洲他他拉氏，是主事庆海的女儿。据《清朝通典·氏族略·满洲八旗姓》记载，满族他塔喇氏，亦称他塔拉氏、他他拉氏。世居扎库木（今察布查尔锡伯族自治县）、安褚拉库（今松花江上游二道江一带）、宁古塔（今黑龙江省安宁县西海林河南岸旧街镇）、扎克丹（今辽宁海城）、萨尔浒（今辽宁抚顺）、长白山等地。她天生丽质，获得咸丰皇帝的特别宠爱，先后被封为丽贵人、丽嫔、丽妃、丽皇贵妃、庄静皇贵妃。道光十七年（一八三七年）二月二十七日生，比咸丰帝小六岁，比慈禧小两岁，比慈安小一岁。咸丰元年（一八五一年），清宫选秀女，丽妃和慈禧同时参选，两人同时被选中。咸丰二年（一八五二年），二人同时入宫，慈禧被封为兰贵人，丽妃被封为丽贵人；咸丰四年（一八五四年），慈禧被封为懿嫔，丽妃被封为丽嫔；咸丰五年（一八五五年）五月初七日，丽嫔为咸丰皇帝生下皇长女，三天后，晋为丽妃，时年十八岁；咸丰六年（一八五六年）三月二十三日，慈禧生下了皇长子载淳，即后来的同治帝，当天就晋升为懿妃。

慈禧太后和丽妃亲如姐妹，关系非同一般。咸丰十一年十月，慈禧太后以同治帝名义，感念丽妃侍奉咸丰皇帝多年，生育大公主，特旨尊封其为丽皇贵妃，赐居雍正皇帝曾经生活的永和宫。同治十三年，慈禧太后再下懿旨：丽皇贵妃，侍奉文宗显皇帝均称淑慎，著封为丽皇贵太妃。光绪十六年十一月十五日，丽皇贵太妃去世，时年五十四岁。十八日，光绪皇帝亲诣奠酒行礼，大臣以下、宗室以上，并王公大臣，素服一日。丽妃去世，赠谥庄静皇贵妃。光绪十九年四月十八日，入葬清东陵之定陵妃园寝。妃园之中，丽妃墓居中，位于显著位置，是最前面一座。丽妃所生咸丰皇长女，也就是大公主，咸丰皇帝破例将其特封为荣安固伦公主。同治十二年八月，大公主下嫁一等雄勇公额驸，原名瑞煜，奉旨更名为符珍。同治十三年，荣安固伦公主去世，年仅二十岁。

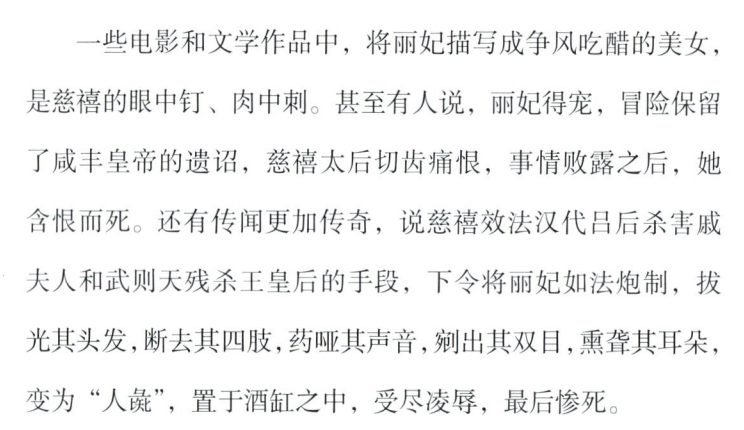

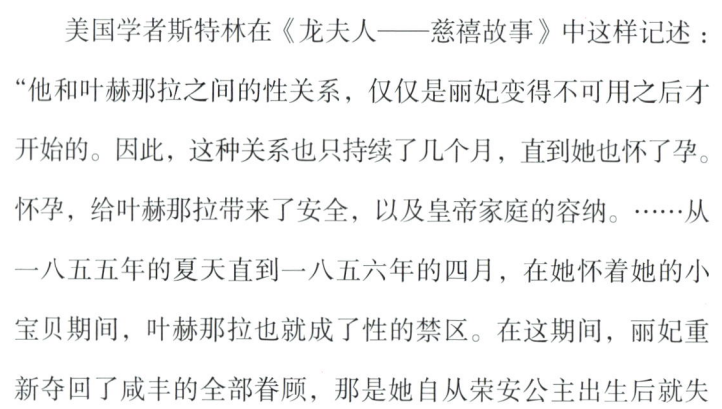

一些电影和文学作品中，将丽妃描写成争风吃醋的美女，是慈禧的眼中钉、肉中刺。甚至有人说，丽妃得宠，冒险保留了咸丰皇帝的遗诏，慈禧太后切齿痛恨，事情败露之后，她含恨而死。还有传闻更加传奇，说慈禧效法汉代吕后杀害戚夫人和武则天残杀王皇后的手段，下令将丽妃如法炮制，拔光其头发，断去其四肢，药哑其声音，剜出其双目，熏聋其耳朵，变为"人彘"，置于酒缸之中，受尽凌辱，最后惨死。

美国学者斯特林在《龙夫人——慈禧故事》中这样记述："他和叶赫那拉之间的性关系，仅仅是丽妃变得不可用之后才开始的。因此，这种关系也只持续了几个月，直到她也怀了孕。怀孕，给叶赫那拉带来了安全，以及皇帝家庭的容纳。……从一八五五年的夏天直到一八五六年的四月，在她怀着她的小宝贝期间，叶赫那拉也就成了性的禁区。在这期间，丽妃重新夺回了咸丰的全部眷顾，那是她自从荣安公主出生后就失

喜字金如意

去了的，也是叶赫那拉此后再也无望夺回的。……丽妃的结局依然是个谜，她陪侍着皇上走向他生命的尽头。……我们可能永远也不会知道，到底是自杀还是他杀，总之，荣安公主的母亲消失不见了！"

这些记载和描述，许多地方显然是不符合史实的。

一、丽妃没有被害死，而是病死的。事实上，丽妃不是死于咸丰十一年，而是一直活着，直到二十九年之后，死于光绪十六年，因病去世。

二、慈禧和丽妃关系很好，对其不断施恩封赏。咸丰帝去世后，仅仅三个月，慈禧太后就以同治帝的名义，以丽妃侍奉皇考有年，诞育大公主，晋封她为丽皇贵妃。这是一跃两级，越过了贵妃这一级，这在后宫之中是十分罕见的。同治十三年（一八七四年）十一月，慈禧又降懿旨，尊封丽皇贵妃为丽皇贵太妃，地位仅低于皇太后。

三、慈禧太后破例，封赏丽妃和她的女儿。丽妃所生的女儿是咸丰皇帝的长女，也是唯一的女儿。咸丰皇帝和众妃嫔们都喜爱这个漂亮的大公主。同治九年（一八七〇年），慈禧太后破例封大公主为荣安固伦公主。清宫制度规定，只有皇后所生的女儿才能封为固伦公主，妃嫔所生的女儿只能封和硕公主。按此规定，丽妃的女儿应封和硕公主，慈禧却破例封她为荣安固伦公主。

四、丽妃体弱多病，经常受到慈禧太后的照顾。多年来，

银粉盒

大婚喜字龙凤蜡烛

丽妃体弱多病。根据宫中档案记载，丽妃经常烦躁失眠，头痛口渴，肢体酸软，胸肋胀满。有时攻冲作痛，烦躁少寐，气道阻滞，停饮火盛，以致腹痛未减，夜不得寐。正因为这些病症，所以，她经常服犀角上清丸、清肺抑火化痰丸、和肝理脾丸、疏风止嗽丸、朱砂安神丸。最常服用的是三仙饮：灯芯、竹叶、薄荷、菊花、芦根各五钱。从丽妃的身体状况和经历上看，她能够与慈禧太后融洽相处，很是难得。

五、丽妃去世后，葬礼隆重，陵园显赫。光绪十六年（一八九〇年）十一月十五日，丽妃病逝，享年五十四岁。她去世后，隆重设立灵堂、殡宫，她的金棺暂安于田村殡宫。第三天，光绪皇帝亲自到金棺前奠酒、行礼。光绪十九年（一八九三年）四月十八日，丽妃金棺葬入清东陵的定陵妃园寝。这座妃园寝风水很好，后院建有十五座宝顶，共分三排。丽妃的宝顶是慈禧太后亲自选定的，是第一排正中，也是这座园寝之中最为尊贵的位置。

种种事实表明，丽妃为人温和，处世低调，从不张扬，非常尊重、体谅慈禧太后，也懂得慈禧太后的感受。她平常关心照顾人，更知道多从慈禧的角度着想。慈禧性较刚强，丽妃则较柔弱，对她不构成任何威胁，两人相得益彰。

故宫收藏有一份宫中秘档《懿妃遇喜大阿哥》，书中记载，在慈禧太后怀孕生子的过程中，丽妃一直在旁尽心照顾，与慈禧相处甚恰。在慈禧的儿子载淳洗三和抓周之时，丽妃的礼最重，也最真诚：咸丰六年三月二十五日，皇子洗浴。洗三之喜，上赏：红雕漆盒一件，内盛金洋钱四个，金宝一分，银宝一分。皇后赏十六样：金银八宝八个，金银如意四个，金银钱四个，棉被两件，棉褥两个，白布糖口袋两个，棉袄四件，袜子四双，红绸带四条，月白纺丝带四条，枕头两个，肚兜四个，抱抱帘四个。丽妃添盆，三十二样：金银八宝八个，金银锞八个，金银如意八个，金银钱八个。咸丰七年三月二十三日，抓周，抓碎盘：先书，后弓矢，后笔。上赏：白玉骆驼八件。皇后赏：如意八件。懿贵妃赏：金如意二，玉器二。丽妃添盆十样：帽子二，棉衣四，鞋子二，袜子二。

咸丰北狩与驾崩

万方安和
水心架搆形作卍字略仿
相通遥望彼岸奇花擷若
绮绣每高秋月夜沉澄若
空圆灵在镜山夜沉澄百尺地宁
非佛骨蒲出宝光耶
作室轩而豁 当年志若何 地
六纳凉处四序皆宜 万方归霞
皇考所喜居也
冒一意额安和缅景怀承为暗
题仰偃波九年 遗泽在四海
尚讴歌

圆明园万方安和（新年招待亲臣及外宾处）

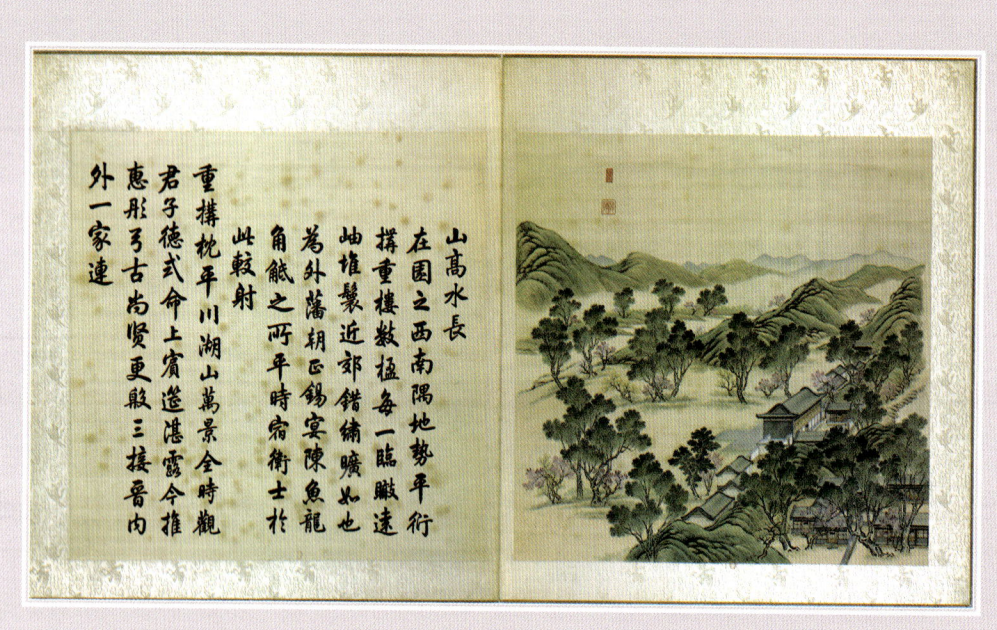

山高水長在圓之西南隅地勢平衍撐重樓數楹每一臨瞰遠岫堆翠近郊錯繡曠如也為外藩朝正錫宴陳魚龍角觝之所平時宿衛士於此較射

重撐枕平川湖山萬景全時觀
君子德式命上賓邇湛露今推
惠貺弓古尚賢更敢三接晉內
外一家連

圓明園山高水長（新年燃放烟火處）

圆明园长春园西洋楼海晏堂

圆明园长春园西洋楼大水法

樂壽堂

咸丰帝御书避暑山庄乐寿堂

咸豐十年八月初七日內閣奉

上諭和碩恭親王奕訢著授為欽差全權大臣辦理兩國換約和好事宜便宜行事欽此

恭亲王奕訢著授全权大臣上谕

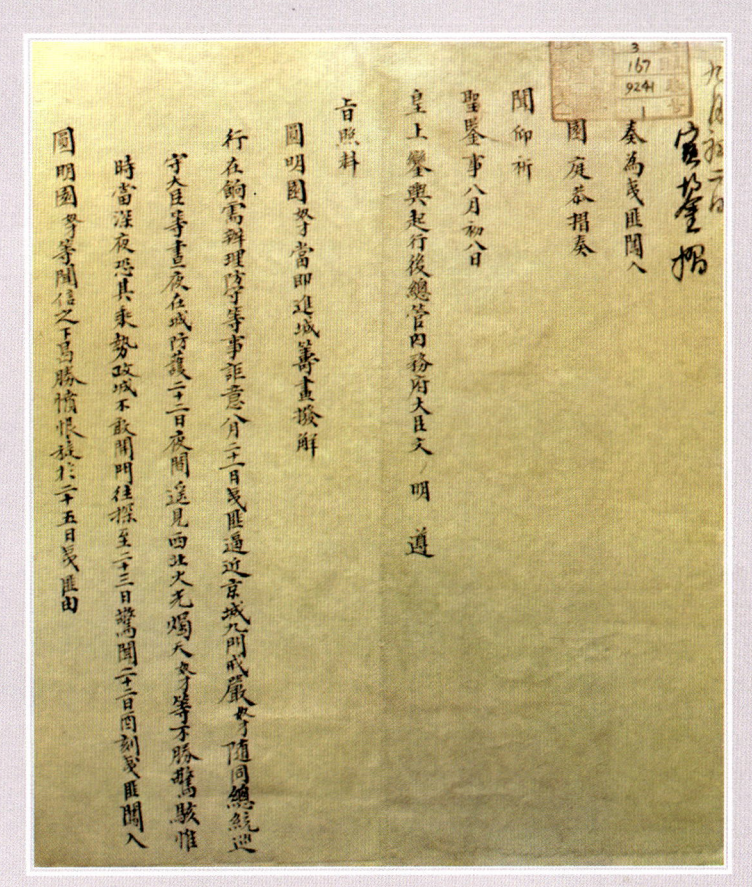

英法联军火烧圆明园事折

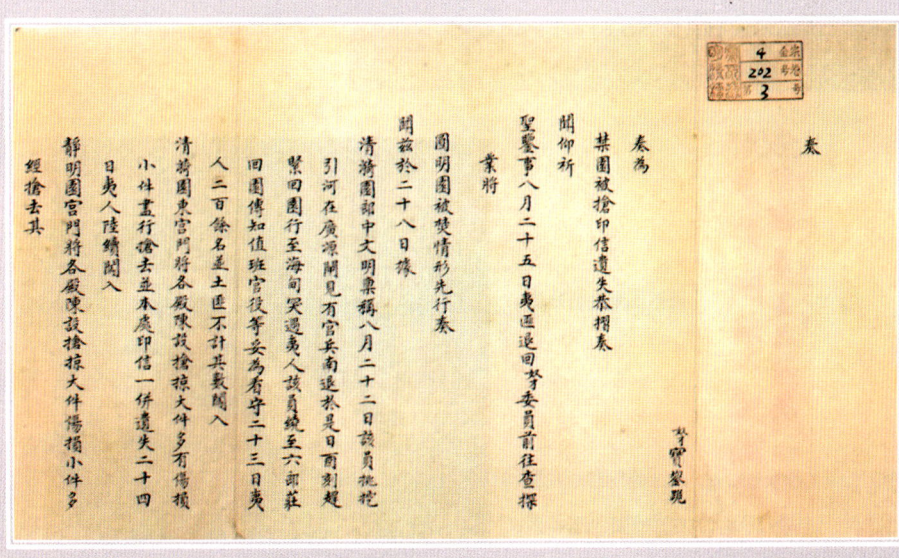

禁园被抢印信遗失事折

奏為遵

旨覆奏事竊臣等於本月二十五日敬悉九
聖鑒事竊臣正在查辦開於九月二十五日敬悉九
閣抄件
圓明園內外被搶被焚情形欽奉諭旨
一切並會同王大臣傳諭明春令伊在園經理
赴行在奇赴行在並將兩次被搶被焚情形詳細
家訪査奏若有可辦理之事即令春在園庭附
近地方居住若無可辦即馳赴熱河應赴
熱河等現在
福園門外底居住辦理一切事務謹將遵
自當解緣日教陳
奏

聞伏乞
皇上聖鑒謹
奏
咸豐十年十月初四日

圓明園內外被搶被焚情形事折

奏靜宜園畏人並未前往各殿擅陳設照舊封鎖此三
園大概情形先行具奏候將失去陳設清查後
再行彙開正清查間二十七日接大學士瑞麟
副文轉傳
圓明園八旗健銳營外火器營兵丁即赴
圓撐園員及三山一帶嚴密防守搜拏土匪惟
清撐園員外郎秦清於二十三日全家自焚身死
等因具奏前來臣等接閱之下為慎憒恨欲泣
在城內等辭一切正在突襲之除勢難分身前
往查看並將遺失陳設起員多職人役妥
為有約並將遣失陳設起員明呈慶另行具
奏查郎中文明難因倉卒被搶擅明呈能察覺各
有應得相應請
旨將議圓郎中文明交部議處至
清撐園印於於八月初八日
皇上啟鑾時繫摯具
奏過交文豐稽遲現在文豐殉難此印鈴尚未
查出落謹此一併奏
聞伏乞
皇上聖鑒謹
奏
文明著革職從寶鋆口知
顧一己之令奇絕御園播燹
院不若狂犬於之三山為
皇撐遜又不盡注意具何
肺腸寇敵滿腹中之章物也
姑念其城內尚有照料官廳
子件著暫免正法撤去
迎防降為五品頂戴一切差
使勒傳開缺以觀後效
咸豐十年九月初三日

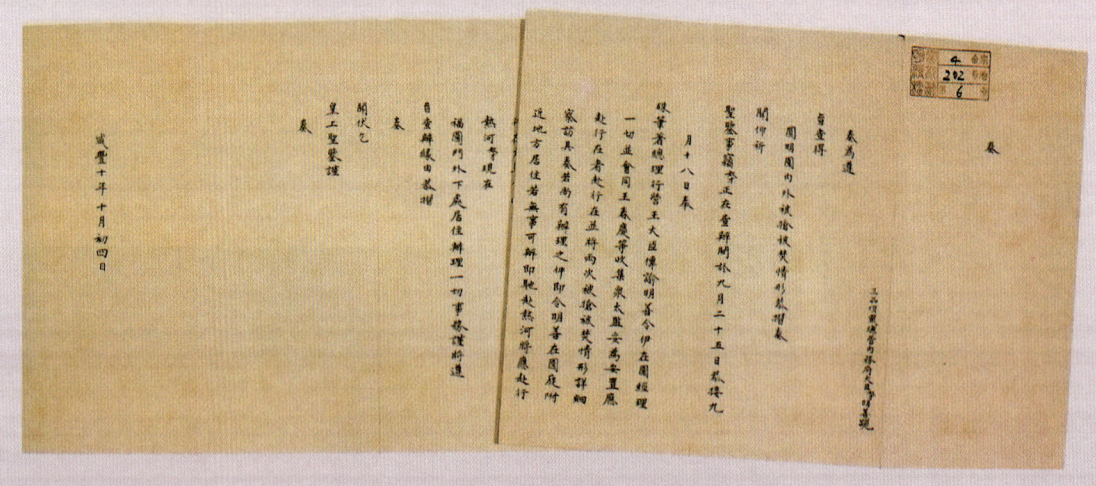

禁園被搶印信遺失事折

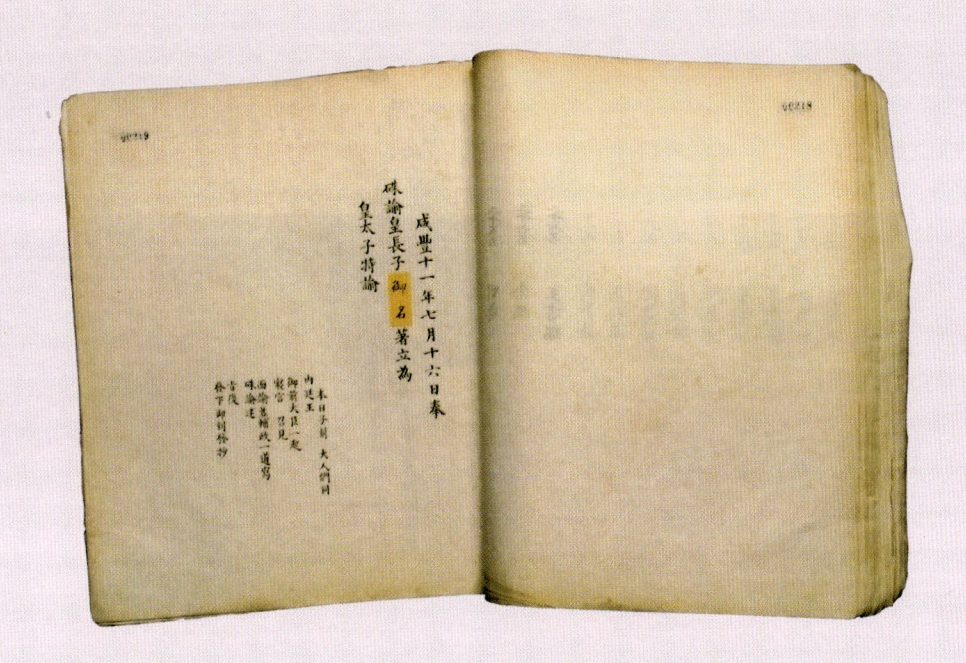

咸豐十一年七月十六日奉
硃諭皇長子 御名 著立為
皇太子特諭

本日子刻
大人們同
內廷王
御前大臣一起
寢宮召見
面諭惠親王一道寫
硃諭述
吉俊
於下卯刻恭抄

立皇长子载淳为皇太子上谕

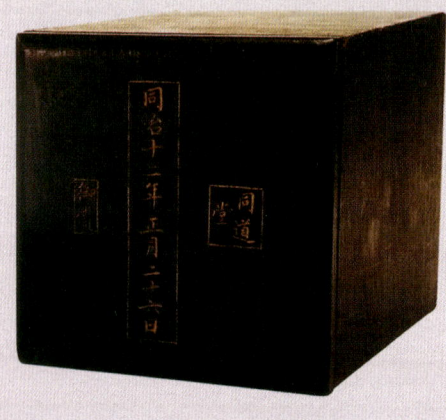

御赏、同道堂印及匣

咸丰北狩与驾崩

咸丰十年（一八六〇年）八月，英国新任驻华公使普鲁斯野心勃勃，决心用武力打开白河的大门，向京城挺进。这样，一支英、法、美混合舰队共二十艘战舰，官兵约两千人，直奔天津大沽炮台。咸丰皇帝得报：英舰十五艘，法舰两艘，美舰三艘，由英国海军司令贺布指挥进犯。咸丰指示：严守大沽海口，勿遽开枪炮，以顾大局。然而，英、法联军悍然入侵，突然向大沽炮台开火，清军还击，双方激战一昼夜，联军损失惨重：参战主力英舰十三艘，四艘被击沉，六艘丧失战斗力。总司令贺布身受重伤。清军阵亡三十二人。

初战告捷，咸丰皇帝很是高兴，他欣慰地说："经此次痛加惩创，自应知中国兵威，未容干犯！"但他未敢就此掉以轻心，严厉指示："妥为防备，尽力办理抚局。"大获全胜之后，僧格林沁产生轻敌情绪，为了让英法换约方便，竟然下令撤销北塘守备。御史陈鸿翙、林寿图等建议："北塘弛防非计，宜层层设伏，以策万全。"咸丰皇帝也担心："夷情狡悍，来图报复。"明确指示加以防范。咸丰下令，调永固炮八尊给僧王使用。

新的英法联军很快组成：英军一万八千余人，法军七千余人，共两万五千余人，出动军舰约二百余艘。英、法公使蛮横无理，公然照会清廷，要求中国必须认错，进京换约，赔偿兵费，送还炮船等等。咸丰皇帝大怒，对此严词拒绝。联军继而占据北塘，攻陷大沽口。僧王急奏："大沽两岸，危在旦夕。"咸丰皇帝急火攻心，大口吐血。时为懿妃的慈禧照料着皇帝，拟旨谕僧王："汝

在军中，忧心如焚，倍切朕怀。唯天下根本，不在海口，实在京师。"京师危急之时，咸丰皇帝一再降旨，名义上守城，实际上是决意北逃。大沽炮台失守之后，僧王就密奏咸丰，请其到热河行宫避难："战既不胜，唯有早避，请巡幸木兰。"大学士贾祯领衔上奏，对此坚决反对："既不宜率师亲征，又不应巡幸木兰，应留守京师，加强京城防御，以坚众志，以鼓士气。"最终，咸丰皇帝还是决定逃往承德避暑山庄。慈禧忧心忡忡，坚决主张抗击英法侵略军，反对皇帝离京出逃。闻知咸丰避难之举，她激愤不已："皇上在京，则宗庙有主，恐为夷人践毁。今若弃京城而去，辱莫甚焉！"咸丰十年八月七日，八里桥一战，清军惨败。英法联军占领了作为京师门户的八里桥，进军神木厂。八月八日上午，咸丰皇帝一行匆忙由圆明园逃出，向北急走，一行没有銮舆，只有少量侍从护卫。跟随咸丰皇帝的是懿贵妃和皇帝之子载淳，随行大臣包括：惠亲王绵愉、怡亲王载垣、郑亲王端华、户部尚书肃顺以及军机大臣穆荫、匡源、焦佑瀛、杜翰等百人，护卫禁军大约两千人。

十月十三日，英法联军攻占北京安定门。十月二十四日，英法侵略军耀武扬威，占领北京。当时，额尔金勋爵是英国全权使节、在华最高行政军事长官。英国的米字旗在安定门上迎风飘扬，从安定门到天安门东侧礼部大院，布满了英国士兵，他们身穿红色制服，头戴白色头盔。额尔金勋爵按照中国皇帝的规格，乘坐十六抬中国大轿，神气十足地进入北京。英法占

咸丰帝御书避暑山庄：岫云门

咸丰帝驾崩之处：避暑山庄烟波致爽殿

石青绸绣彩云金龙朝褂

领军以胜利者自居,确定当天中午午时,在天安门东边的礼部大院,签订城下之盟的"和平条约"。

恭亲王奕䜣是大清帝国的全权代表和大清国代表团团长,按照约定,他按时到达了签约现场。可是,英国占领军开进北京,高奏英国国歌《上帝保佑女王》,足足进行了一个多小时。下午三时,在英国国歌声中,额尔金勋爵的大轿才缓缓地抬进礼部大院,比约定的时间晚了三个小时。恭候多时的奕䜣强忍怒火,忍气吞声地迎上前去,拱手致意。额尔金勋爵轻蔑地一瞥,假装没有看见,头也不回。随后,额尔金竟然要求恭亲王走在他的前面,奕䜣为了尽快签约,只好隐忍不言,脸上露出厌恶的表情。

十一月二日,奕䜣按照礼节,回访额尔金。英国随军之意大利摄影记者费利斯·比托特地前来,给恭亲王照了两张相。它们也是清代皇室拍摄的第一张照片。照片上,恭亲王表情严肃神态间有几分忧郁;照片画面清晰,奕䜣的朝冠、袍服和朝珠以及眉毛、睫毛等,纤毫毕现。恭亲王的衣着合身得体,

杏黄绸氅衣

据当时随军英国军医描述：恭亲王"身穿一件紫色的、绣有黄龙的锦缎官袍，它们分别在胸前、肩膀上和背后用金线绣成直径为八英寸的圆圈。他戴着一顶边缘往上翘的官帽，除了在顶戴处有一个红绸做成的旋钮之外，并无其他任何装饰"。

咸丰十一年（一八六一年）七月十五日，咸丰在避暑山庄身染重病。晕厥前，他感觉不适，吩咐内廷侍值诸臣缓时散值，直到夜晚，他才苏醒过来。他预知自己将不久于人世，立即传谕王公大臣。这时，已是子初三刻（子时，夜十一点至一点）。王公大臣们迅速赶到，咸丰皇帝传谕要立下遗嘱。可是，此时他已经不能执笔。这样，只好皇帝口授，由王大臣司朱笔录下遗嘱。于是，由大臣代拟的最后两份咸丰皇帝遗诏就此问世。

第一份遗诏：

咸丰十一年七月十六日，奉上谕：皇长子御名，著立为皇太子。特谕。

圣谕后附注：

本日子刻，大人们同内廷王大臣、御前大臣一起寝宫召见，面谕并辅政一道，写朱谕述旨后发下，即刻发抄。

第二份遗诏：

咸丰十一年七月十六日，奉朱笔：皇长子御名现立为皇太子，著派载垣、端华、景寿、肃顺、穆荫、匡源、杜翰、焦佑瀛尽心辅弼，赞襄一切政务。特谕。

近侍官写有《随手登记档》，在七月十六日册立皇太子、著派辅政八大臣的两道谕旨之下，这样记述："本日子初三刻，寝宫召见共一起，御前大臣载垣、景寿、肃顺，内廷王端华，军机大臣穆、匡、杜、焦，面奉谕旨，写朱谕递上。发下，当即发抄。"皇帝记注官写道："十六日，午后昏厥。嘱内中缓散。至晚苏转，始定大计。子初三刻见时，传谕清楚。王大臣请丹毫，谕以不能执笔，著写来述旨。"七月十七日寅初（寅时，凌晨三至五时），咸丰感觉稍好，传进冰糖煨燕窝。七月十七日卯时（卯时，早晨五至七时），病势转剧，咸丰皇帝撒手归天。

行宫街巷，突然出现了一首奇怪的诗：

北狩经年跸路长，鼎湖弓剑黯滦阳。
两宫夜半披封事，玉玺亲钤同道堂。

两大集团的生死较量

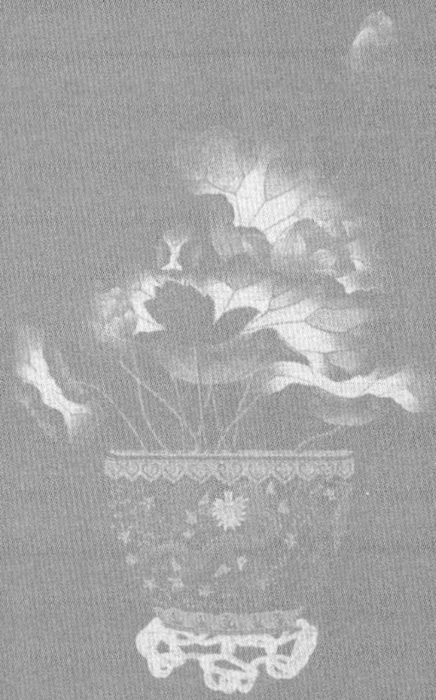

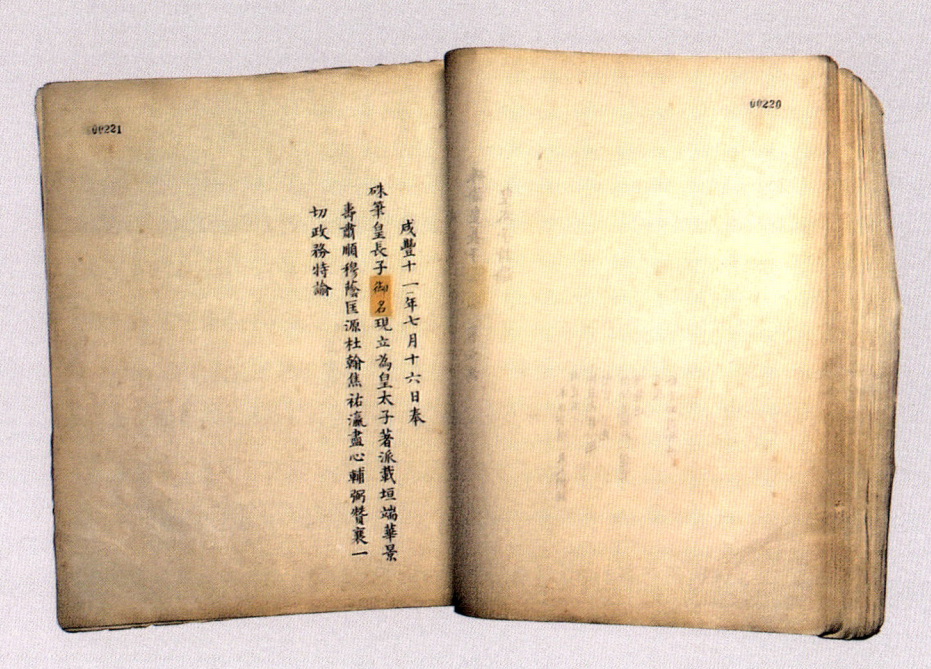

咸豐十一年七月十六日奉
硃筆皇長子御名現立為皇太子著派載垣端華景
壽肅順穆蔭匡源杜翰焦祐瀛盡心輔弼贊襄一
切政務特諭

八大臣贊襄一切政务上谕

興符
安禧
祥祐
祺祥

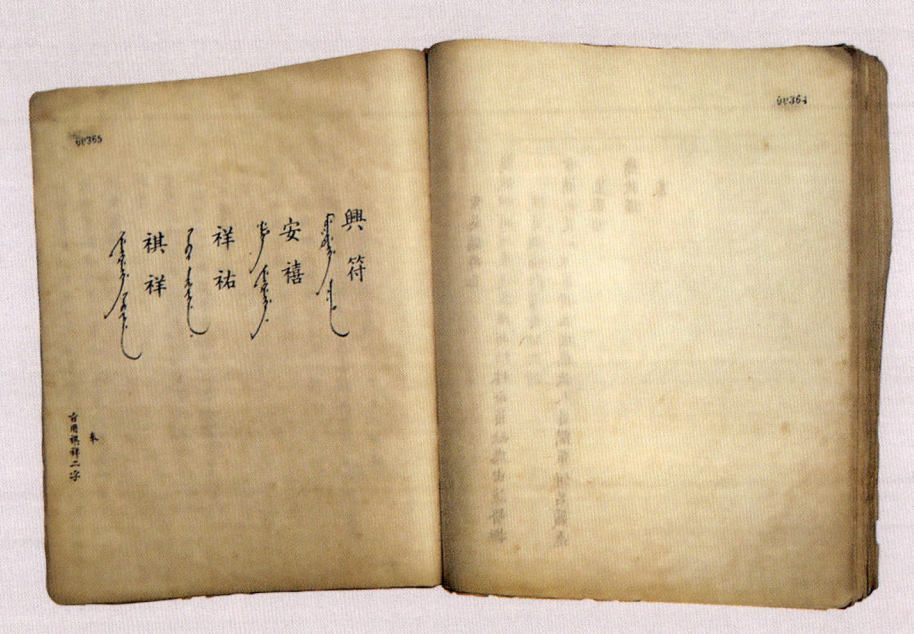

古用禧祥二字

奉旨定祺祥年号

两大集团的生死较量

咸丰驾崩时三十一岁。这一年，皇后钮祜禄氏二十五岁，皇太子生母懿贵妃叶赫那拉氏二十六岁。皇太子载淳六岁，在父亲咸丰皇帝的灵柩前即皇帝位。咸丰皇帝的遗体存放在烟波致爽殿东间。载淳依照满俗，剪发披服，哀声恸哭，悲痛之声萦回四野。咸丰皇帝遗体入殓以后，灵柩停放在澹泊敬诚殿正殿。载淳非常懂事，每天都到父皇灵前尽孝，奠献三次，放声大哭。

从江山社稷大局出发，咸丰在临终前，安排了一个全新的政治格局：由八大臣辅助幼帝，共理朝政；同时，又刻了两颗御印，一颗是"御赏"，一颗是"同道堂"，明定这两颗皇帝钦定的御印，是日后所有皇帝诏谕的标志性符信。咸丰遗言确定：嗣后朝廷所有奏折，经由赞襄王大臣奉旨拟写缮进，等皇太后、皇帝浏览之后，奏折上方用"御赏"印，下方用"同道堂"印，以此作为凭信，一如朱批恭缴。显然，两颗特殊的印章，"御赏"印是皇帝诏谕的起始用印，由慈安皇太后收藏；"同道堂"印是皇帝诏谕的讫止用印，交皇太子收藏，实际上由皇太子的母亲慈禧皇太后收存。这样，王朝的政治格局是，由王公八大臣、两宫皇太后联合辅助幼年皇帝共同理政。而事实上，皇太后的权力高于八大臣，因为，她们握有否决权，所有军政大事，只要皇太后不盖两方印章，那么，所有决议等于空谈，不能生效。

载淳正式即皇帝位，第一件大事就是要拟定年号。怡亲王载垣等拟定的年号是：祺祥。祺，意思是指福分、福祉；祥，意思是指安宁、吉祥。祺祥之意，就是福祉、吉祥，意思是说，载淳君临天下，是皇帝和天下臣民的福祉，是皇室宗社和王公大臣的吉祥。可惜的是，年号刚刚拟定，八大臣还没有来得及体味新朝的福祉和吉祥，以慈禧太后为核心的政治集团所操纵的宫廷政变就发生了。转瞬之间，飞扬跋扈的八大臣被捉拿和囚禁，慈禧太后正式步入政坛，开始了她对于皇权将近半个世纪的有效控制和掌握。这场政变，发生在祺祥年间，史称祺祥政变；这一年是辛酉年，又称辛酉政变；政变的核心地是北京，又称北京政变。

这场突如其来的政变之前，王朝的政局是由两大势力集团支撑的，他们相互影响，力量彼消此长：一方是以肃顺为主的、以赞襄八大臣为核心的朝臣集团——八位大臣分别是御前大臣载垣、端华、景寿、肃顺，军机大臣穆荫、匡源、杜翰、焦佑瀛；另一方是以皇太后为主的、以恭亲王等宗室王公为核心的帝后集团，包括小皇帝、两宫皇太后和以恭亲王为主的宗室王公——恭亲王、惇亲王、醇郡王、孚郡王等。两大势力集团，关系错综复杂，矛盾千头万绪；各大集团内部，也是明争暗斗，盘根错节，不断进行权力再组合。他们在政坛上占据一席之地，势力此消彼长，以静制动，期待着以最少的成本获得最多的利益。然而，两大势力较量的结果是，各方没有获得利益，相反都有损伤。只有一个人是例外，她就是慈禧太后。在整个事态的演变中，慈禧始终不动声色，稳扎稳打，最后稳操胜券，轻而易举地将至高无上的皇权牢牢地控制在自己的手里。

咸丰皇帝并不是一味地风流快活，从他临终前的精心安排，可以看出他的良苦用心。咸丰皇帝的深意更在于控制朝臣。他遗命八大臣辅政，而不是仿效周公辅佐成王的故事，只一二大臣辅政，意在使皇权不至于过分集中在个别人之手，造成大权独揽的局面；八位王、大臣，分别行使管辖权力，相互牵制，

孝贞显皇后（慈安皇太后）徽号册

相互监督，相互制约。八大臣共辅幼主，主旨是在使王朝政务顺利开展。与此同时，又赏赐两枚印章给小皇帝时代的两位皇太后，不钤两枚印章一切谕旨无效，皇太后由此拥有了相当程度的政务否决权。这样，小皇帝和两太后为一方，八大臣为一方，哪一方都不突出，哪一方都离不开对方，缺一不可，双方合作，共同辅弼幼主。

这既不是垂帘听政，也不是大臣辅政，这是多方牵制、多方制衡的政治格局。

七月十八日，新皇帝正式颁发上谕，内阁奉上谕，布告天下，尊皇后、懿贵妃为皇太后："朕缵承大统，母后皇后尊为皇太后，圣母应尊为皇太后。所有应行典礼，该衙门敬谨查例具奏。钦此。"近侍随手记录的《日记档》称："十八日巳初二刻，在澹泊敬诚殿内入金柜。随传各处穿孝衣，皇上换缟素。午祭奠，俱系外边伺候。皇太后奠酒，内廷伺候。是日，敬事房首领传本处首领：懿贵太妃亲封为皇太后。"军机档称："七月十七日，敬事房首领陈胜文传旨：钟粹宫皇后，晋封皇太后。七月十八日，敬事房首领陈胜文传旨：储秀宫懿贵妃，晋封为皇太后。"

按照上谕，皇后钮祜禄氏为母后皇太后，称慈安太后，因为住在烟波致爽殿东室，又称东太后；小皇帝生母懿贵妃为圣母皇太后，称慈禧太后，因为住在烟波致爽殿西室，又称西太后。

热河行宫一片肃穆，却暗流涌动。大行皇帝的灵堂，白色和黑色装裹，看上去白茫茫一片。八大臣之首的肃顺踌躇满志，从容调度着行宫的军政事务，一切有条不紊。八大臣辅政，第一道谕旨就是公布治丧名单和留京人事安排："著派睿亲王仁寿、豫亲王义道、恭亲王奕䜣、醇郡王奕譞、大学士周祖培、协办大学士、尚书全庆、陈孚恩、绵森、侍郎杜翰，恭理丧仪。陈孚恩接奉此旨，即星速前来行在。豫亲王义道、恭亲王奕䜣，周祖培、全庆，著在京办理一切事宜，无庸前赴行在。钦此。"

肃顺知道两宫太后不懂政务，就领衔进奏："谕旨由大臣拟定，太后但钤印，弗得改易，章疏不呈内览。"慈安太后不明所以，慈禧太后一看就颇为不满。谕旨由八大臣拟定，剥夺了军机处的拟旨权，倒也可忍让，关键在于大臣拟定的谕旨，太后只管盖章，不许改动。这无异于将两宫太后当作盖章的木偶。更为过分者在于，所有大臣奏疏，不必入内送呈太后御览。这就从根本上剥夺了太后参政的权力。很显然，肃顺为首的顾命八大臣认为，他们在宦海沉浮数十年，操控权力，管理国家，这行政权力不容置疑地应归八大臣所有。大行皇帝的遗诏没有明确指示太后与八大臣之间如何划分权力，那么，八大臣认为，权力自然就该他们独揽。面对危局，慈禧十分冷静，面不改色。

她与慈安商定后命人口传懿旨："先帝谕旨，二印钤起讫，以防弊萌。政务事关重大，不能苟且。"肃顺等八大臣的意见，两太后坚决不同意，并提出了她们的一套方案：大臣奏章，送呈太后御览；所有六品以上大臣任免，由太后最后裁决；八大臣先行拟旨，由太后定夺。这是最高权力的争夺，双方坚持己见，整整四日四夜，相持不下。此时，肃顺感到先皇遗下的两枚印章的分量和慈禧的不同。

肃顺知道，慈安太后是一个温婉的女人，对于政务并无兴趣；形成如此的僵局，太后又没有后退之意，先皇的尸骨未寒，如果坚持，旁人必有非议，到时不好收场。经过斟酌，肃顺决定主动退让，以示心胸宽阔。于是，他完全同意皇太后的意见。这样，双方达成了一致的意见：一、先皇赏赐的两枚御印，由两宫太后保管；二、大臣的奏章，进呈皇太后阅看；三、八大臣拟旨，皇太后御览之后，如果无异议，在朱批的地方钤印，在谕旨上下方钤两枚御印；四、官员任免，各省督抚一级及以上官吏，八大臣拟定名单，两宫太后裁决；五、其余官员任免，用掣签法。两宫太后觉得还算满意，同意照此施行。赞襄政务八大臣特地给吏部、兵部发布咨文，令通行各衙门：嗣后陈奏折件，经赞襄大臣拟旨缮进，俟皇太后、皇上阅看，上用御赏，下用同道堂二印，以为凭信。仍照朱批恭缴。

七月二十日，皇太后的密使将急召恭亲王赴行宫的密旨送达北京。

恭亲王奕䜣，是咸丰皇帝的六弟。道光皇帝有九子，第四子奕詝，就是后来的咸丰皇帝；第六子奕䜣，即恭亲王；第七子奕譞，即醇郡王（后为醇亲王）。道光十一年六月，皇四子奕詝降生，他的生母是钮祜禄氏，最初被册封为全嫔，后来晋封至全贵妃，生下第四子后晋封为皇贵妃，统摄六宫事务。一年后，册立为皇后。过了六年，因病去世，年仅三十三岁，皇帝赐谥为孝全皇后。孝全皇后之死，还是一个谜案，从种种迹象上看，可能是由于婆媳关系不和，作为深爱孝全皇后的道光皇帝，不敢违母亲之命，皇后就这样不明不白地死去。道

太和殿

光皇帝哀痛皇后之死，就立孝全皇后的儿子即皇四子为帝。皇四子之母和皇六子之母，都是道光皇帝的爱妃，这两个女人，一存一亡，立谁之子为嗣君，曾让道光皇帝颇费踌躇。皇四子善良仁厚，多情多才；皇六子精明能干，文武双全。

有一天，道光皇帝命诸皇子到南苑打猎。皇四子的老师杜受田知道围猎方面的武功自己的学生奕詝比不得皇六子，于是对他耳语密计："阿哥到围场，但观他人骑射，不发一枪一矢，并约束侍从们不得伤一动物。"一场围猎下来，自负的皇六子奕訢得意扬扬，果然满载而归，猎获最多。道光皇帝冷着脸问皇四子为何一无所获？皇四子这样恭敬地回答父亲："时方春和，鸟兽孕育，不忍伤生，以干天和，也不想以弓马一日之长与诸弟相争！"道光皇帝大为震惊，不禁高兴地说："真有仁君之风！"这样，储君之事遂决，皇四子成为道光拟定的皇位继承人。

两大集团的生死较量

太和殿脊兽

道光帝病危之际，急召宗人府宗令、御前大臣、军机大臣和总管内务府大臣，一同开启遗诏密匣，内有二谕：一是皇四子立为皇太子，一是封皇六子为亲王。一匣二谕，这是道光皇帝的首创。其实，皇四子与皇六子，兄弟感情也很好。孝全皇后去世时，郑重地将时年十岁的儿子托付给一直关系很好的、第六子奕訢的生母博尔济吉特氏，她也继而由静贵人累晋至皇贵妃。静皇贵妃像对待自己的亲生儿子一样，细心地照料着皇四子，甚至经常舍下自己的儿子来照顾这位孝全皇后的孩子，他们一同长大，一道读书玩耍。史书称："贵妃舍其子而乳文宗（四子，咸丰皇帝），故与王（恭亲王）如亲昆弟。"皇四子即位，为咸丰皇帝。皇六子封为恭亲王，任首席军机大臣。恭亲王的母亲受到尊敬，被晋封为太贵妃。而就是为了她的这一封号，两兄弟之间的感情开始出现裂痕。

一天，咸丰皇帝得知太妃病危，特地放下政务，赶往太妃寝室探望。在寝室门口，他正好遇见了从室内出来的恭亲王奕訢。咸丰急切询问太贵妃病况，只见恭亲王一脸愁容，匍匐在地，痛哭失声，他哽咽着说："母亲的病很重，正在弥留之际，只是等待着封号才能瞑目啊！"咸丰皇帝表情尴尬，看着门外，"哦，哦"了两声。皇帝如此模糊应付，恭亲王认为时机已到，及时抓住：他立即前往军机处，以首席军机的身份传达圣旨，表示皇帝同意为太妃上皇太后尊号。

就这样，恭亲王巧妙地利用这次机会，为死不瞑目的母亲争得了封号。咸丰皇帝被逼无奈，不愿担当不孝的恶名，只好勉强同意了恭亲王的做法，封太妃为康慈皇太后。很显然，恭亲王的做法，有违皇帝的初衷。几天来，咸丰一直如芒在背、如刺在喉，心中很是不快。不久，咸丰皇帝下旨：丧事，减太后丧仪。罢恭亲王军机大臣、宗令、都统，仍在内廷行走，上书房读书。从此，咸丰开始冷落他的这位六弟恭亲王，直到五年后的咸丰十年八月，八里桥清军惨败，咸丰北狩热河。在非常国难时期，咸丰才想起了自己颇有才干和声望的六弟。从圆明园逃往热河避暑山庄，而将北京的烂摊子交给了二十八岁的奕訢。

咸丰皇帝去世后，热河情况不明。奕訢经过斟酌，再次正式进奏：请前赴热河，叩谒梓宫。内务府大臣宝鋆等人，也都上书，奏请奔谒梓宫。七月二十五日，恭亲王奉旨，准赴热河叩谒梓宫。七月二十六日，恭亲王启程，风尘仆仆，昼夜兼行，只用了四天，即于八月一日清晨抵达热河行宫。这天，正是幼帝载淳为父皇举行祭礼的日子。灵堂一片雪白，庄重肃穆。分别不过一年，见到的是素白的灵堂和兄长的灵柩，奕訢不禁满腔悲愤，一下子扑倒在地，失声痛哭。其哀泣之声，响彻殿陛，所有在场之人，无不流下热泪。然后，恭亲王入内，拜见两宫太后。这是出宫两年来，恭亲王第一次面见慈禧太后。他们

太和殿内金砖

深知局势危急，四目相对，一切心领神会。半个时辰的对话，彼此达成了共识。

八月六日，两宫太后如期第二次召见了恭亲王，也是单独召见。奕訢把几日来在热河行动和了解的重要情况，通报两宫太后，并把事先商定的计策相告，让两宫彻底放心，表示一切都在掌握之中。商定政变的步骤后，慈禧太后明确告诉奕訢，要他立即回京，皇帝也随后回銮。第二天，八月七日，恭亲王密令他的护卫、随从，先到热河外八庙之一的普陀宗乘之庙（俗称小布达拉庙）后门等自己。他特地拜访怡亲王载垣、郑亲王端华，假意说：我就要回京了，听说这时的普陀宗乘喇嘛庙很有名，我想去看看。可是，我底下的人，还没有来，你们有轿子，可否让我借用坐坐？两位亲王听说奕訢要回北京，很是高兴，立即应允。奕訢从容不迫地坐上王爷的轿子，进了喇嘛庙的前门。两位亲王立即将恭亲王游庙的消息告知肃顺。奕訢一进庙门，匆匆下轿，根本无暇游览便直奔后门，在护卫、随从的护从下火速返京。奕訢晓行夜宿，快马加鞭，日夜兼程，一路上不敢有片刻停留。

奕訢在热河奔丧期间，垂帘听政之议就已经闹腾得沸沸扬扬。热河方面汉领班军机章京曹毓英及时将恭亲王与八大臣斗智斗勇的情形通报北京，北京方面随即积极酝酿一场奏请两宫太后垂帘听政的政治风暴。北京方面主导言论的大学士周祖培得知肃顺为首的八大臣目无君上，飞扬跋扈，喜出望外。他将此消息告知众大臣，极力煽动说："肃顺之辈，图谋不轨。"周祖培的得意门人御史董元醇得知热河近况，也觉得时机成熟。他秉承周的意愿，郑重地上了一道奏章，率先奏请两宫太后主理朝政。这道奏章，也即《董元醇奏请皇太后权理朝政并另简亲王辅政折》，是太后垂帘听政政治风暴的序幕。这道著名的奏章，事先通过《密札》通报给了正在热河的恭亲王和醇郡王，得到两位亲王的首肯，于八月六日发往热河。

周祖培的门客李慈铭受周氏之托，查阅历代贤后临朝故事，选取汉、晋、辽、宋等八位贤后，撰写她们的临政事迹，写成《临朝备考录》一书进呈。他又写了一道奏折，主张太后垂帘听政。他把奏折报给周祖培，自留底稿。八月八日，山东道御史董元醇奏折送达热河，上报两宫太后。奏折内容主要有三条：一是皇太后权理朝政，二是另选亲王辅理政务，三是为皇帝选择师傅。

董元醇表示："臣以为，即宜明降谕旨，宣示中外，使海内外咸知皇上圣躬虽幼，皇太后暂时权理朝政，左右并不能干预，庶人心益加敬畏，而文武臣工，俱不敢稍肆其蒙蔽之术！"

两宫太后放下董的奏折，两天留中不发，她们在紧锣密鼓地商讨对策，绞尽脑汁地考虑着下一步的行动。八大臣等得心焦，主动要求太后召见，当面索要董折。内奏事处的首领太监奉旨传话：西太后要留着阅看。太后留折不给，八大臣自然很是气愤。怡亲王载垣坚决反对太后垂帘，他冷笑着抗言说："臣等奉遗命赞襄幼主，不能听命于皇太后。请皇太后看折，本来就多余！"

八月十一日，两宫太后召见八大臣，发下董折，吩咐他们拟旨。八大臣自然胸有成竹，早就打定了主意，拟旨痛斥董疏，驳斥他胡言乱语，违背祖制，罪不可赦。军机章京吴氏奉八大臣之命写旨，语气平和，措辞不太激烈，八大臣十分不满，特别是以文才自负的焦佑瀛，决定自己亲笔拟旨。焦佑瀛果然文采飞扬，写得酣畅淋漓，其中有言："是诚何心，尤不可行！"拟旨入内后，两宫太后自然很不满意，又是留中不发。八大臣叩请面见太后，要当堂裁夺。

两天后，两宫太后与小皇帝在大殿召见八大臣。八大臣一身光鲜亮丽的官服，大摇大摆地走进大殿，勉强行礼，一个个怒形于色，根本没把年轻的太后和年幼的皇帝放在眼里。郑亲王端华率先发难，怒气冲冲地说："臣等奉遗命赞襄政务，辅弼幼主，这是臣等之职责。本朝从无垂帘听政之先例，先帝也无此意，臣等不能奉命！"慈安太后瞪大了眼睛，惊恐地看着眼前的一切，护着大张着口想哭不敢哭的小皇帝。慈禧太后则冷冷地看着座前的八大臣，一言不发。军机大臣杜翰厉声说："八大臣辅政，是先帝的安排，太后不能垂帘！"

慈禧为此申辩："先帝赏赐两枚印章，就是为了防止大臣专权，危害皇帝。先帝之意，就是垂帘听政！"突然，脾气暴躁的杜翰扑向大柱，以头相撞，他哭泣着大声道："如果听信董氏之言，臣等不能奉命！坚决不能奉命！"肃顺也声音洪亮地吼道："董元醇目无祖制，胡言乱语，应当处斩！"八大臣的叫喊之声，震彻殿宇。两宫太后握得双手发颤，声音哽咽。小皇帝被眼前的一切吓呆，不禁放声大哭，小便失禁，尿在慈安太后身上。慈禧见状厉声道："你们干的好事，吓着皇帝了！"八大臣见此，才象征性地施礼告辞，拂袖而去。

八大臣逼宫的消息传出，文武大臣惊惶失措。肃顺更加有恃无恐，提出自此以后，根据他的需要，要单独面见两宫太后！醇郡王奕譞义愤填膺，不禁走漏口风："等回京再说！"惠亲王绵愉连忙将其制止。两宫太后不同意八大臣的拟旨，坚决不钤印，使其自然不能执行。此后，太后发下了文件、奏章，怡亲王载垣等竟不阅看，将其放在一边不予理睬。一天两天过去，八大臣丝毫不为所动，以太后不钤印就不办公相威胁！双方相持不下，慈禧太后经过斟酌认为，面临回銮，这样搁置并非办法，她决定采取妥协的方式，让步。生扛了两天，到八月十二日，两宫太后没有办法，只得把董元醇的奏折和焦佑瀛拟定的《谕内阁皇太后垂帘听政并另简亲王辅弼均不可行》之驳旨，发下照抄。八大臣欢呼雀跃，至此，他们这才照常办事，言笑如初。

该旨针对董氏之奏，逐条批驳：

一是驳皇太后垂帘，认为我朝向无此礼，此举是更易祖制，且八大臣奉遗命辅政，拟旨之后由太后阅看，绝非矫诏！二是另简亲王辅政，有背先帝遗训，实属居心叵测！三是皇帝已选定师傅，再增没有必要！

这时，八大臣暂时占了上风。他们兴高采烈，额手相庆。肃顺党人这样写道："夫已氏（西太后）声势大减，诸所钻求，不敢轻诺。""千里草（董氏）上书，初十日未下。西边（慈禧）留阅。心台（怡亲王）冷笑。麻翁（焦佑瀛）另作，诸君大赞。良久未发，原件亦留。心台等不开视，决意搁车。日将中，上不得已，将折及拟旨发下照抄。始照常办事，言笑如初。如二四（肃六，或者指八大臣）者，可谓混蛋矣！"

胜保听从恭亲王奕䜣吩咐，八月十四日晚间抵达热河，叩谒梓宫，一切谨慎小心。八大臣见到的这位骁勇武将像是完全变了一个人，斯斯文文的，对八大臣十分恭敬。他很驯服地向八大臣认罪，承认自己擅自叩谒梓宫，违背祖制，请求辅臣处罚。肃顺喜出望外，没想到像胜保这样的统兵大员，也对自己如此敬服。深夜，恭亲王的亲信军机章京代号为守墨道人者，秘密拜会胜保。胜保小心翼翼地说：八大臣罪状未著，不可实行兵谏，以免落个恶名。守墨道人深以为然，心里却疑惑：胜保将军何时变得如此成熟，不再鲁莽？临别前，这位精于权术的守墨道人叮嘱胜保：肃顺辈颇畏大帅威名，大帅应蓄虎豹在山之势，不去惊动他们，免得被削夺兵权，不好再办大事。

八月十一日，恭亲王只用了三天就回到了北京。廷臣们纷纷拜谒于恭邸，探听行宫方面的动向。恭亲王对与两宫太后的密谋，守口如瓶，只平静地说，先帝的梓宫即将回京，两宫皇太后和皇上身体安好。北京方面出奇地平静，不单热河集团觉得奇怪，恭亲王方面的亲信人士也感到一头雾水。特别是前几日还格外卖力的周祖培，董氏之疏，是他在恭亲王的首肯下送上的，董氏一直受到朝廷的严厉申斥，周、董二人渴盼恭亲王回京，好商量对策，想不到恭亲王回来了，竟然只字不提垂帘听政之事。奕訢此时的韬略是，绝对保持北京方面的平静，不要使其出现任何差错，也不能露出一丝蛛丝马迹。面对这样的局面，周氏只得耐心等待，已经准备好的李慈铭的奏折和《临朝备考录》也只好暂且放一放。

热河方面，严责董元醇的明发上谕驰送北京。带兵将军胜保、谭廷襄等联名恭上黄折，请皇太后懿安。八大臣对其又加切责，下令交部议处。善于察言观色的文武大臣们从这些迹象中，很快就知道了政局的发展方向，也因之了解：肃顺之众如真的手握大权，两宫太后也无可奈何。一时之间，浮言四起，众大臣纷纷倒向肃顺，热河集团之气焰大张，八大臣主政，甚嚣尘上。就在此时，退休在家养病的三朝元老、前大学士祁寯藻却冒了出来，特地从保定上书朝廷，反对垂帘听政，认为垂帘绝非本朝家法，董议万不可行。祁氏是道光时期的重臣，历任南书房行走、军机大臣，咸丰年间拜职体仁阁大学士、军机大臣，这样的元老，声望甚隆，此折一出，自然朝野啧啧，八大臣主政之势形成。大臣们谁也不敢再提垂帘。

到了八月十日，回銮所需的二百辆车已经备齐。两宫太后决定：内廷主位（后妃们）先行一步，提前回銮；肃顺等大臣护卫先帝梓宫，随后回京。兵部右侍郎胜保手握重兵，密切注视着行宫的动向。八月二日，他从数百里外的威县行营上奏叩谒梓宫之后，没等指示，就带兵启程。八月十日，胜保到达北京，听从恭亲王的布置之后，立即由北京前往热河。胜保的举动，显然是对八大臣的公然挑战。慈禧太后对此很满意，恭亲王也很是庆幸，八大臣之首的肃顺心里虽有些不痛快，但还是没有引起足够的警觉。

进军热河的途中，胜保与带兵剿灭捻军的山东巡抚谭廷襄会合，两位京畿的统兵元帅联名上奏，恭请皇太后懿安；胜保还单独上奏，恭请皇上圣安、皇太后懿安。这是一次政治上的挑衅行动，也是一次武力试探，他想看看肃顺为首的八大臣对此有何反应。果不出所料，八大臣十分气愤：他们不能容忍在这种时候公然抬高两宫太后的身份，让两宫皇太后与皇上并尊。

肃顺勃然大怒，列举胜保、谭廷襄不可饶恕的两条大罪：缟素期内，擅自递进黄折；未经准许，擅自在请安折上将皇太后与皇帝并列，有违祖制！他随即吩咐：将二人交部议处，从严处置，以示惩戒。

肃顺毕竟是精通权术的政治家，他知道，在关键时期，对统兵大员，尤其是京畿的手握重兵的将军，一定要恩威并重，以施恩怀柔为主，千万不可激化

掐丝珐琅缠枝莲座万寿字云龙烛台

矛盾，引起冲突。此时，手握重兵的胜保，已经到达热河行宫。几乎在发交部议的同时，肃顺又特地以皇帝的名义，降下谕旨：特准胜保前来热河，叩谒梓宫。也是在这同一天，善于笼络人心、精通谋术的肃顺，特地发出了另一密函：特恩手握重兵的统兵科尔沁王爷僧格林沁，赴行在叩谒梓宫，并请自行斟酌行止，决定去留。他不知道的是，与恭亲王关系密切的僧格林沁，遵照恭亲王的指示和授意，已经秘密统兵入卫京师。

八月十三日，两宫以皇帝的名义发布上谕：定于十月初九日甲子卯时，在北京举行新帝登基大典。八月十四日，再颁上谕：择定九月二十三日辰时，大行皇帝梓宫由热河行宫回京。八月十八日，议定大行皇帝梓宫离开热河行宫之详细礼节，并确定：两宫皇太后、皇上届时恭送大行皇帝梓宫上道，然后由间道先行回京筹备。这样安排，也让部分肃顺党人感到不安。肃顺信任的吏部侍郎黄宗汉就忧心如焚，明确表态：京师之行，颇可忧虑，应遍告众人！

九月一日，恭亲王集团的骨干人员逐渐明了皇太后的行动。大学士桂良、贾桢、周祖培奉命与肃顺一同议定两宫皇太后徽号：尊钮祜禄氏为慈安太后，尊那拉氏为慈禧太后。九月四日，两宫皇太后颁谕：端华任工部尚书，补授步军统领，暂署热河行在步军统领。把行宫方面的军权交给端华，这等于是一步险棋。想不到的是，精于权术的八大臣，根本没想什么退路，而是将一切精力集中于北京。肃顺、载垣和端华，直接面见两宫太后，郑重提出：所兼差务繁忙，请将行宫管理之职，改派他人。这是表面上的假意谦虚，实际上，显然是坚意推辞，故意刁难。

慈禧太后松了一口气，于是假戏真做，顺水推舟，立即顺势收回成命，免去端华刚刚到手的步军统领之职，顺便也免去了肃顺管理理藩院、向导处之职和载垣管理銮仪卫上虞备用处之职："本日，载垣、端华、肃顺面奏，因差务较繁，请将管理处所，恳恩酌量改派等语，自系实在情形，著照所请。载垣著开銮仪卫、上虞备用处事务。端华著开步军统领缺。肃顺著开管理藩院并向导处事务。钦此。"接着，慈禧太后任命八大臣之一的穆荫管理理藩院；同时，将极其重要的步军统领之职，授予极可信任的醇郡王。

九月十八日，醇郡王奉命拟定捉拿八大臣等人的诏谕。醇郡王将拟定的诏谕交由其福晋带入行宫中，呈送慈安太后收藏于内衣内，以备回京时使用。热河行宫的先帝嫔御们纷纷准备回京。已经准备好了的嫔妃就到两宫太后处辞行，她们知道八大臣的厉害，也知道行宫的险情。两宫太后见到辞行的亲信嫔妃，流着泪说："你们幸能自脱！我母子未知命在何所！不知能否得还京师相见？"

肃顺心中十分得意，临行之前，还特地不与任何人打招呼，直接大摇大摆地进入内廷，看望两宫太后，表达自己关爱之情。

北京方面，恭亲王正在悄悄布局，紧锣密鼓地调动军队：他以两宫皇太后的名义，命令步军统领仁寿、前锋护军统领存诚、神机营都统德木楚克扎布等京师禁军，布防京城、皇宫，进入临战状态；命令胜保统兵布防京畿，领卫兵精锐前往迎驾。九月二十一日，八大臣特地致函僧格林沁，称："查内外臣工折报，均系奏闻皇上，不宜书写'皇太后'字样。此后，王爷奏折，自应一律，应请唯用'皇上圣鉴'为荷。"僧王手握重兵，他在捷报里写有"伏乞皇太后、皇上圣鉴"。八大臣忌讳"皇太后"三个字出现在奏折之中，看着这三个字，真正如芒在背，如刺在喉。

九月二十三日早晨，行启灵礼。皇帝载淳、两宫皇太后到梓宫前奠酒。辰正时刻，皇太后和皇帝目送梓宫出热河行宫正门丽正门，梓宫上路。沉重的轴辘从沙尘滚滚的土路上碾过，慈禧太后心如刀割，当众流下两行热泪，慈安太后更是泣不成声，众人也哭成一片。两宫太后、皇帝乘坐罩着黑布的黄轿到达喀拉河屯，传膳之后，休息片刻。咸丰帝梓宫行至芦殿，小皇帝到梓宫前行礼祭奠，献奶茶。然后，梓宫在大臣的护送下，一路向北京进发。

回銮队伍分成两部分：一是两宫皇太后和皇帝一行，由八大臣中的载垣、端华、穆荫、景寿等大臣扈从，送梓宫上路之后，由小路先行回京；一是先帝梓宫一行，从大路出发，由醇亲王、肃顺、仁寿、陈孚恩等大臣扈从。肃顺骑着高头大马，一身朝服，威严地行进在大道上，护从着先帝的梓宫。陪同在他身边的是奉命护驾的步军统领醇郡王和仁寿。

两宫太后和皇帝一行上路不久，荣禄率领的一支禁军精锐突然出现，并护从在皇帝和两宫太后身边，不离半步。随之，胜保将军的京畿军队前来迎驾，胜保的精锐卫兵布防在两宫太后的外围。

五天后，两宫太后一行于九月二十八日到达京郊石槽。慈禧太后立即吩咐：密召恭亲王奕訢。奕訢正带着随从、护卫在京郊大道上恭迎皇帝和两宫皇太后。听到急召，他急如星火地入内拜见两宫太后，密陈北京方面已经布置妥当，只等一声令下。两宫皇太后相视一笑，长长地舒了一口气。九月二十九日下午未正一刻（一点至三点），慈安太后和小皇帝同坐黑布软轿在最前，慈禧太后独坐黑布软轿在后，到达德胜门外。留京王公大臣、文武百官，一身缟素，跪伏于大道两旁，恭迎圣驾。

两宫皇太后和皇帝很快就回到了紫禁城，回到了离别不久却物是人非的大内寝宫。刚刚喘一口气，慈禧太后立即第二次密召恭亲王。双方商定政变的步骤，最后确定发动政变的日期，决定以迅雷不及掩耳之势捉拿肃顺一伙。翁同龢在自己的日记中特地写道："恭邸，前日、昨日均被召对。"九月三十日，两宫太后正式召见恭亲王奕訢和大学士周祖培、贾桢、桂良以及侍郎文祥等人。众大臣一身素服，脸色凝重。两宫皇太后身穿孝衣，端坐在鎏金的龙椅上，看着大臣们，一言不发，只是不住流泪。

慈安太后一边哭泣，一边述说着八大臣的罪行，她含泪要大臣们为他们孤儿寡母做主。慈禧也哽咽附和。大学士周祖培回应："回太后，何不重治其罪？"慈禧太后故意反问："他们是赞襄王大臣，可以径直治罪吗？"周祖培大义凛然地回答："皇太后可降懿旨，先解任其职，再予拿问！"慈禧太后随即大声说："好！"翁同龢在日记中对此写道："闻周相（周祖培）昨日召对时，两宫历数载垣、端华、肃顺三人种种欺罔跋扈状，真堪发指！"

慈安太后从袖内拿出九月十八日醇亲王早已拟好的诏谕,交与恭亲王,当众宣布谕旨。

这道谕旨,着重数落肃顺等人的三大罪状:一是综理政务期间,筹划失当,导致英法联军入犯京津,火烧圆明园;二是英法联军退兵,极力阻止回銮,导致先帝圣体违和,龙驭上宾;三是专权揽政,任意妄为,大胆矫旨痛斥董元醇之折,专擅枉法。这道谕令,明确解除载垣、端华、肃顺三人一切职务,令景寿、穆荫、匡源、杜翰、焦佑瀛五人,退出军机处,分别其轻重,依法治罪。

谕旨在恭亲王集团众人面前刚刚宣读完毕,护从皇帝与两宫太后入京的八大臣之载垣、端华,以先帝赞襄顾命大臣和扈驾有功之大臣身份,大摇大摆地闯进议政之后廷。恭亲王和众多朝廷大臣在此,让他们颇感意外。载垣怒火中烧,大声质问:"外廷臣子,何得擅入内廷?"恭亲王眨一下眼,冷静地回答:"皇上有诏。"端华大笑,冷眼看着恭亲王,揶揄地反问:"我辈未入,诏从何来?"恭亲王冷笑一声,喝道:"大胆!来人,拿下!"载垣大声叫喊:"谁敢!"端华也声嘶力竭叫喊:"谁敢者?!"几名全副武装的侍卫,应声而出,没等载垣、端华反应过来,就将他们摘去顶戴花翎,毫不客气地押出内廷,推出隆宗门,关入宗人府锁禁。载垣、端华二人来到隆宗门时,还在左顾右盼,看随从和肩舆在何处。侍卫怒喝道:"看什么看?随从早就驱逐了!"

恭亲王深知,争取时间就是胜利,一切必须一鼓作气,快刀斩乱麻。他立即吩咐亲信卫兵,火急前往,传谕正在回銮路上的睿亲王仁寿和醇郡王,密令他们相机擒拿护送先帝梓宫的肃顺。内阁大学士贾桢、周祖培,尚书沈兆霖、赵光等人,奉恭亲王之命,连夜拟疏,共同奏请皇太后亲操政权,垂帘听政,以振朝纲。统兵大员胜保也奉恭亲王之命，率先上奏，叩请皇太后亲理政务，并简近支亲王辅政。统领大军的蒙古亲王僧格林沁，也正式致函朝廷，表示不能听命于八大臣，而是听从两宫太后和皇上调遣。

朝廷文武大臣、封疆大吏联名上疏，拥护两宫太后。拥兵一方、负责京畿安全的王、大臣则明确表态反对八大臣。恭亲王真正是一位德高望重、凝聚力强的核心人物，他布下了一张天罗地网，肃顺之流，真是无处可逃。载垣、端华已经收捕，没有反抗之力；肃顺之捕，指日可待，一切似乎已成定局。慈禧立即下发一道谕旨捉拿肃顺："咸丰十一年九月三十日，奉旨：著派睿亲王仁寿、醇郡王奕譞将肃顺即行拿问。酌派妥员，押解来京，交宗人府听候议罪。钦此。"

正式垂帘

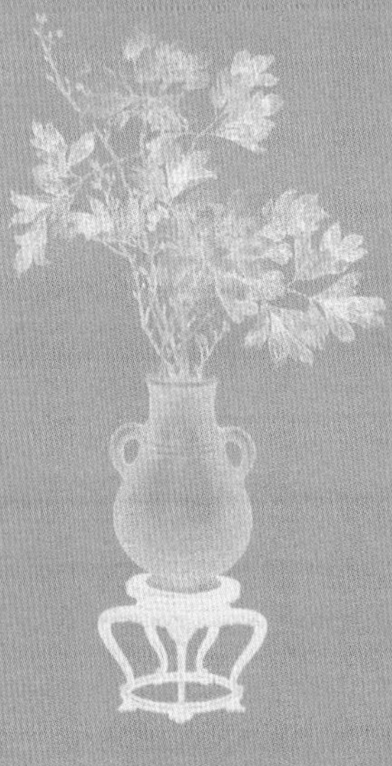

大清國當今聖母皇太后萬歲萬歲萬萬歲

慈禧盤頭簪花正面坐照

贈太傅原任武英殿大學士兩江總督一等毅勇侯諡文正曾國藩

曾国藩像

正式垂帘

垂帘听政，直接执掌最高权力，这是慈禧太后梦寐以求的结果，也是辛酉政变所期望的最高权力目标。慈禧对此心知肚明。然而，在谈到垂帘听政时，慈禧轻描淡写，说得十分轻松："垂帘之举，本非意所乐为。唯以时事多艰，该王、大臣等不能无所禀承，是以姑允所请，以其措施克当，共济艰难。"参与辛酉政变的恭亲王低估了慈禧太后的政治能量，他所想象的政治格局是"希冀垂帘之名，而实权归己"。《剑桥中国晚清史》这样评价慈禧太后："叶赫那拉氏设法保持了皇太后对诏书和钦命的最后决定权，她们不但掌握御玺，而且，还在幼帝面前召集所有文武大员听政，也就是行使摄政权。"从辛酉政变到临朝执政，可以认为：若谓辛酉政变之结果为慈禧太后独握政权，垂帘听政则未尝不可。

北京政变成功，拥立载淳为帝。大学士周祖培上书：肃顺等人拟定的"祺祥"年号，二字意义重复，奏请重拟年号为"熙隆"，或者"乾熙"。经过多次商议，经议政王、军机大臣共同商定，拟用"同治"年号，上奏两宫皇太后，允行。"同治"，两宫太后共同治理天下之意。《慈禧外记》解读称："太后（慈禧）读书较多，知此二字（祺祥）不佳，意欲人人永忘载垣僭乱之事，遂取同治二字，盖欲靖逆谋、求治安也！"

咸丰十一年十月初九日，两宫太后拥立载淳在太和殿举行登基大典。年幼的同治皇帝头戴小皇冠，身穿小龙袍，登上朱漆雕龙宝座。文武百官身穿朝服，行三跪九叩大礼，山呼万岁。礼部官奉诏，前往天安门宣读，布告天下。第二天，

乾清门前铜狮

十月初十日，是慈禧太后二十七岁生日。她心情极好，决定在宫中举行盛大的庆寿宴。宴席十分丰盛，主要菜品包括：火锅二品：羊肉炖豆腐，鸭子炖白菜；大碗菜四品：福字锅燕窝烧鸭子，寿字锅燕窝白鸭丝，万字锅红白鸭子，年字锅什锦氽丝；中碗菜四品：燕窝肥鸭丝，熘鲜虾，烩鸭腰，三鲜鸽蛋；碟菜六品：燕窝炒熏鸡丝，肉丝炒翅子，口蘑炒鸡片，熘野鸭丸子，果子酱，碎熘鸡；片盘二品：挂炉鸭子，挂炉猪；饽饽四品：白糖油糕寿意，苜蓿糕寿意，王福捧寿桃，百寿桃；银碟小菜四品：燕窝鸭条汤，鸡丝面，老米膳，果子粥。

垂帘听政是慈禧的政治理想。她知道，太后听政，历史上有过，但具体听政情形，需要大臣正式进奏，提出要求。御史董元醇、大学士贾桢熟悉历史，明白慈禧太后的用心。早在咸丰驾崩之时，董元醇就明确提出太后理政，列出

养心殿垂帘听政处

三条原则:其一,皇太后暂时权理政务,等数年后,皇帝能亲裁政务,再行归政;其二,从亲王之中,简选一二人,辅弼政务;其三,从大臣之中,简派一二人,充任皇帝师傅。

随后,大学士贾桢进奏:由皇太后亲操威权,不挂垂帘听政的虚名,但政由所出,决策行政:"为今日计,正宜皇太后亲操出治威权,庶臣工有所禀承,命令有所咨决,不居垂帘之虚名,而收听政之实效。准法前朝,宪章近代,不难折中至当。"接着,贾桢列举了历史上几位皇后:汉代邓皇后、梁皇后,晋代褚皇后,辽代萧皇后,都是以皇太后身份临朝执政,史册称美;宋代刘皇后,有今世任、姒之称;宣仁高太后,有女中尧、舜之誉。明穆宗皇后,神宗嫡母,上尊号为仁圣皇太后;明穆宗贵妃,神宗生母,上尊号为慈圣皇太后,当时,神宗十岁,政事皆由两宫太后抉择,命大臣施行,都未尝居垂帘之名。

如何垂帘听政？垂帘听政有何具体步骤？当时，太后有太后的想法，大臣有大臣的打算。成功发动政变，慈禧太后决意将大权牢牢控制在自己手中。慈安太后没有明确的政治诉求，一切听慈禧太后安排。奕訢则意气风发，自以为大权在握，治理天下，责无旁贷；至于两宫太后，不过女流之辈。慈禧明白恭亲王的野心，她态度明确，以皇帝名义发布上谕，指示将前朝垂帘听政事迹汇编成书，交议政王、军机大臣阅看之后，进呈慈览：

> 朕奉母后皇太后、圣母皇太后懿旨，列祖列宗丰功伟烈，振古铄今，载在实录、对训，炳若日星，向由内阁每日恭进，奉为成宪。朕以冲龄践祚，尤应朝夕循诵，以为法守。著仍照旧章，分日恭进，用资讲习。至现在，内外庶政，均赖两宫皇太后躬亲裁定，并承慈命，将历代帝王政治，及前史垂帘事迹，著南书房、上书房、翰林院等择其可为法戒者，据史直书，简明注释，汇为一册，恭呈慈览。该大学士、总裁、翰林等于汇纂成书后，均著交议政王、军机大臣复看，再行缮拟进呈。又谕：著议政王、军机大臣实力，勿避小嫌。

礼亲王世铎率领王公大臣、大学士、六部、九卿、科道官员二百余人，遵旨会议垂帘听政事宜。王公大臣绞尽脑汁，再三商议，最后，由御史杨秉璋等人分别试拟《垂帘章程》，上奏两宫太后："谨将两宫太后召见臣工礼节，及一切事宜章程，公同妥议条款，敬缮清单，恭呈御览，伏候钦定。嗣后，如有应行变通、添改之处，容臣等随时酌议，奏明办理。"慈禧看过之后，很不满意，

养心殿垂帘听政纱帘

养心殿皇帝寝宫

养心殿西暖阁

再三发回重拟。大臣所拟章程,一是考虑古史旧例,二是遵循满洲祖制,三听从恭亲王吩咐。慈禧太后发觉垂帘章程难产,干脆以皇帝的名义,明发内阁两道圣谕,明确垂帘听政章程之要点,指示臣工遵办。

第一道圣谕:

　　朕奉母后皇太后、圣母皇太后懿旨,各省将军督抚等奏折,向于呈递之次日,朱批发还。其有应降谕旨者,亦即令军机大臣缮拟,于进呈后,即行交发。其各路军营紧要奏报,则无论何时呈递,均系即行办理。现在,一切政务仰蒙两宫皇太后躬亲裁制,慈怀冲挹,深恐于披览章奏未能周详。嗣后,各直省及各路军营奏报应行降旨各件,于呈递两宫皇太后慈览,发交议政王、军机大臣后,该王、大臣等悉心评议,于当日召见时请谕旨,

养心殿西围房燕喜堂

再行缮拟。应行批示各件，该王、大臣查照旧章，敬谨缮拟呈递后，一并于次日发下。其紧要军务事件，仍于递到时立即办理，以昭慎重。钦此。

第二道圣谕：

> 朕奉两宫皇太后懿旨，现在，一切政务，均蒙两宫皇太后躬亲裁决。……唯缮拟谕旨，仍应作为朕意宣示中外，自宜钦遵慈训。嗣后，议政王、军机大臣缮拟谕旨，著仍书朕字，将此通谕中外知之。

两道圣谕，明确指示，两宫皇太后代行皇帝之权。谕旨明定垂帘听政的步骤：第一，各省督抚和军营奏折，中外一切奏章，首先呈递两宫皇太后慈览；第二，

文房四宝

慈览之后，发交议政王、军机大臣评议；第三，召见之时，两宫太后作出具体指示；第四，根据两宫太后指示，议政王、军机大臣缮拟谕旨；第五，谕旨拟定后，交两宫太后审定；第六，由两宫太后最后定夺，发交内阁颁发。第二道谕旨，明确两宫皇太后代表皇帝，躬亲裁决一切政务。事实上，这不仅是简单的步骤问题，而是通过这套程序，将朝廷军政实权牢牢地掌握在皇太后手里。

王公大臣知道，这是慈禧太后的最后意见，如果不遵照缮拟，任何垂帘听政章程都难以通过。反复商议了十余日，最后，拟妥全部章程。十月二十六日，由礼亲王世铎领衔进奏《垂帘听政章程》十条，内容如下：

一、郊坛大祀，太庙享祭拟请遣王恭代。

二、谒陵、御门经筵、耕耤拟请暂缓举行。

三、元日、万寿、传胪等大典，皇上升殿，均照常举行。

四、召见内外臣工，拟请两宫皇太后、皇上同御养心殿，皇太后前垂

皇帝御桌上的红头签、绿头签（宗室、王公用红头签，大臣用绿头签）

帘，于议政王、御前大臣内轮派一人，将召见人员，带领进见。

五、京外官员请见，其如何简用，皇太后于名单内钦定，钤用御印，交议政王、军机大臣传旨发下，该堂官照例述旨。

六、除授大员简放各项差使，拟请将应补、应升、应放各员开单，由议政王、军机大臣于召见时呈递，恭候钦定，将除授简放之员钤印发下缮旨。

七、顺天乡试以及凡在贡院考试，向系钦命诗文各题，均拟援照外省乡试之例，请由考官出题。其朝考以及各项殿廷考试题目，均拟令各衙门科甲出身大臣，届日听宣，钦派拟题进呈，封交监试王、大臣至考试处所宣示。

八、殿试策题拟请照旧章，读卷大臣恭拟。殿试武举，拟请钦派王、大臣阅视，照文贡士殿试例，拟定名次，带领引见。

九、庆贺表章，均照定例办理，其请安折拟请令臣工谨缮三份，敬于母后皇太后、圣母皇太后、皇上前恭进。

十、皇上入学读书，未便令师傅跪授，亦未久令侍立，拟请援汉桓荣授业之仪，于皇上书案之右为师傅旁设一座，以便授读。

这十条章程，其核心内容主要包括四条：

一、召见内外臣工，拟请两宫皇太后、皇上同御养心殿，皇太后前垂帘。于议政王、御前大臣内轮派一人，将召见人员带领引见。

二、京外官员引见，拟请两宫皇太后、皇上同御养心殿明殿。议政王、御前大臣带领至皇太后前。乾清门侍卫等，照例排班侍立。皇太后前垂帘设案，进各员名单一份，并将应拟谕旨，分别写明。皇上前设案，带领之堂官，照进绿头签。议政王、御前大臣捧进案上，引见如常仪。其如何简用，皇太后于单内钦定，钤用御印，交议政王、军机大臣传旨发下，该堂官照例述旨。

三、除授大员、简放各项差使，拟请将应补、应升、应放各员开单，由议政王、军机大臣于召见时呈递，恭候钦定，将除授简放之员，钤印发下缮旨。

四、皇上入学读书，未便令师傅跪授，亦未便久令侍立。拟请援汉桓荣授业之仪，于御座书案之右，为师傅旁设一座，以便授读。

慈禧太后对此非常满意，立即签发谕旨："依议行。"第二天，慈禧太后以皇帝的名义，郑重其事地明发上谕，宣称自己朝思暮想的垂帘听政，本非意所乐为：

> 据王、大臣等所议，详加披阅，援据章典，斟酌妥善，著即依行。垂帘之举，本非意所乐为，唯以时事多艰，该王、大臣等不能无所禀承，是

以姑允所请，以期措施克当，共济艰难。一俟典学有成，即行归政，王大臣仍当届时具奏悉归旧制。钦此。"

皇太后垂帘听政之地，设立在养心殿。咸丰十一年十一月初一日（一八六一年十二月二日），慈禧皇太后、慈安皇太后携年仅六岁的同治皇帝临御养心殿，正式开始了第一次垂帘听政。这是一次划时代的历史性事件，它标志着一个新的历史阶段的开始。自雍正皇帝以来，这里是清帝处理政务和日常起居的地方。大殿正中，高悬雍正皇帝御笔大匾：正中仁和。从乾隆年间开始，养心殿西暖阁西门上，张贴各省总督以下、知抚以上，以及将军以下、总兵以上官员姓名，西壁上张贴天下缺分（官职）繁简单，即全国各地官职、政务繁简表。乾隆皇帝曾经写诗题咏："六卿近分职，日觐切畴咨。方伯各司枚，地遥或忘遣。"

两宫皇太后一身朝服，在养心殿正殿东间垂帘听政。在东暖阁正中，设立皇帝宝座，面向西。皇帝宝座上，有坐褥、靠垫以及迎手。皇帝坐褥，夏季、秋季用棉制之明黄龙纹缎，棉缎内充实鹅绒、棉絮、灯芯草。春季、冬季，养心殿、三大殿、乾清宫等地宝座是铺黑豹皮，其余地方铺紫貂皮。皇帝宝座之后，设两宫皇太后御座。太后御座呈长方形，长约两米，宽约一米。御座之上，铺设黄缎。太后御座之前，垂挂一层纱帘，帘用纱屏八扇，纱帘为明黄色。从此，慈禧太后坐在这层纱帘之后临朝听政，开始了她长达四十八年之久的铁腕统治。

金錾古钱纹指甲套

军机处内景

据档案记载，每次垂帘听政时，同治皇帝端坐在皇帝宝座之上。皇帝宝座之后，垂挂一道黄帘。慈安皇太后和慈禧皇太后并排端坐在黄帘后面，慈安太后在南，慈禧太后在北。恭亲王侍立于御座左侧，醇郡王侍立于御座右侧。垂帘听政开始，部堂官员进递红头签、绿头签。议政王恭亲王接过红头签或者绿头签，恭敬地放在御案之上。官员奉宣，按签入内，奏事、拟旨。

御桌之上，红头签、绿头签是有区别的：宗室王公，用红头签；文武大臣，用绿头签。清制，大臣觐见皇帝，皆用粉牌，上书姓名、履历；牌头饰红色者，称红头签、红头牌；牌头饰绿色者，称绿头签、绿头牌。

昭梿，字汲修，自号汲修主人，努尔哈赤次子礼亲王代善六世孙，二十九岁时，袭封礼亲王。昭梿熟悉朝廷掌故，撰写了一部历史笔记《啸亭杂录》。

在《啸亭杂录·绿头牌》中称："定制，凡召见、引见等名次，皆用粉牌书名，雁行以进。王、贝勒，用红头牌；公以下，皆用绿头牌，缮写姓名、籍贯，及入仕年岁、出师勋绩诸事，以便上之观览焉。"

帝师翁同龢多次奉召入宫，亲历垂帘听政。咸丰十一年十一月二十四日，他在日记中记载："黎明，侍大人入内。辰正，引见于养心殿。两宫皇太后垂帘，皇上在帘前御榻坐，恭邸立于左，醇邸立于右。吏部堂官递绿头签，恭邸接呈案上。是日，引见才二刻许即出。"在"垂帘"二字下，特别自注："用纱屏八扇，黄色。"

大臣曾国藩平定太平天国之乱有功，历官两江总督、直隶总督、武英殿大学士，封一等毅勇侯。曾国藩多次奉召入宫，目睹太后垂帘听政。同治七年十二月十四日，他在日记中写道："入养心殿之东间，皇上向西坐，皇太后在后，黄幔之内：慈安太后在南，慈禧太后在北。余入门，跪奏称：臣曾某恭请圣安。旋免冠、叩头，奏称：臣曾某叩谢天恩。毕，起行数步，跪于垫上。"

短暂的同治时代

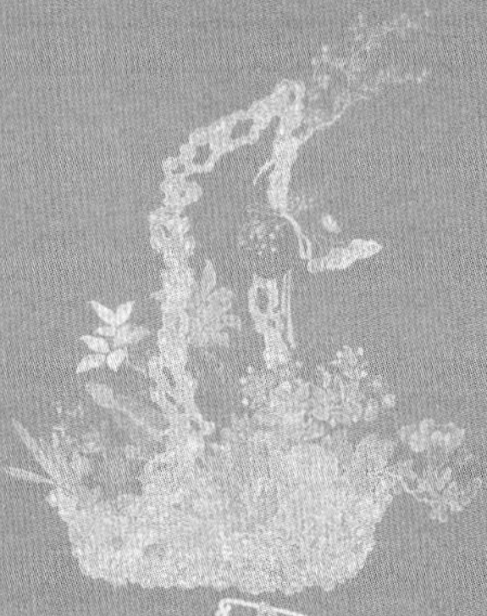

同治帝像

同治帝便装像

同治帝孝哲毅皇后像

坤宁宫

以慈禧太后为主的两宫太后垂帘听政，以恭亲王奕訢为首的亲王辅政，建立了一种崭新的政治模式。人称叔嫂共和。叔嫂共和，是政治白热化时期权力妥协的产物，特点有三：其一，是共同拥护幼主，维护王朝正统；其二，内外协作，相互制衡，确保国家机器正常运转；其三，形成皇族、外戚、大臣之间微妙的权力平衡，有效地保障了统治阶层的民主权利，绝对维护最高权力的基本稳定。可以说，叔嫂共和，孝庄太后是创立者，慈禧太后是集大成者。

叔嫂共和格局中，慈安太后、慈禧太后和恭亲王奕訢之间形成了稳定的三角关系。在这个三角关系之中，慈禧太后与恭亲王奕訢擅于权术，是政治对手；慈安太后是关键，表面上"超然物外，清静无为"，实际上则是不动声色地周旋于女皇慈禧和议政王恭亲王之间，游刃有余：恭亲王飞扬跋扈之时，慈安太后站在慈禧太后一边，剥夺恭亲王"议政王"之职；慈禧太后得意忘形之时，慈安太后站在恭亲王一边，设计处死慈禧太后宠爱的太监安德海；慈禧的儿子同治皇帝载淳大婚，挑选皇后，同治皇帝、慈安太后和恭亲王站在一边，成功地确立慈安太后喜欢的侍讲崇绮之女阿鲁特氏为皇后，慈禧太后喜欢的员外郎之女富察氏为慧妃。慈禧对于慈安和奕訢，各有嫉恨。

同治，意味两宫皇太后垂帘听政，共同治国。然而，同治年间，天下并不太平，而是内忧外患。太平军占据了东南半壁江山，列强对中国虎视眈眈。同治初年的慈禧太后确实想有所作为。她多次下诏，广开言路，鼓励上书直言。奕訢率

同治帝僧装像

描绘同治帝的《游艺怡情图》

先上书，建议朝廷在用人方面，多听取各方意见，以求至当。慈禧太后当即批复，明确指示立即照办："前经降旨，诏求直言，兹特再行申谕中外大小臣工，嗣后于朝廷用人行政，各有所见，务当切实直陈，毋得稍存畏葸隐忍之见。我两宫皇太后方旰食宵衣，以求治理。即恭亲王正欲与诸臣精白一心，同襄郅治，亦得虚衷参酌，尽其多方延揽之诚！尔诸臣其书思纳诲，陈善避邪，竭尔股肱耳目……毋负谆谆申命，爱咨爱度之怀，朕实有厚望焉！"

给事中孙楫上书，说明明神宗时期的大臣张居正，辑录《帝鉴图说》，有益于治政，特进呈御览。慈禧太后很有兴趣，她仔细翻阅《帝鉴图说》，发现这部书一事一图，引人入胜，将三代至唐宋以来皇帝致治事迹和兴亡得失，因事绘图，汇成一书，共选取事例一百一十七例，可供效法的致善之事八十一例，题为圣哲芳规；可为鉴戒的凶恶之事三十六例，题为狂愚覆辙。该书由建极殿大学士张居正和武英殿大学士吕调阳领衔纂修，文字精练，故事生动，绘图栩栩如生。

同治帝登基大典朝袍

慈禧太后特地交由内府经厂刻印为明宫经厂本。她特意批示："详加披览，于指陈规戒，绘图辑说，切实显豁，不无裨益。著将该给事中原书留览。"此系博采兼收之意！

　　皇太后喜欢书籍，特别是经史之作，儒臣们十分高兴。江南道监察御史徐启文上书，提出三点建议：一、列圣《实录》《宝训》，选择简明切要者纂成一书，以资效法；将汉唐以来，母后临朝史实，选择其可法、可戒者据史实书，不假修饰，汇成一编，进呈御览，并由大臣隔帘进讲。二、皇帝读书，应选伴读，可从近支诸王子弟中，简派数人，更番侍读。三、王公大臣，皇太后既要重用，又要抑制，防止揽权干政，危及朝廷。三点建议，点点都说到慈禧的心坎上，特别是第三点，避免了恭亲王揽权，造成先帝时期大臣秉政的局面。于是不久，慈禧就不动声色地连发三道上谕，明确指示立即照办。

　　同治四年四月二十五日举行隆重的典礼，正式给两宫皇太后恭上尊号：母后皇太后为慈安皇太后，圣母皇太后为慈禧皇太后。

同治皇帝载淳六岁即位，正是皇家开始读书的年龄。登基之后，他就开始了皇帝的读书生活。按照清宫的规定，少年皇帝读书，叫作"典学"，不叫通常所说的"讲学"。其实，典学和讲学的意思基本相同，只是为少年皇帝取一个专用名称，以示尊贵罢了。典学，就是清廷在宫殿之中设立专门的教席，由学养深厚、博学通才的鸿儒大臣为小皇帝启蒙识字，循序渐进地讲解儒经和史书。

少年皇帝载淳的读书学堂，设立在乾清宫西配殿的弘德殿。这里干爽舒适，曾是明朝众多皇帝的寝宫。清朝时，一些皇帝也曾选择这里作为自己的寝宫：康熙皇帝曾在这里读书学习，也居住了一段日子；乾隆皇帝在刚刚即位的前三年，就一直居住在这里；咸丰皇帝初即位时，前两年也将这里作为自己的寝宫。因弘德殿在清初康熙年间和之后的日子是即位以后的少年皇帝读书之所，清廷就自然而然地选择这里作为少年皇帝载淳的读书之地。康熙八岁即皇帝位，载淳六岁登上皇帝宝座，是清王朝继康熙之后，又一位幼龄即位的皇帝，为他选择设立教席的宫殿，为他提供学习的所有用品，为他选择讲读经史的师傅，所有有关读书生活的一切，理所当然地应当效仿被称为大清第一圣主的康熙皇帝。

翁心存，字二铭，自幼就随父亲翁咸封在海州学政任所，由父母教授经史、文学：儒经、正史、楚辞、唐诗、宋词、古文等等，都是由父母教读。他饱读诗书，学问渊博，一生

同治帝登基时所穿石青缎朝靴

同治帝后妃用杏黄绸氅衣

最大的荣耀就是清末皇室三朝三世的儒学导师。他的父亲为官清廉，克己奉公，虽官至海州学政，家中却常野菜充饥。有诗为证："一饭艰难世岂知，当年豆屑杂麸皮。孤儿有泪无从咽，不见爷娘吃粥时！"

道光三年，翁心存高中新科进士，因为他的才华出众，被皇帝选拔为翰林院编修。此后几十年，他又多次被皇帝任命为上书房师傅，教皇子读书。翁心存先后教授过三位皇子：嘉庆皇帝之子绵愉，道光皇帝的第六子奕䜣、第八子奕詥，咸丰八年，他成为上书房总师傅。翁心存为官刚直，做事明断，经常上书指陈政务弊政。垂帘听政的慈禧皇太后对翁心存的学问、人品早有耳闻，十分欣赏，在挑选皇帝师傅的时候，自然对翁心存寄予厚望。翁心存也想为国尽力，可惜，天不假年，当年的冬天，他就染病不起，不久就离开人世。

同治皇帝在帝师的督促和教导下，健康成长，学业日新月异。他熟读了经史子集，对于诗词歌赋也很有造诣。同治帝喜欢绘画，其《管城春满图》《祝万年图》别具一格。乾隆皇帝、道光皇帝都曾御书《消寒图》"亭前垂柳珍重

坤宁宫洞房

坤宁宫内景

待春风"九字。同治画作《管城春满图》,懋勤殿双钩成幅,题为"管城春满"。有《清宫词·消寒图》为证:"亭前垂柳待春风,珍重亲涂一画红。九九图成春已至,宸居真可亮天工。"同治皇帝从六岁至十四岁,每天都到养心殿上朝,只是摆摆样子,然后就去弘德殿读书、画画。同治的画作《祝万年图》是他少年时代的代表作品。

同治皇帝逐渐长大,两宫面临归政。顺治、康熙都是十四岁亲政;可是,同治过了十四岁,慈禧太后依旧没有归政的意思,提出要等皇帝大婚之后再行归政。同治十一年(一八七二年)九月十四日,同治皇帝举行大婚,册东太后选定的阿鲁特氏为皇后,慈禧太后选定的富察氏册为慧妃。《清宫词·同治大婚》中这样写道:"昭阳仪仗午门开,夹路宫灯对马催。队队宫监齐拍手,后边知是凤舆来。"

同治帝的文学修养是足可称道的,他的诗文也写得很有文采,描述身边的人和物,生活琐碎的事,清新优美,可圈可点,既没有一本正经的八股气,也少浮躁低俗的市井气。他描述冬日的书斋生活,优雅静谧,充满闲情逸致:

寸阴爱惜到三余,讲幄深严日读书。
晴旭烘窗炉火暖,一编静对乐何如!

同治十三年(一八七四年),慈禧太后将迎来四十大寿。

龙凤酒坛

清同治珐琅瓜形胭脂盒

皇帝大婚用品：喜字龙凤蜡台

十八岁的同治皇帝特地撰写了一首《恭贺慈禧端佑康颐皇太后四旬万寿圣节诗》呈上：

懿训承丹扆，垂帘十二秋。遵循心翼翼，敷布政优优。
梅岭春芳早，萱阶瑞霭浮。龙裳欢舞彩，凤纪喜添筹。
风送仙韶丽，云开晓仗稠。嘉祥罗禁御，盛会驾瀛洲。
纯嘏唯天赐，和光与德游。宛班联剑佩，象译达共球。
彩焕三星朗，恩浓六幕周。思齐追雅咏，多福冠箕畴。
洒翰情常适，含饴愿定酬。仁慈延鹤算，惠泽倍鸿猷。
洗甲隅平砥，由庚化速邮。桃筵伸孺悃，萱荫迓洪庥。
覆帱乾坤大，恒升日月侔。捧觞同献寿，欢乐万方讴！

同治皇帝有一位皇后、四位皇贵妃：第一位皇贵妃富察氏，是慈禧太后原

短暂的同治时代

皇帝大婚用品：明黄缎地绣五彩金龙凤枕头顶纸样

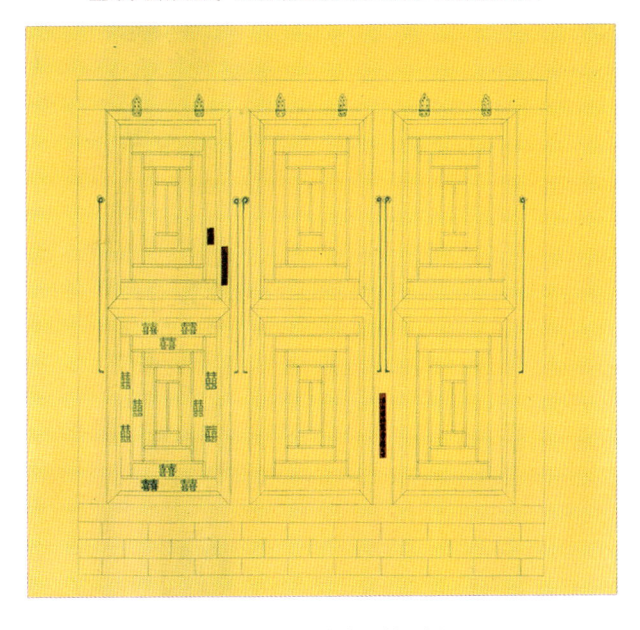

皇帝大婚洞房窗户添按图样

皇帝大婚喜轿

定的皇后人选，员外郎凤秀的女儿。第二位皇贵妃是赫舍里氏，是知府崇龄的女儿。第三位皇贵妃阿鲁特氏，是大学士赛尚阿的女儿，皇后阿鲁特氏的姑姑。第四位皇贵妃西林觉氏，是礼部郎中罗霖之女。后宫中美女如云，特别是这几位美丽的后妃，才色双绝，令人敬仰。皇后阿鲁特氏可谓满洲第一才女，不仅经史通达，而且还能写一手好字，尤其是左手书写大字，堪称一绝。《清宫词·同治后妃》对她这样描述："蕙质兰心秀并如，花钿回忆定情初。珣瑜颜色能倾国，负却宫中左手书！"

可是，五位美丽的后妃，仍然不能留住同治皇帝的心。面对慈禧太后的专权，同治皇帝终日郁闷，他不想做傀儡皇帝，也不想待在紫禁城的家中。少年皇帝血气方刚，他讨厌宫殿，讨厌大臣，讨厌后宫佳丽。他选择了出走，只是想逃出宫殿，逃出紫禁城，于是，少年皇帝开始来到宫外，到花街柳巷寻欢作乐。

同治是在近侍太监和伴读载澄的诱导下，性嬉渔色的。他们最初在宫中看

清同治银镀金东升簪

短暂的同治时代

同治帝气绝之日进药档

同治帝孝哲毅皇后谥册

左宗棠照

男女秘戏的春宫画，继而，在皇宫之外，微服私游，寻访美色。大量淫秽小说和秘戏图册被悄悄地带进了同治皇帝的寝宫，同治皇帝和他的近侍刻意模仿，纵情淫乐。从此，这位少年天子日益沉迷其中，不能自拔。载澄是恭亲王最为宠爱的儿子，一生浪荡，别无所长，就好美色，是京城之中的采花高手，自称寻花问柳第一人。

同治皇帝载淳、伴读载澄和他们的侍从经常游荡在崇文门、前门一带的八大胡同，以贵胄公子的身份出入于花街柳巷，他们纵情游乐，声称要占尽天下美色。少年的欲望是没有止境的，他们不仅贪恋美女，而且也不放过俊秀的太监、伶人和公子。于是，伶人小六如、春眉和娼小凤之辈，太监杜之锡及其姐姐，都成为同治皇帝的性伙伴。据说，杜之锡姐弟十分美丽，同治皇帝惊为天人："杜之锡者，状若少女，帝幸之。之锡有姊，固金鱼池娼也，更引帝与之狎。由是，溺于色，渐至忘返！"

左宗棠平西战图

　　同治十三年（一八七四年）冬，十九岁的同治皇帝突然病倒了！慈禧太后闻讯大惊，而后，她十分冷静地吩咐：立即传谕，叫太医院使李德立、庄守和，选择最好的御医会诊。众内侍簇拥着慈禧太后前往养心殿，同治皇帝昏死之后，被抬到养心殿东暖阁。太医院使李德立、庄守和一头大汗，正在给同治皇帝诊视。不久，同治皇帝逐渐苏醒，安静地躺在那里，红脸上微微有几颗红痘闪着奇异的光芒。

　　慈禧太后看见眼前的一幕，单独召见太医院使李德立、庄守和，直截了当地询问皇帝病情。当获悉同治所患系梅毒时，她自知难医，只嘱咐如果病情难以控制，则对外声称按天花治疗。十月三十日，同治皇帝在养心殿召集军机大臣。众大臣见皇帝身体安康，脸色红润，一直悬着的心放了下来。帝师李鸿藻跪伏："皇上龙体安康，伏请皇上静心调养。"同治皇帝摇头叹道："日后，由李鸿藻师傅代朕批答章奏。"军机大臣李鸿藻当然知道自己的分量，他只是在奏章上写"知道了！交该部议！"几个字。恭亲王依旧控制着军机处，所有军机大臣都听从他的调遣，按照他的示意当差办事。同治皇帝的病情在三天之内暴发。宫中很快传出正式消息：皇帝患了天花。

十一月初二日，为了庆贺皇帝天花之喜，给皇帝冲邪，祈求皇上渡过险关，朝廷要求：十二天之内，内外大臣所上奏章，奏折一律是黄面红里；大臣们都要穿花衣补褂，手持如意，厚供娘娘，特别要以红绢悬于胸前。十一月初五日，惇亲王奕誴上奏："圣躬正宜调摄，每日批折，仍遵前旨，暂由李鸿藻敬缮。批答清文折件，并暂由恭亲王等敬缮。"同治皇帝同意。

此时，权力出现了真空，这对于一个国家来说，是十分危险的。慈禧太后决定走上前台，再度出山，主持朝政。

恭亲王忙碌起来，他的身边每天宾客如云。三天之内，他做出了一系列重要批示：指示直隶总督李鸿章会同李宗羲，不惜重金，购买水炮台、铁甲舰，武装北洋海军，增强国防；批准总理衙门、户部大臣所拟，从洋税内拨出四成，即白银一百万两，用于大军西征；特准左宗棠，供洋债白银三百万两，用于西征。

再度垂帘

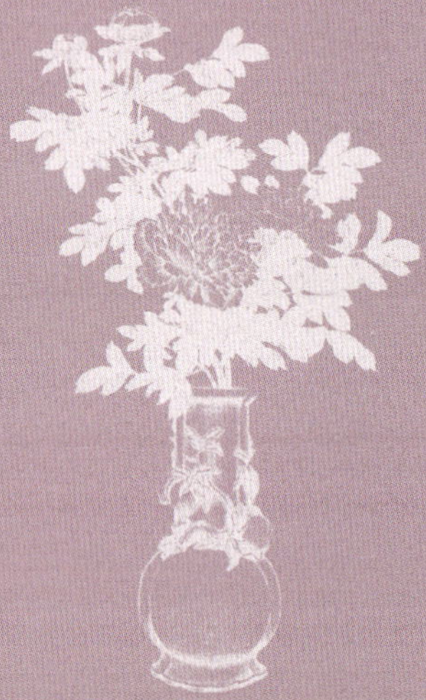

大清國當今聖母皇太后萬歲萬歲萬萬歲

慈禧簪花執團扇正面坐照

养心殿正殿

二五

同治十三年十一月初八日（一八七四年十二月十六日），两宫皇太后临御养心殿，在同治皇帝的御榻前，召见军机大臣、御前大臣。慈禧太后走到东暖阁邻间的供佛处，亲手燃香，合十叩拜。众王公大臣也在供佛处，向上三叩首；进入里间，来到养心殿东暖阁皇帝榻前，再次三叩首。慈禧太后命近侍手持红烛，移近皇帝，让众大臣看清皇帝的病情。此时的载淳已经神思恍惚，皮肤上是一个个的红点，发红发暗，嗫嚅道："谁来此伏见？"他态度微怒，侧卧向外，眼光飘忽。随后，两宫皇太后回到正室宝座，面南端坐，正式第二次召见大臣。

慈禧太后郑重地说："数日以来，圣心焦虑。奏折等事，裁决披览，皇上未能恭亲裁理，你们应该想个办法，一切自有公论！"众人明白了皇太后的意思，谁也不敢多言。慈禧太后接着说："上体向安，必寻娱乐。若偶以丝竹陶写，诸臣谅无论议。"众大臣跪伏在地，谁也不敢率先说话。心直口快的惇亲王不禁询问："传言皇上患的是梅毒，御医说是天花，究竟是梅毒还是天花？"众大臣闻言吓出一身冷汗。两宫太后流泪，哽咽，都不说话。众大臣诚惶诚恐，反复劝慰，表示皇上春秋正盛，好生调养，一定康复，恭请皇太后不必太过焦虑。前前后后，大约四刻光景。

退出前，军机大臣李鸿藻提出："圣躬正值喜事，一切奏章及必应请旨之事，拟请两宫太后权时训谕，俾有遵循！"诸王公大臣赶紧伏地附和。慈禧太后心

清同治明黄绸绣彩云金龙女朝袍

中暗喜,淡淡回应:"尔等具折奏请。"大臣们心领神会,退下后,立即按照皇太后之意,草拟奏折,叩请两宫皇太后立刻垂帘听政,到来年二月一日,再将皇权交由皇帝亲理。没等大家散去,慈禧太后第三次召见群臣,地点就在西暖阁。众人一到齐后,慈禧表示:"此事(垂帘听政)体大,你等当先奏明皇帝,不可径请!"大臣们立即照办。

十一月初九日,两宫皇太后再次召见军机大臣、御前大臣,地点在皇帝卧病的东暖阁。同治皇帝坐在床上,拥着锦被,气色依然很好。入见的军机大臣翁同龢在日记中写道:"辰初一刻,又叫起,与军机、御前同入。上起坐,气色皆盛,头面皆灌浆饱满,声音有力。"大臣们有点儿不敢相信皇帝会就此病倒。两宫皇太后都坐在皇帝榻前,关心着皇帝。恭亲王和众大臣到齐之后,跪伏叩首,拜谒皇帝。慈禧太后看着恭亲王,一字一顿地说:"吾语无多,天下事,不可一日稍懈。拟求太后代阅折报一切折件,俟百日之喜余,即照常好生办事!"恭亲王和众大臣跪伏领旨。

慈禧太后再次面对恭亲王郑重地说:"恭亲王当敬事如一,不得蹈去年故

清同治石青绸绣彩云金龙朝褂

习。"然后，慈禧太后面对众大臣，缓缓道："昨天在西暖阁，众爱卿叩请太后训谕临政，恐让皇帝烦心，没有告知。今天，诸王大臣在此，面奏皇帝，请皇帝不要烦躁，好生养病。诸卿不要害怕，皇帝已经允准了。"同治皇帝举起手臂，咕哝了一声，谁也没有听清。他的牙齿开始发黑，皮肤上的颗粒极其饱满充足。大臣们以为喜兆，一一告退。载淳对于自己的病情一点儿也没有心理准备，他只觉得经过御医调养，自己很快就能康复，重掌大权。

十一月十日，慈禧太后以皇帝的名义，正式发布上谕，宣布皇太后再度垂帘临政：

> 朕于本月遇有天花之喜，经惇亲王等合词吁恳，静心调摄。朕思万机至重，何敢稍涉安逸？唯朕躬现在尚难耐劳，自应俯从所请。但恐诸事无所禀承，深虞旷误，再三恳请两宫皇太后，俯念朕躬正资调养，所有内外各衙门陈奏事件，呈请披览裁定，仰荷慈怀曲体，俯允权宜办事，朕心实深感幸。将此通谕中外知之。

清同治缂丝明黄地彩云金龙女龙袍

这道太后再度垂帘的圣谕，意味着慈禧太后正式重新执掌权力。她要做的第一件事情，就是命令兵部尚书宝鋆由协办大学士晋升为大学士。经过精心的策划和准备，慈禧太后开始了一系列的行动。

同治皇帝生命垂危，在病床上苦苦挣扎。他的母亲慈禧太后却大赦天下，加官晋级，朝廷一片欢腾，人人喜气洋洋。慈禧封赏直隶总督李鸿章晋文华殿大学士，文祥晋武英殿大学士，宝鋆晋体仁阁大学士。这些还不算完，他又想到了诸天众圣，也应大加封赏。内务府奏称："已行文礼部，诸天众圣，皆加封讳，乾清门上陈设龙船九副，大清门外砌洗池，方径十丈许也。"

帝师翁同龢牵挂着皇帝的病情，他忧虑地写道："连日，皆以祈祷为事。"恭亲王奕訢也对皇帝的病情十分忧虑，他一再指示太医院，一定要确诊皇帝的病情，一定想办法治好。可是，太医院的药方，都要送呈核验，宫内确定的天花之病，就要按照天花下药。药不对症，不仅无济于事，还加重了皇帝的病情。奕訢希望西医诊治，慈禧太后未作任何答复。美国公使得知同治皇帝的病况，在给本国政府的报告中明确地说："同治病，若以西医及科学方法诊治，决无

宫中女服

不可医之理！决非不治之症！"

同治皇帝的病情，时好时坏。翁同龢先后六次目睹皇帝的病状，并做了如实记录：第一次是十一月初八日，翁同龢进入养心殿东暖阁后，三叩首，拜见皇帝。两宫皇太后坐在皇帝躺卧的御榻上。翁同龢写道："上舒臂令观，微语曰：谁来此？伏见天颜温悴，偃卧向北，花极稠密，目光微露。御医脉案称：皇上天花九朝，浆渐苍老，盘晕赤色见退。唯浆后气血空泛，微感风凉，以致咳嗽、鼻塞、心虚不寐，浸浆皮皱，似有停浆不靥之势。"第六次是十二月初五日，天气晴好，寒气袭人。翁同龢写道："小憩未醒，忽传急召，驰入，尚无一人也。时日方落，有顷，醇慕邸室沈英桂、崇治、文锡同入，见于西暖阁。御医李德立方奏事急，余叱之曰：'何不用回阳汤？'彼云：'不能，只得用麦参散。'余曰：'即灌可也。'太后哭，不能饲。仓促间，御医称：'牙闭不能下矣。'诸臣起立，奔东暖阁，上扶坐，瞑目。臣上前……天惊地折，哭号良久。时内廷五大臣有续至者，入哭而退。惨读脉案，六脉俱脱，酉刻崩逝。"这一天申刻御医脉案称："皇上六脉微无根，系病久神气消散。偶因气不运痰，厥闭败脱。急用生脉饮一帖，竭力调理，高丽参五钱，麦冬五钱，

银镀金珠石累丝指甲套

五味子炙一钱，水煎温服。酉刻：皇上六脉已绝，灌生脉饮，不能下咽，元气脱败，于酉时崩逝。"

同治十三年十二月初五日（一八七五年一月十二日）下午六时左右，同治皇帝离开人世，时年十九岁，在位十三年。民间传闻同治皇帝寻花问柳，结果得了花柳病，一命呜呼。好事者为此就写了一副对联："不爱家鸡爱野鹜，可怜天子出天花。"

关于同治皇帝临终前皇位继承人的确定问题，更是扑朔迷离。正史记载，同治是自然死亡。《翁同龢日记》《越缦堂国事日记》《清代野史》《清朝野史大观》等笔记、野史等记载，扑朔迷离。

有这样一种说法。临终前三天，同治皇帝神志清楚，召见帝师军机大臣李鸿藻。李入内时，皇后阿鲁特氏也在，正要回避，载淳阻止："不必。师傅是先帝老臣，你是门生媳妇，我正有要事，何必引避？"李鸿藻急速免冠跪伏拜见。

皇帝伸手说："师傅快起！此时还讲礼节？"皇帝拉着李鸿藻的手，流泪不止："我病了，好不了！"李鸿藻闻言痛哭失声，皇后也悲伤哭泣。

载淳询问阿鲁特氏，如立嗣子，谁更合适？皇后表示："国赖长君，我实不愿居太后之虚名，拥委裘幼子，贻祸宗社！"载淳听后莞尔一笑："你知此礼，我放心了。"他吩咐李鸿藻："贝勒载澍入承大统，你拟诏。"皇帝口授遗诏，洋洋千余言，李鸿藻代拟。拟旨毕，载淳叮咛李鸿藻："好好保管。师傅暂且休息，明天还得一见！"然而贝勒载澍入承大统，显然不是慈禧太后的心意。李鸿藻浑身颤抖，思虑再三，决定驰赴西宫，面见慈禧。

慈禧太后立即召见。李鸿藻从袖中将皇帝口授的遗诏进呈。慈禧太后草草看了一眼，愤然将遗诏撕得粉碎。

旁人劝皇后多顺从太后，阿鲁特氏却凛然道："敬则可，昵则不可！我乃奉天地祖宗之命，由大清门迎入者，非轻易能动摇也！"慈禧太后早就听说了这些，由此对阿鲁特氏极其嫌恶。

皇帝弥留之际，头脑清醒，急召皇后。皇后满脸是泪，坐下帮皇帝擦拭身上脓血。载淳将一遗旨交给皇后，深深嘱咐："好好保管。"此时，正值慈禧近前，皇后只得将圣旨交与慈禧太后。慈禧怒骂道："你竟敢如此大胆！"载淳见状，急忙辩解："这是我写的，不关皇后事！"于是一口气没上来，就此驾崩。

皇帝走了，皇后阿鲁特氏痛不欲生，日夜悲伤饮泣，茶饭不思。幸亏侍女发现得早，抢救及时，皇后捡回了一条性命。阿鲁特氏之父崇绮知道慈禧太后一直对女儿耿耿于怀，就女儿境况向太后请示。慈禧淡淡回应："皇后，可随大行皇帝去罢！"光绪元年（一八七五年）二月二十日，同治皇帝去世后的第七十五天，阿鲁特皇后含恨离开人世，时年二十一岁。这是一个令人扼腕叹息的结局，是一段哀婉忧伤的悲歌。权力真的是至高无上的，一切生命在权力的宝座下显得如此苍白。启功先生谈到这段历史时，很为阿鲁特皇后惋惜，他说：她觉得实在没有活路了，就想自杀，又找不到自杀的办法，就把父亲崇绮叫去，商量怎么办。崇绮跪在帘子外——这是宫里的规矩，女儿做了皇后，父亲见她，也要行君臣大礼——问她："不吃行不行？"她说："行。"于是，最后决定，采取绝食而死的办法。

光绪继位

十四岁的光绪帝载湉照（传）

光绪帝读书像

翁文恭公遺像

門下士張元濟敬題

翁同龢照

长春宫内景

光绪继位

光绪皇帝载湉，生于同治十年六月二十八日（一八七一年八月十四日），属羊。四岁登极为帝，年号光绪，意思是入继帝统，光大皇帝统绪。在位三十四年，光绪三十四年十月二十一日（一九〇八年十一月十四日）去世，终年三十八岁。光绪皇帝的生和死、立和废、大婚和囚禁，都是慈禧太后一手策划。光绪皇帝的一生，可以说是不幸的一生，忧郁终日，不得欢颜。他的悲剧，都是缘于同样属羊的慈禧太后。可以说，光绪皇帝一直生活在慈禧太后的阴影之下，不见天日。

载湉是亲王之子，是清代皇帝之中第一位不是以皇子身份入继大统的皇帝。他出生于王府之家，他的出生地，在北京宣武门内太平湖醇郡王府槐荫斋（今中央音乐学院内）。他的父亲醇郡王是咸丰皇帝的异母兄弟，他的母亲是慈禧太后的胞妹。道光皇帝有九个儿子，到同治末年，存世只有皇五子、六子、七子、八子、九子五人。慈禧太后胞妹叶赫那拉氏一直在娘家，待字闺中。她们姐妹关系较好，慈禧太后，一直在寻找一位皇室人员作为自己的妹夫。宗室联姻，是历代宫廷之中最好的巩固权位之法。

可供慈禧太后考虑联姻的皇室人员，就是她的几位小叔子：六弟已经结婚成家，而且心思太多，难以捉摸；八弟、九弟尚年幼，八弟身体较虚弱，九弟又过于羞涩；只有七弟，不仅年龄合适，而且性格又好。咸丰十年（一八六一年），醇郡王十九岁，皇帝下旨建造醇王府，醇王奉旨与懿贵妃的亲妹叶赫那拉氏成婚。北京的醇王府，先后有三座。依照惯例，醇郡王分府出宫，皇帝赏赐府邸，

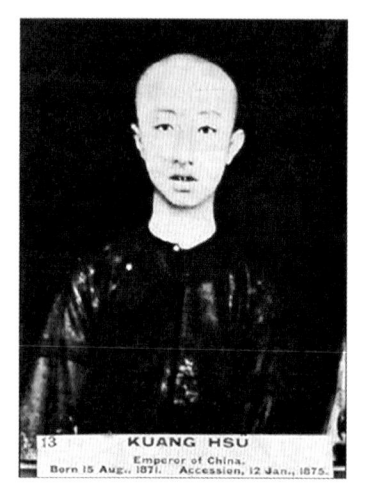

少年光绪照（传）

就在宣武门内太平湖东岸，人称醇王府。这是清代第一座醇王府。后来，醇郡王晋封醇亲王，这里又称为醇亲王府。因为地处南城，又称为南府。

醇王福晋叶赫那拉氏生下四子，第二子即载湉，其余三子夭折。载湉即皇帝位后，南府成了潜龙邸，这里按例要升为宫殿，或者空闲下来，或者按照雍正皇帝即位后雍亲王府升为雍和宫的旧例，醇亲王府改成庙宇，升为醇亲王祠，供奉菩萨。慈禧太后特地在皇宫北部的什刹海北岸选择了一处吉地，一座风水极佳的贝子府，将其赏赐给醇亲王。为此，慈禧拨出库银十六万两，重新修缮，扩建改造，成就了一座富丽堂皇的醇亲王府。这处新建的醇亲王府，地处皇宫北部，又称北府（今宋庆龄故居）。醇郡王奕譞之子载湉是慈禧太后的外甥。同治皇帝去世以后，慈禧太后颁发懿旨，命近侍奉载湉入宫，选择吉日在养心殿即皇帝位。面对突如其来的变故，醇亲王不知所措，听了慈禧太后的懿旨要宣自己的儿子入宫为帝，竟一下子昏死过去。随后几天，他一直处于非正常状态，身颤心摇，如梦如痴。醇亲王的一生，都是十分谨慎的，他不仅说

光绪继位

醇亲王奕譞照

醇亲王奕譞与其子在府邸照

长春宫寝室

话做事都小心翼翼，在教育子女方面也是如履薄冰，唯恐不经意之间招致灾祸。他知道，满招损，谦受益，奕譞特别告诫家人，要防止子孙骄傲自大，不思进取。他在正房大堂，悬挂一匾：谦思堂。他喜欢读书，大部分的时光都是在书房度过。他在自己的书房，也悬挂一匾，上书：退省斋。他的书案之上的显著位置摆放着一件十分精巧的欹器，器上铭刻着六个字：满招损，谦受益。

欹器是孔子极其喜爱的一件器物，这件东西的价值，主要不在其精巧，而是在于其独特的构造：虚则欹，中则正，满则覆。孔子曾亲自将水注入欹器之中，一次次试验，一次次都令他感到震惊。他又让弟子注水入欹器，结果还是一样：中而正，满而覆，虚而欹。孔子感叹："吁！恶有满而不覆者哉！"奕譞知道，当今的慈禧太后，虽然是自己的妻姐，但这个女人绝不是一般的女流之辈，特别是对于权力，从不苟且。

慈禧太后寝宫

每当想到国事,想到太后,奕譞就会感到恐惧,诚惶诚恐。他坐在自己的书斋之中,冥思苦想,终于得悟。他饱蘸笔墨,恭敬地写下四个大字,告诫自己,也告诫自己的儿孙:"恭谨敬慎。"他的治家格言是:

财也大,产也大,后来子孙祸也大。
若问此理是若何?子孙钱多胆也大。
天样大事都不怕,不丧身家不肯罢!

醇亲王知道,儿子做了皇帝,自己更要谨小慎微。因为,慈禧太后的权力欲望是那样的强烈,在这样一位铁腕太后面前,他和他儿子的日子都不会好过。为了避免慈禧太后猜忌自己,涉嫌弄权,他特地进奏慈禧太后,请求罢免自己的一切职务。奕譞的奏折情真意切，写得哀婉动人："唯有哀恳矜全，许乞骸骨，为天地容一虚縻爵位之人，为宣宗成皇帝留一庸钝无才之人！"慈禧太后明白醇亲王的用意，也知道这位本分的亲王的忠心，她吩咐，将奏折下诸王大臣讨论商议。对于醇亲王的请求，王公大臣们也心知肚明，大家一致同意。于是，慈禧太后颁下懿旨，免去醇亲王的一切职务，但王爵世袭不变。不久，慈禧太后赏赐醇亲王食亲王双俸，主要职责是照料光绪皇帝在毓庆宫读书。

光绪皇帝载湉年仅四岁的时候，由慈禧太后指定入宫即皇帝位。慈禧太后很清楚地知道她所需要的皇帝是什么样的人，她也十分明白她要将这位幼年皇帝培养成为一个什么样的接班人。慈禧太后成竹在胸，事必躬亲。她为小皇帝指定了特殊的读书地点，也为小皇帝选择了性情和善的老师。光绪皇帝的读书地点，就是当年康熙皇帝为太子建造、后来成为清代皇子们居住、读书的毓庆宫。光绪二年（一八七六年）春天，六岁的小皇帝载湉正式在毓庆宫上学。

按照清廷礼制的规定，少年皇帝读书与皇子在宫中读书是有所不同的，这种不同不仅表现在师生礼仪上，还表现在生活的各个方面。通常，在上书房读书的皇子皇孙们都是天亮之前，由太监引领着，自己走路，前往上书房，进入书房之后，自己坐下读书。少年皇帝读书则不同，小皇帝前往读书所在的毓庆宫，则要乘坐皇帝专用的轿子。黄帘悬挂的轿子前面，

醇亲王奕譞红头签

专门有管事太监负责清道，防止有任何阻碍皇帝前行的人员、动物或者障碍物出现。

　　最为重要的是，皇子读书，是自己坐在座位上恭候师傅的到来。皇帝读书则不同，师傅们都必须在天亮之前穿戴整齐，事先到达皇帝读书之地的毓庆宫或者弘德殿，并且，师傅不能先行入内，要在宫之西侧的休息室静坐喝茶，恭敬地等候皇帝的到来。每天寅正时分，小皇帝乘着金顶黄轿，在太监的引导下来到书房。这时，正在休息室的皇帝师傅们，早已安静下来，放下茶杯，恭候皇帝。他们中的任何一个人，都不许出屋迎接，都必须十分恭敬地从座位上站起来，直到一身新衣的小皇帝进入书房后，坐在休息室的师傅们方才坐下。然后，由管事太监入内传令，请师傅们一起进入书房。师傅们整肃衣冠，鱼贯进入书房，先恭敬地向皇帝鞠躬行礼。皇帝神色庄重，也要从座位上站起来，稽手还礼。皇帝和师傅各就各位，同时坐下。皇帝是正向，坐北向南。师傅们是侧向，坐在皇帝左侧，面向西。

　　光绪皇帝的性格过于内向，可以说，近乎懦弱。这种软弱的性格，一半是天生的，一半是后天的。他的这种懦弱，在威严刚烈的慈禧太后面前，就更加显得如风中残烛。慈禧太后严酷的眼光无处不在，光绪

光绪帝临颜真卿《自书告身帖》

黑漆描金云龙套装墨盒

皇帝从小就觉得不安全，他在生活中找不到乐趣，就从书中寻找。渐渐地，他从书中找到了安全，并从书中感到无穷的快乐。可是，一走到现实之中，一接触到慈禧太后的眼睛，他就感到恐惧，仿佛天地之间，没有了自己的藏身之地。然而，在翁同龢师傅面前，他却感到安全。载湉一生自始至终都十分依恋翁同龢，十分敬重这位开启圣智、教授经史的师傅。

翁同龢面目清秀，为人雍容大度，态度和蔼可亲。幼年的光绪皇帝，无论什么时候，只要有机会，就把自己的小手伸到翁师傅怀里。小载湉躺在师傅那温暖的怀抱里，可以伸出小手，使劲地捋师傅那随风飘动的山羊胡子，每次，翁师傅总是乐呵呵的，满面春风。载湉正是这样，感受到了家庭的温暖和惬意。教授小皇帝读书的最初两年，主要是认字、临字、练字、读书、讲书，读书的一个重要的内容，就是反复地背熟书，诵生书。每天背熟书五十遍，诵生书二十遍。小光绪身体较弱，加上曾经得过一场大病，痢疾差点儿夺去他的性命，所以，他的身体不好，力气不足，根本不能朗读数十遍，经常是读了几遍就不愿意读了，翁同龢怎么敦促，都无济于事，小家伙就是不开口。只有慈禧

慈安之死

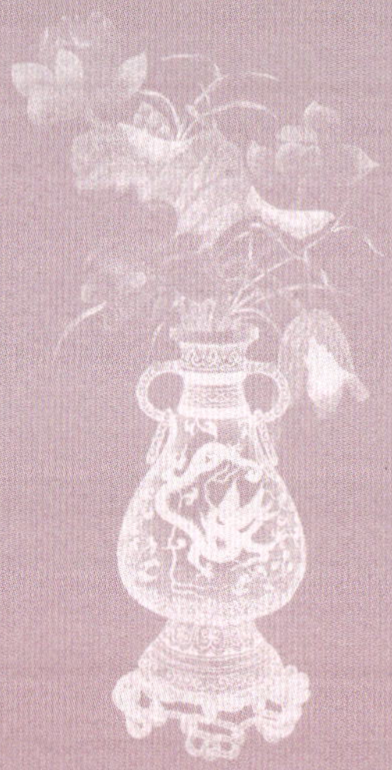

慈竹延清

孝贞显皇后（慈安）便服像

钟粹宫

慈安之死

光绪七年（一八八一年）三月初十日，慈安太后崩逝于东六宫之一的钟粹宫，死因成谜。终年四十五岁，葬于定东陵，上谥号。宣统皇帝时期，加谥，最终，谥号为"孝贞慈安裕庆和敬诚靖仪天祚圣显皇后"。

清入关之初，鉴于明朝太监乱政，顺治皇帝下令，铸造警诫之文于铁牌之上，严禁太监干政。经康熙、雍正、乾隆三朝，直至咸丰年间二百余年，一直严格遵循，从未出现太监干政之现象。慈禧执政之后，宠信亲信太监安德海，引起慈安太后、恭亲王和朝野大臣的不满。同治八年（一八六九年），蓝翎太监安德海奉慈禧之旨南下苏州，采办珍珠。安德海一行浩浩荡荡，招摇过市，自天津乘船南下，路经山东。山东巡抚丁宝桢奉慈安太后和恭亲王密旨，拿下安德海，就地正法，暴尸三日。

大总管李莲英明白，西太后一直在考虑应对慈安太后的方式，她在等待机会。可以说，慈安之死，李莲英难脱干系。

慈禧太后心中一直耿耿于怀的有两件事：一是同治皇帝的皇后人选确定为阿鲁特氏最终遂了慈安太后心意；二是自己的亲信内侍安德海，在慈安、奕訢等人运筹下，竟然惨死于济南！慈禧盼咐，将所有涉及安德海之案的相关内侍全部清除，甚至于包括在宫内的亲信内侍也受到株连。这场变故，慈禧将对手一网打尽。

一说慈安太后与慈禧太后分道扬镳，始于东陵致祭之辱：到达东陵，慈禧

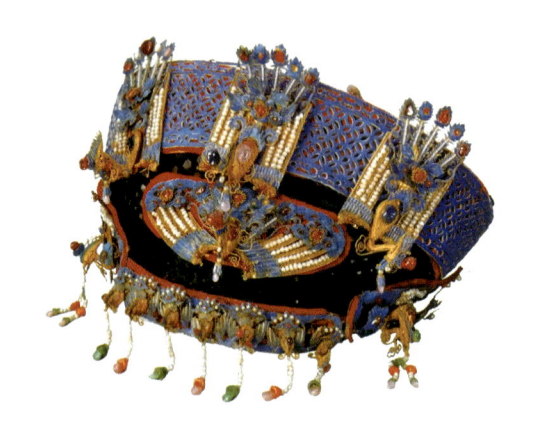

皇后九凤钿子

太后和慈安太后一道，上前祭祖。慈安申斥慈禧：先帝在日，都是帝后同祭，妃嫔不能并列！请慈禧退后。慈禧无地自容。

从留存下来的档案和史料上看，自光绪六年二月初二日开始，所有处理政务之事，没有慈禧太后的身影，只有慈安太后一人坐在帘后，决断大小政事。侍臣在《起居注》中写道："西太后夜不能寐，不胜劳乏。"翁同龢在《日记》中记述："召见办事，皆慈安太后御帘内，十余年来此为创见也！"

四十六岁这年，慈禧太后病了，御医们千方百计地调理和诊治，忙得焦头烂额，但收效甚微。几个疗程下来，慈禧太后的病情依然毫无起色，还有加剧之势。御医无能为力，清廷只好颁下重赏诏书，为了太后早日痊愈，遍招天下名医。江苏、浙江是名医荟萃之地，由两江总督推荐，江苏名医马文植、浙江名医薛宝田等选入内廷，负责为慈禧医病。

薛宝田、马文植、汪守正会同太医院右院判李德立、右院判庄守和、太医李德昌等一道为慈禧太后会诊，发现太后之病根源有二：一是因为劳累，一是由于伤心。劳累、伤心，肝肾气亏，血海空虚，经脉不畅，自然就卧病不起。

「二四五」

慈安之死

明黄绸绣彩云金龙女朝袍

皇后明黄缎龙袍

皇后之宝金印

这次会诊，主治医生是马文植。马氏是孟河人，精通内科、外科和妇科。早年，他悬壶于孟河、苏州、杭州一带，因医术高超，手到病除，人又和善，一时闻名遐迩，人称马医科。他这次应召入宫，诊断精确，所开医方思虑周全，治愈了慈禧太后的心病，也赢得了慈禧太后的敬重。

翻查光绪六年的医案，发现医治慈禧太后的怪病，马文植是主要御医之一，也是慈禧太后钦定的主要负责人。他一直侍候在慈禧太后的身边，全年都留在宫中，诊断、观察和调理慈禧太后。马文植认为，慈禧太后患有二阳之病。二阳之病，发于心脾之间，主要症状是月经不行、肌肉消瘦、肺气上逆、咳嗽喘息、心虚腹泻。他说，慈禧太后的二阳病，缘于积郁积劳，心脾受亏。心为君主之官，脾为后天之本，神思过虑，心脾伤痛，则五内俱虚。肾虚不能生木，木失畅荣；脾乏则生化无源。荣血内亏，经脉不调，腰酸体痛，肢体倦怠，虚热时作，谷食不香。对症诊治，二阳之病，发于心脾，拟以培养心脾治之，培养心脾，关键就在养血养肝。

经过一个月的调养，慈禧太后的病情有明显好转。然而，刚刚痊愈的她一想到养心殿坐在明黄垂帘之后的慈安，内心就隐隐作痛。此后的日子里，慈禧太后开始调理自己，看戏听书，绘画写字，享受生活。各种流言，纷纷扰扰地传到慈安太后耳朵里，说慈禧纵情声色，淫秽后宫，每日里淫戏欢歌通宵达旦；慈禧寝宫中，有许多不堪入目的春宫画；特别是，太后私蓄男宠，有一位姓金的美貌男子，时常出入宫禁等等。

作为女人的慈禧，先丧夫，后丧子，二十六岁成为寡妇，一生颇为孤独。处理政务之余，慈禧在宫中有排遣寂寞的特殊爱好，就是喜看淫戏，听淫曲。最初是听情戏，如《坐宫》，每次必听，每听必陶醉。这出戏讲的是，铁镜公主坐在皇宫内院，和她心爱的驸马爷猜心事。后来，随着年龄的增长和权力的增强，渐爱听淫戏。慈禧最爱看的淫戏，大概是杨雄之妻潘巧云与和尚偷情的《翠屏山》，以及以男欢女爱、纵情行乐为主题的《思凡》《捉奸》《合欢图》《狐狸缘》等。最奇怪的是，慈禧爱看淫戏，还要让皇后也就是儿媳妇与她一起观赏，儿媳妇不好意思，慈禧曾因此大为恼火。

有宫廷秘档记载称，祺祥政变干掉八大臣后，二十六岁的慈禧开始形成了一个习惯，就是每天入睡之前，要让近侍在床前讲笑话，说淫书。特别是在同治皇帝死去后，慈禧太后第二次垂帘听政，几乎每天晚上入睡之前都要先让人说书、讲故事，进而说街巷俚语、世态人情和风流百态，最后，她就专爱听淫秽段子和浪情戏曲。只听得她昏昏欲睡，安然入眠。正如唐代诗人白居易所述："目昏思寝即安眠，足软何妨便坐禅。身作医生心是药，不劳和扁到门前。"

白玉嵌宝石五福如意

据说，慈安对慈禧的行径开始并不全信，她觉得，寡居的日子不好过，听听淫戏也就罢了，但不能太过了。蓄养男宠，就是罪不可赦。让慈安不能容忍的是，她获悉最近慈禧患病，不是什么疑难怪病，而是怀孕所致——以前的御医们不敢相信是怀孕，判断是血毒，只有薛宝田、马文植诊得慈禧太后的病症之所在，他们所开的药剂，正是按照产后虚症所开，主要是在于补养气血两亏方面，温而补之，所以见效！慈安大义凛然，前往兴师问罪，质问慈禧，致使慈禧刚刚好转的心情再度恶化。由此，慈安的末日也已不远了。

有些野史，记载了慈安、慈禧和解的一幕。天嘏所著《清代外史》记载：光绪七年春，慈禧卧病。慈安心软，觉得慈禧大病一场，应该醒悟自己纵欲失德。为了表示自己的宽怀，慈安太后特地设宴寝宫，请慈禧太后过来一叙，想借此安慰劝导慈禧，使之自我约束。家宴十分丰盛，气氛极其温馨，三杯温酒过后，慈安太后说："我有一件东西，是先帝留下的，如今，已经没有用了。"慈禧见状惴惴不安，打开一看，是一张洒金黄纸，上面真的是咸丰帝的手书遗诏："抱子临朝，恐不可制。令谨防之。即有过，宣诏赐死，毋游移。"慈安道："这张纸，还有何用？不如烧了好！"说罢，信手烧掉了遗诏。此时，慈禧一颗悬着

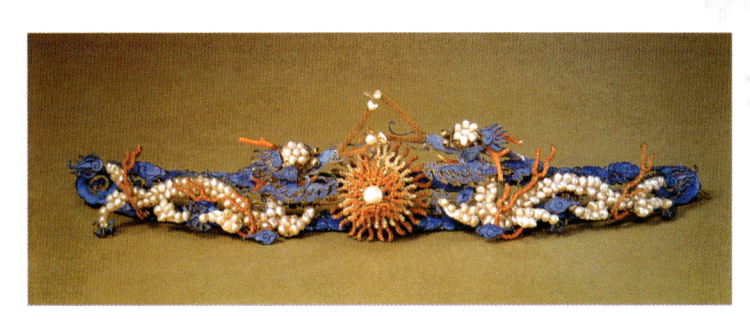

银镀金嵌珠双龙点翠头簪

的心终于落下。慈禧太后拜谢，含恨。慈安太后对其谆谆劝慰。直到夜深，才罢酒散席。

缠绵病榻的慈禧总是求医服药。而光绪七年三月初十（一八八一年四月八日），却传出慈安太后暴死的消息，当时她年仅四十五岁。事发突然，翁同龢在《日记》中说："仓促中，悲与惊并！"光绪《德宗实录》记载：慈安太后"体气素称强健……本月初九日，偶染微疴。皇帝侍药问安，祈予速痊。不意，初十日，病势陡重。延至戌时，神思渐散，遂至弥留。"其实，根据翁同龢记载，慈安太后从发病到暴崩，仅仅十二个小时：初十日早，"东太后咸寒停饮，偶尔违和，未见军机。"晚上十一时，报丧者至其家。半夜入宫，次日凌晨三时，翁同龢入乾清门。他在《日记》中记载："昨日（初十），五方皆在，晨方天麻、胆星。……午刻，一按无药，云神志不清，牙紧。未刻，两方虽可灌，究不妥云云。则已有遗尿情形，痰壅气闭如旧。酉刻，一方六脉将脱，药不能下。戌刻，仙逝云云。……呜呼，奇哉！"

慈安之死，一直是个历史谜案。正史、档案均语焉不详。野史记载，较为离奇。天嘏所著《清代外史》记载：一天，慈安太后来到慈禧太后寝宫。这时，侍儿捧上一盒饼饵，看上去香脆诱人，上面还有一层白茸。慈安太后顺手拿起一块，放进嘴里。谁知，饼饵一入口就全化了，满嘴清香，口津横溢。慈安太后直说好吃。慈禧恭敬逢迎："姐姐，这是弟媳妇送来孝敬的，姐姐如果喜欢，明天再送些过去。"第二天，慈禧太后派侍女送来了一盒饼饵，色、香、味俱佳。慈安太后一连吃了三颗，喝了一杯蜜水。不久，她感到腹痛。随之血管暴胀，七窍流血，四肢乌黑发紫，旋即崩逝。近侍、宫人们目瞪口呆，不知道发生了什么。此时，内臣入内奏事，看见慈安十指紫黑，吓得面无血色，噤若寒蝉。

工部尚书翁同龢奉命与恭亲王奕訢等一道办理慈安太后丧事。皇太后去世，按照惯例要议谥号，将生前历年所加徽号按例酌减，再加入应该增加的字样，通常是十至十四字。慈禧太后不希望死去的慈安太后与她的徽号有相同之字。大学士们拟定十二字：钦、肃、敬恪、仪天祐圣、希天牖圣。翁同龢和潘祖荫二人学问渊博，这次也奉旨与议。翁同龢理解慈禧心意，他表示：先帝咸丰皇帝皇后，原是穆彰阿之女，正位中宫，没几年就去世了。钮祜禄氏（慈安太后）贵妃出身，由咸丰皇帝升她为皇后。后来，她与慈禧太后一起垂帘听政，共赴艰难。她为人谦和贤淑，宽厚简朴，人人敬仰。只是，所拟十二字欠妥。贞字，始封嘉名，安字是徽号，此二字不可改。钦字，可减去。

大学士宝鋆对此立即表示反对："钦字，是恭亲王所定，决不能少！"翁同龢应声反击："此岂邸所应主议哉！另外，端庄康豫四字，两宫太后所同，似宜避去不用。"其他众人没有发表意见，表示默认。大学士宝鋆仍然坚持己见："以贞字拟第二，钦字居首。"翁同龢忍无可忍，立即争辩："贞者，正也，正位之意，先帝所命。"众人商议，意见不一，最后公推翁同龢定夺。翁同龢说："贞字，文宗（咸丰）所赐，慈安，穆宗（同治）所崇，普天率土，久已熟闻，宜用孝贞慈安裕庆和敬仪天祐圣显皇后。"翁同龢言罢，除大学士宝鋆之外，都表示赞同其意。主管此事的礼部尚书恩承、吏部尚书万青藜随即以此上奏。慈禧太后对此当然满意，于是正式发布慈安太后谥号，几乎完全采纳翁同龢所拟，只改了一个字。这次议定谥号，因为翁同龢承办大事悉臻妥协，勤慎周详，慈禧太后对他特加恩赏加太子太保衔。

慈安太后去世，年仅十岁的光绪皇帝终日魂不守舍，失魂落魄，每天都呆若木鸡。每天清晨，他不自觉地前往弘德殿，坐在慈安太后的灵前默哀致祭，如此持续了一个月的时间。慈安太后丧事结束后过了许多的日子，光绪皇帝还是无法专心。帝师翁同龢感于载湉的异常，在《日记》中写道："太后去世一月，皇上尤分心，神倦气浮。"三个月后，光绪皇帝依旧精神涣散，心神不宁。翁同龢师傅写道："读虽佳，气不静。言及慈安大故，泫然流涕。此发于真诚者矣！"

宫中粉彩红龙彩凤盖碗

慈禧太后没有参加慈安太后的任何丧礼活动，更没有到慈安太后的灵前致祭默哀。慈安太后的丧事十分简单，丧事期间，宫里几乎没有任何特别的祭奠活动，从一七到七七，草草而过。史官写道："丧仪甚草草，二十七日后，一律除孝。慈禧竟不持服，大臣进御者仍常服。国母之丧如此，诚亘古未有也！"

从咸丰十一年（一八六一年）至此光绪七年（一八八一年），历时二十年的两宫太后临朝听政，从此终结，慈禧太后一手遮天的时代来临。从这一年开始,她唯己独尊,专执国政。也是从这一年开始,宫里宫外,开始称慈禧太后为老佛爷。宫人称慈禧太后为"老佛爷",起因有二:一是慈安太后去世后,宫中只有慈禧太后一人执政,唯我独尊;二是慈禧太后一心信佛,自称是观世音菩萨转世,称她老佛爷,令她高兴。宫人称赞慈禧太后的功德,赞颂老佛爷福寿无疆。

恭亲王四遭严谴

恭亲王奕訢照

恭亲王奕䜣照

恭亲王四遭严谴

在晚清政治上，恭亲王绝对算得上一位响当当的人物。无论是国内共同谋事的慈禧皇太后，以及文武王公大臣，还是共事、商谈过的各国外交官，都认为他精明干练，才智过人，勇气可嘉，是一位不可多得的文武全才式的人物。就相貌而言，老四咸丰皇帝比老六恭亲王更为英武，更有帝王之气。不过，他们兄弟俩都是文武全才：喜好诗文，爱好绘画，从小喜爱舞刀弄枪。从少年到成年，两兄弟曾一起习武，共同创立一套完整的枪法、刀法，包括枪法二十八式、刀法十八式。父皇道光皇帝十分欣慰，赞赏兄弟俩的非凡武艺，观赏其枪法、刀法，高兴之余，分别御书赐名：棣华协力、宝锷宣威。兄弟俩的非凡气质和才华，赢得了慈禧的青睐。

相比之下，道光皇帝更加属意皇六子奕訢，特地赏赐他一把御用白虹刀：秘密立储后，六十八岁的道光皇帝依旧在两个皇子之间徘徊。过了三年，道光二十九年（一八四九年），尚武的道光皇帝赏赐皇四子锐捷宝刀，赏赐皇六子白虹宝刀。这把白虹刀，金桃皮为鞘，刀尾一面刻"白虹"，一面刻"道光年制"，十分精致，奕訢一直将其携带在身边。皇四子即皇帝位，下旨仍然恩准六弟奕訢佩带父皇特赏的白虹刀。这道御旨，预示着新帝的倚重和信任。一个月后，咸丰皇帝打破祖制宫规，毅然任命比自己能干的弟弟、年方二十岁的奕訢在军机大臣上行走。

曾多次接触恭亲王奕訢的美国传教士丁韪良，对这位皇室贵胄有过近距离观察。他认为奕訢相貌平平,没有帝王之相:"恭亲王身形瘦削,肤色黝黑,因为近视而眯缝着眼睛,并不漂亮。……他并非很有王子相之人。"然而,奕訢的魅力不是相貌,而是他的才智和胆略。丁韪良对他很是钦佩,感慨地说:"恭亲王有着超凡的才智和勇气,在皇室危难的关键时刻,他不止一次地挺身而出!……恭亲王的命运之星,升起在黑暗的暴风雨中。……尴尬的局面,愈发衬托出恭亲王的尊贵和镇定!"

辛酉政变后,慈禧太后奖励的第一大功臣,就是与她配合默契、珠联璧合的恭亲王奕訢。

咸丰帝驾崩后,十月初一日,慈禧以两宫皇太后的名义连续发布两道谕旨,正式委任恭亲王为议政王兼军机大臣,明确指示他参决国家大事,负责军机处事务,军机大臣由他自己挑选。奕訢奏准慈禧太后,将新的政府班子组阁情况函告朝野大臣、封疆大吏:肃顺为首的所谓赞襄八大臣一伙,已经被逮捕;废除赞襄政务大臣期间的一切决定;今后所有廷寄奏章,一律使用"议政王军机大臣"字样。同时,通知英、法等国在京公使,告知新政府改组情形,以取得各国的支持。

同一天,慈禧太后授予恭亲王为宗人府宗令,管理宗人府一切事务。宗令主要职责之一,就是全权审理宗室成员案件。也就是说,恭亲王有权处理载垣、端华、肃顺等犯罪之宗室成员。十月初二日,慈禧太后又连发两道上谕,补授恭亲王为总管内务府大臣,全权管理负责皇宫内外事务的内务府一切事务;并授权他全权管理宗人府银库。这样,恭亲王集内外一切权力于一身:首席军机大臣,负责国家军政事务;宗令,负责皇族事务;内务府大臣,负责皇宫事务,包括宫廷内外礼仪、财务、人事、禁卫、工程、日用、奖惩等等大小事务和满

恭亲王奕訢便服正面坐照

洲上三旗军政事务、皇室内外财务。

奕訢自恃才高，目中无人。然而，遭遇慈禧太后，是他一生之最大不幸。纵观其一生，跌宕起伏，四次遭到严谴，身心备受摧残，最后一次，在家赋闲长达十年。第一遭严谴，系恭亲王和咸丰皇帝兄弟之间的冲突；第二至第四次遭严谴，都是恭亲王奕訢与慈禧太后叔嫂之间的冲突。每次冲突，结果无不相同——处于权力弱势的恭亲王灰头土脸，败下阵来。

第一次严谴，是在咸丰初年。恭亲王被逐出军机处，成为一个没有官职的闲散亲王。奕訢回到上书房，重新开始读书。每天，他和皇子皇孙、王公大臣们一道悠闲度日，讲读经史，撰写诗文。后来，他把这段时间的诗作编成一集，取名《乐道堂文钞》。咸丰六年十月，他将一年来的作品编定一集，名为《广

四时读书乐诗帖》。康慈皇太后周年忌日,咸丰皇帝不念十年养育之恩,没有前来亲自祭奠。奕訢十分伤感,写下了《起程感赋》:

> 愁云浮田野,暗淡众山昏。
> 飒飒秋风起,潇潇暮雨繁。
> 凄凉悲忌日,节序爱中元。
> 欲报如天德,终衔鞠育恩。

第二次严谴,是在同治四年三月。慈禧太后借蔡寿祺弹劾恭亲王折夺去奕訢各种权力,使他只有一个总理衙门事务的虚衔。奕訢震惊之余,很快从愤怒的情绪中慢慢恢复过来,开始冷静地分析时局,小心翼翼地接待王公大臣,暗中运用朝臣集团,指授方略。肃亲王、醇郡王、惇亲王,大学士周祖培,军机大臣文祥、曹毓英等期望恭亲王复出的亲信大臣很多。文祥建议,慈禧太后一直想得到内务府,奕訢安排文祥任内务府大臣,不如将此一职,拱手送给慈禧太后,同时,写一份请安折,深刻表示悔罪,可能天心回暖。众人觉得此计可行,恭亲王也认为不低头无法打开僵局,认可此举。于是,文祥正式辞去内务府大臣一职,慈禧太后果然欣然接受;以恭亲王名义上呈慈禧太后的请安折,由军机大臣、人称第一笔杆子的曹毓英撰写,慈禧太后看罢也很高兴。这份悔罪书声情并茂,而且一再表示忠心。第二天,两宫皇太后召见奕訢。见面时恭亲王十分恭敬,跪地痛哭。两宫太后见状心生怜悯。慈禧太后指示大臣拟旨,让恭亲王重掌军机处,但没有再恢复他议政王的封号。

第三遭严谴,是在同治时期,是恭亲王与同治帝载淳之间发生冲突,最

恭亲王奕訢便服正面坐照

后由慈禧太后出面圆满解决。同治十二年正月二十六日（一八七三年二月二十三日），同治皇帝举行亲政大典，皇帝正式亲政。载淳召集御前大臣、军机大臣，宣布恭亲王无人臣礼，拟当重处。随后，传出同治皇帝的亲笔批改的朱谕，惩罚恭亲王："传谕在廷诸王大臣等。朕自去岁正月二十六日亲政以来，每逢召对恭亲王时，语言之间，诸多失仪。著加恩改为革去亲王世袭罔替，降为郡王，仍在军机大臣上行走，并载澄革去贝勒郡王衔，以示惩儆！"同时，同治皇帝又拟定了另一份谕旨，认为恭亲王、惇亲王、醇亲王、伯亲王、景寿、文祥、沈桂芬、李鸿藻等十大臣朋比为奸，谋为不轨，拟于第二天八月初一日宣布将他们尽行革职。八月初一日，同治皇帝召集十大臣以及六部堂官、左都御史和内阁学士，正要宣布圣谕，两宫皇太后入内。慈禧太后痛心地说："十年以来，没有恭亲王，何以有今日！皇上少未更事，昨天的圣谕，著即撤销！"

光绪七年（一八八一年），是慈禧太后统治时期一个十分重要的年份。三月初十日戌时（八点），慈安太后崩逝。十一月二十一日，四十八岁的恭亲王奕訢为了冲喜，提前过五十岁生日。慈禧太后为其御笔题写寿匾，命内务府精心制作，差遣专人送到恭王府贺寿。慈禧意味深长，所题写的四字寿匾是：同德延釐。经历了三次严谴，恭亲王心有余悸。看着嫂嫂送来的寿匾，他深深体味到西太后急不可耐独揽大权的欲望。

寿匾"同德"，意思是同心同德，继续叔嫂共和；"延釐"，意思是延绵福祉，釐清四海。慈禧意在告诫小叔子，必须联手合作，共享天下，延绵福祉，不要有其他的非分之想。恭亲王恭恭敬敬，特地在北海北岸恭王府会见官僚、使臣的多福轩大殿正中将慈禧太后御笔题匾"同德延釐"悬挂起来，两边是慈禧太后的御笔寿联："宴启蟠桃，琼萼金柯千岁果；辉分若木，银罂翠釜九华灯。"

多福轩位于恭王府东路，院子里有一架紫藤萝，二百余年，依然枝繁叶茂，浓荫如盖。这里旧名延禧堂，是乾隆年间中堂大人和珅之子丰绅殷德的读书室。丰绅殷德，是乾隆皇帝赏赐之名，意为福祉绵延。延禧堂，意为延续皇帝赏赐之福祉，铭记皇恩浩荡。咸丰时期，咸丰皇帝赐名多福轩，并亲书匾额。慈禧主政的同治、光绪年间，恭亲王任职议政王、首席军机大臣，经常在这里会见宾客，多福轩成为他的重要会客之所。

与此同时，光绪皇帝派遣专人前往恭王府，送来皇帝的御笔题匾和寿联。四字寿匾是："星辰毓瑞"。寿联是："朱邸凝釐，卫梓晋桐诒燕翼；紫枢介祉，楚诗沛易衍鸿名。"这一年，载湉刚满十岁，依然少不更事。然而，皇帝集团基本形成：以皇帝为核心，主要成员包括光绪皇帝的父亲醇亲王奕譞、恭亲王奕䜣，以及帝师翁同龢等人。寿匾"星辰"，是比喻恭亲王是美好的希望和前进的方向；"毓瑞"，是指养育之恩。皇帝集团显然是想借助恭亲王大寿之机，进一步拉拢恭亲王，希望手握行政大权的恭亲王能够成为皇帝倚重的权力核心人物。

　　恭王府大戏楼怡神所宽敞明亮，是奕䜣举办寿宴的盛大宴会场所。明亮的水晶灯晶莹剔透，映照着四壁至顶的彩绘藤萝，繁花似锦，恍若仙境。戏台上，京剧名角粉墨登场，争献技艺，彩衣飘扬。包厢里，皇亲国戚华衣美服，推杯递盏，谈笑风生。池座中，王公贵族弹冠相庆，济济一堂。恭王府张灯结彩，寿庆活动热闹非凡，高朋满座，持续多日。恭亲王踌躇满志，神采奕奕，招待宾朋，送往迎来，应接不暇。然而，这里的一举一动全在监视之下，每天被及时准确地奏报宫中慈禧太后。

　　第四次严谴，是在光绪九年（一八八三年）夏天，恭亲王五十岁。从上一年八月到这一年二月，奕䜣一直身体违和，这年二月二十二日（三月三十日）病愈后，他仍然委顿，慈禧太后为此特赏假一个月，让他安心调理。直到七月，恭亲王才能重入军机处。在这一年时间里，慈禧太后命李鸿藻主持军机处，李氏权力迅速扩张，经常与帝师翁同龢发生冲突。直隶总督李鸿章与法国公使订立《越事办法》三条：法国不侵占越南任何土地，不损害越南主权；中国从越南北方撤军，共保越南独立；同意法国通过越南从中国云南通商。然而，中、法两国都未能接受。法国方面决定重新增兵拨款，中国方面则加强备战。慈禧太后命令李鸿章前往广东督办越南事宜，命令左宗棠督办江南防务。李鸿章反对与法国交战，拒绝赴命。慈禧太后于是任命主战的张树声任两广总督。

光绪十年正月（一八八四年二月），中法军队对峙于越南北宁，中越联军方面三万人，法军一千五百人。法国水陆并进，发动总攻，中越联军全线溃败。法国公使获得取胜消息，立即约见中方，气势汹汹地提出赔偿兵费六万英镑的要求。慈禧十分震怒，决定将这次战役的所有败军之将革职拿问。三月初八日（四月三日），慈禧召见全班军机大臣。此时恭亲王奉旨出京，前往东陵致祭。慈禧太后斥责道："边防不靖，疆臣因循，国用空虚，海防粉饰，不可以对祖宗！"军机大臣十分惭惧，为之汗颜。随后几天，慈禧太后不再召见军机大臣，而是召见御前大臣、六部尚书、大学士等。日讲起居注官盛昱进奏慈禧太后，奏章为《为疆事败坏责有攸归请将军机大臣交部严加议处责令戴罪图功以振纲纪而图被救事》，请示对军机大臣予以处分。突然有天，领班军机章京沈源深奉命宣示的慈禧太后懿旨，使朝野震惊：

> 慈禧皇太后懿旨：现值国家元气未充，时艰犹巨，政虞丛脞，民未逸安，内外事务，必须得人而理。而军机处实为内外用人行政之枢纽，恭亲王等始尚小心匡弼，继则委蛇保荣，近年爵禄日崇，因循日甚，每于朝廷振作求治之意，谬执成见，不肯实力奉行……本朝家法极严，若谓其如前代之窃权乱政，不唯居心所不敢，亦实法律所不容。只以上数端，贻误已非浅鲜！

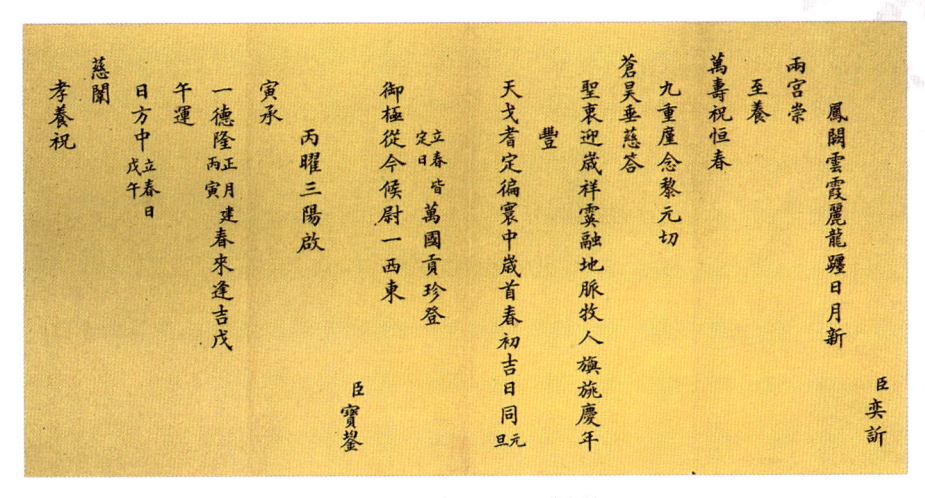

同治年间恭亲王奕訢所进春帖

随后，慈禧太后宣布，恭亲王为首的军机处全部撤换，恭亲王开去一切差使，并撤销恩加双俸，家居养疾。宝鋆跟随恭亲王二十余年，开去一切差使。李鸿藻、景廉降二级调用。翁同龢革职留用，退出军机处。军机处全体撤职，这是前所未有之举，新的军机班子由平庸的礼亲王主持。大臣盛昱得知慈禧太后利用自己之奏折，大做文章，撤换全班军机，而新的军机大臣远不能与原军机人马相比，于是，他再上一折，专为恭亲王开脱，也顺便为李鸿藻求情，请求慈禧太后格外开恩录用：

恭亲王才力聪明，举朝无出其右，只以沾染习气，不能自振，李鸿藻昧于知人，暗于料事，唯其愚忠不无可取，国步阽危，人才难得！若廷臣中尚有胜于该二臣者，奴才断不敢妄行渎奏……可否请旨饬令恭亲王与李鸿藻仍在军机处行走，责令戴罪图功，洗心涤虑，将从前过举，认真改悔。如再不能振作，即当立予诛戮，不止罢斥！

慈禧太后阅后置之不理，也不公开此折。

表面上看，慈禧这是小题大做，把中法战争中方失败的责任全部推给恭亲王和军机处，实际上，背后隐藏的真正的原因是恭亲王奕䜣与慈禧太后多年的不和。李三顺一案是加重两人隔膜的重要事件。光绪六年八月十二日（一八八○年九月十六日），病中的慈禧太后惦记着自己的胞妹醇亲王奕譞的福晋，命令心腹太监李三顺送给胞妹八盒宫内上等食物。李三顺恃宠而骄，不办任何出宫手续，让两个小太监挑着精美的食盒大摇大摆要出午门。守门护军坚持查验出门凭证，没有看到敬事房的知照，也没有出门腰牌，门卫禁止携物出宫。双方争执不下，扭打起来。李三顺使出泼皮手段，毁弃食盒，弄出一身伤痕，回到宫中，向慈禧太后哭诉，诬陷护军故意刁难。病中的慈禧太后勃然大怒，立即召来慈安太后，向她哭诉，表示自己被护军欺侮，不杀这些护军，断无生理！慈安太后陪着落泪，答应为慈禧出气。

第二天，慈安太后发布上谕，将此案交总管内务府和刑部审理。刑部尚书潘祖荫兼充南书房行走，正在内廷，当面接受慈安太后将护军处斩的懿旨。他回到刑部，按照规定，将此案交秋审处审理。秋审处司官，四坐办、四提调，号称八大圣人，个个都精通法律。他们接受此案后，认真调查，正式答复：依照法律，护军执行任务，无罪；既然交给刑部，则应当按律办案；如果太后必欲杀之，则请太后自己杀之。潘祖荫尚书为官刚直，禀报恭亲王奕䜣，恭亲王对潘尚书表示了明确的支持。潘祖荫认为，既然八大圣人这样说了，即可如实入奏慈安太后。慈安太后没有心眼，也就如实转告慈禧太后。慈禧怒发冲冠，立即召来潘祖荫，捶胸顿足，对其破口大骂。

潘祖荫走投无路，只好回到衙门，对八大圣人司官痛哭，吩咐按照太后的意思，曲法改判。可是就在此时，恭亲王奕訢站了出来，坚决维护国家的法律尊严，支持刑部八大圣人的做法，主张按律办案，不得徇私舞弊。刑部一再让步，三次定案入奏，三次因为没有完全达到要求，被慈禧太后驳回。直到十一月底，慈禧太后仍然坚持将这些护军以重辟之罪处死。奕訢带领他的军机班子据理力争，坚决不奉诏，并一再进谏，语气强硬。慈禧见状，只得稍做让步，允许免除死罪，但必须从重定罪。这时，清流派精英张之洞、陈宝琛上奏，直言敢谏，明确要求太后裁抑太监，切实维护宫禁制度，维护王朝法

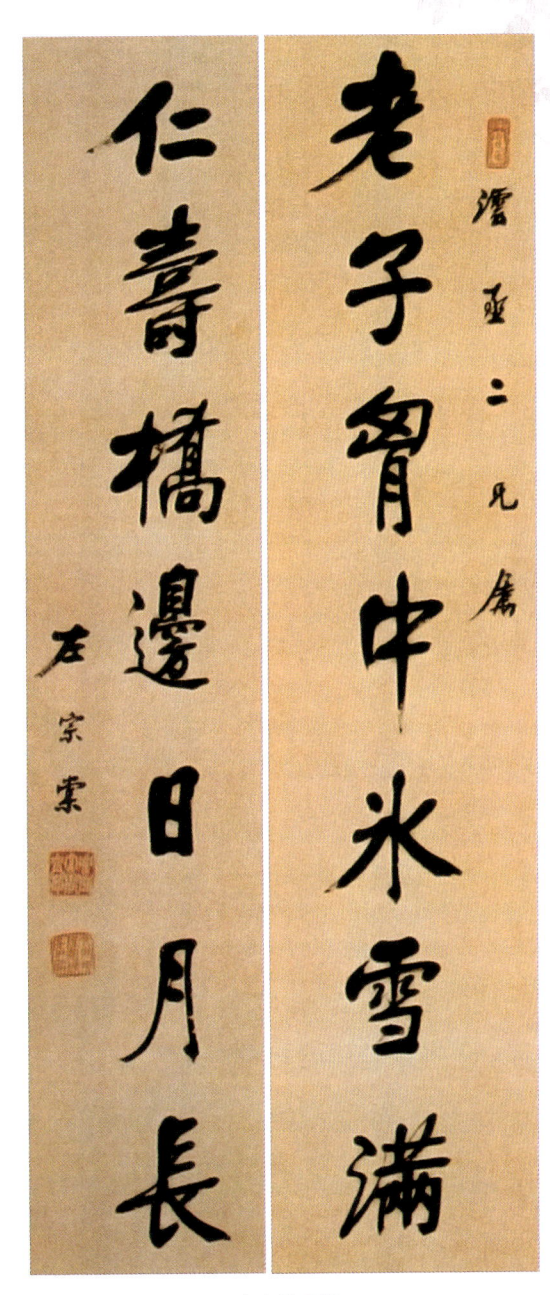

左宗棠书联

律的尊严。奕䜣拿着这两份奏章，高兴地说："若此，真可谓奏疏矣！"十二月初七日，在恭亲王、军机大臣、刑部和言官以及张之洞、陈宝琛等大臣的共同抵制下，慈禧太后只好隐忍让步，重新颁发懿旨，守门护军从轻改判，太监李三顺交慎行司责打三十棍，首领太监刘玉祥罚银半年。这样的结局，使得慈禧太后非常痛苦，再次病倒。

光绪十年（一八八四年）四月的甲申易枢，是慈禧精心策划和精心设计的一场政变。当时，大清总理、首席军机大臣恭亲王奕䜣年方五十二岁，正当政治家的盛年。他刚毅果断、聪明外露，不能很好地和慈禧太后合作，结果，执掌军政大权二十三年之后，被慈禧太后彻底双开：开去一切职务，开去加恩双俸。取代老六奕䜣的，是外表憨厚、老气横秋的老七醇亲王奕譞。慈禧太后整窝端掉了恭亲王及其军机班子之后，破格提拔醇亲王，特地发布明确指示，表明自己信任醇亲王，命其取代恭亲王开去之职："军机处遇有紧要事件，著会同醇亲王奕譞办理。"

恭亲王奕䜣及其军机班子精明强干，相比之下，醇亲王奕譞及其新军机班子除了按部就班、唯唯诺诺，实在乏善可陈。御史们见状纷纷上书，提出异议，建议重新起用恭亲王。当时，有人写诗就此讥讽："易中枢以驽马，代芦服以柴胡！"慈禧太后非常冷静，从容不迫地朱笔批示，明谕天下，解释原因，温和而坚决地明确表示支持醇亲王："自垂帘以来，揣度时势，不能不用亲藩进参机务。谕令奕譞与军机大臣会商事件，本专指军国重事，非概令与闻。奕譞再四恳辞，谕以俟皇帝亲政，再降谕旨，始暂时奉命。此中委曲，诸臣不能尽知也！"

事实上，收拾八大臣的祺祥政变中，老七奕譞功不可没：是他带领禁卫军捉拿首犯肃顺。只是，奕譞不事声张，他的政变功绩完全被慈禧太后的光环和哥哥奕䜣的精明强干所掩盖。慈禧对此心明如镜，执掌皇朝大权之后，她就悄悄地对这兄弟俩做了周到、妥帖的安排：奕䜣任总理，负责军政事务和外交；奕譞掌军权，负责京城最精锐的卫戍部队神机营。奕譞执掌神机营长达三十余年。在慈禧太后的支持下，醇亲王执掌的神机营是大清军事改革的试验区：添习火器，演练技艺；废除弓箭，改为洋炮；配备各国先进火器，包括毛琴枪、克房伯钢炮等。这些装备、火器、训练技术，远远早于和超过李鸿章。所以，醇亲王奕譞是晚清军事改革的先驱之一，他的神机营成为晚清最重要的一支军事力量，也是拱卫京城的一支最强大生力军。

神机营，承自明代，道光十九年（一八三九年），御前大臣奕纪创议设立。它是明代京城禁卫军之中著名的三大营之一，是明朝军队中专门掌管火器、杀伤力最强的特种部队。清代时，沿袭明代之制，设立神机营，为火力最强之禁卫军，其职责主要有二：一是守卫皇宫紫禁城以及北海、中海、南海三海；二是皇帝巡行时，扈从圣驾。神机营是皇帝直掌的卫戍部队，担负着守卫京师和对外征战的双重任务，核心任务是操练火器，随时护驾，保卫皇宫。这支火器强大的马队官兵，由皇帝直接任命的亲信负责指挥，是关系京城安危的、由朝廷直接指挥的战略机动部队。神机营的编制较独特，其最高编制级别为营，营设提督内臣两人、武官两人、掌号头官两人；营下编中军、左掖、右掖、左哨、右哨五军，各设坐营内臣一人、武臣一人。

据说，慈禧太后选定老七奕譞的儿子载湉做皇帝，却一再严谴老六奕䜣，致使兄弟隔膜，关系十分生分。随着奕䜣渐渐退出政坛，奕譞执掌权柄，他渐渐地感受到六哥当年总理国家事务的不易，于是，兄弟俩冰释前嫌，和好如初。

光绪十五年（一八八九年），在恭王府中秋水山房内，老六恭亲王奕訢五十八岁，老七醇亲王奕譞五十岁，两人在一起照了一张合影。随着年龄的增长，他们经常见面，合影、聊天、吃茶、饮酒，其乐融融。高兴之时，兄弟俩一起吟诗作赋，一阵洒脱。

慈禧训政

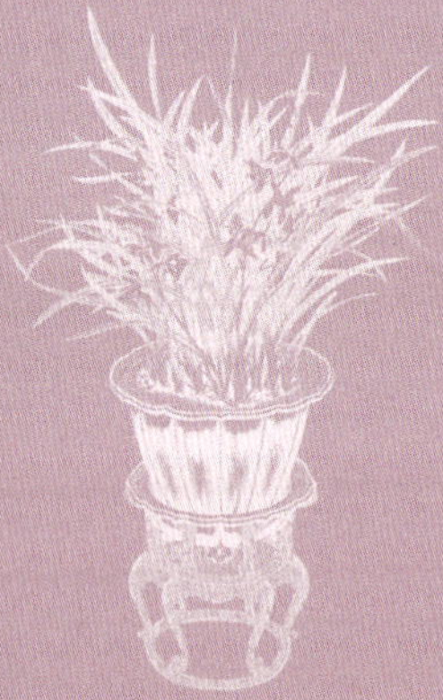

慈禧簪花左手执折扇正面立照

大清國當今聖母皇太后萬歲萬歲萬萬歲

慈禧簪花左手執團扇正面坐照

慈禧训政

光绪皇帝长大了,应该择日亲政。可是,慈禧贪恋手中权力,就是不想放权。慈禧试探说:"皇帝典学有成,明年正月,即行亲政。"光绪皇帝之父醇亲王立即跪下来,恳求太后收回成命,并且示意光绪皇帝赶快跪求缓行亲政。帝师翁同龢折中调和,提出王公大臣、御前大臣和毓庆宫大臣会商呈奏。礼亲王世铎等大臣认为,希望太后训政数年,皇帝亲政后,太后依旧每天召见臣工,披阅奏章,皇帝随时亲承指示。帝师翁同龢认为,与其让太后训政,不如"俟一二年后,从容授政"!

慈禧太后洞若观火,心知肚明。她随后发布懿旨:"念自皇帝冲龄嗣统,抚育训诲深衷,十余年如一日,即亲政后,亦必随时调护,遇事提撕。此责不容卸,此念亦不容释,……皇帝初亲大政,决疑定策,实不能不遇事提撕,期臻周妥。既据该王大臣等再三沥恳,何敢固执一己守经之义,致违天下众论之公也!勉允所请,于皇帝亲政后,再行训政数年!"

慈禧太后有许多新思维、新方法,目的只有一个,就是牢牢控制着政权。晚清时期,三次重大政治改制,都是慈禧的大发明:第一次,是在同治皇帝年幼时期,由慈禧皇太后垂帘听政;第二次,是非皇子身份的载湉继承大行皇帝之位;第三次,是光绪皇帝亲政之后,清廷进行政治变革,维新失败,由皇太后训政。慈禧太后是位权术高手,每次政治改制,结果都是她轻而易举地将游离在外的部分皇权重新拿回到自己的手中,理直气壮,不留半点痕迹。

从四岁至十七岁，是光绪帝载湉的成长时期，也是不折不扣的身为傀儡皇帝时期。在此期间，光绪七年（一八八一年）三月初十日，四十五岁的慈安皇太后突然驾崩。这给十岁的载湉心中留下了无法抹去的伤痛。三年后，光绪皇帝十四岁了，按顺治、康熙旧例，太后应该归政。可是，慈禧太后仍不愿放权，依旧执掌朝政。皇帝逐渐长大，慈禧虽然不愿意归政，但大势所趋，她必须为自己安排退路。光绪十一年五月初八日（一八八五年六月二十日），慈禧颁发懿旨，着手大修三海："南北海应修工程，著御前大臣、军机大臣、奉宸苑，会同醇亲王，踏勘修饰。"

三海工程，内容庞杂，包括修缮宫殿、楼宇、房屋、村舍、亭台、阁榭、道路、池塘、假山、湖泊，以及景点、冰床、电灯、铁路等等，大约有项目数百个。负责施工的承包商约有十六家，各种施工工匠每天大约有五千人，最多时达一万人。为表孝心，已经成年的光绪皇帝多次亲临三海，巡视工程进展。光绪二十一年（一八九五年），历时十年，工程结束，共计用白银六百万两。

三海工程启动不久，颐和园工程接着上马了。颐和园，原名清漪园，位于圆明园西，是乾隆皇帝特地为庆祝其母亲六十大寿而营建的，历时十五年，花费白银四百五十万两。英法联军火烧圆明园，同时焚烧了三山五园的庞大皇家建筑群，包括万寿山大报恩延寿寺、田字殿、罗汉堂、后山苏州街，以及山顶智慧海等。醇亲王奕譞任总理海军事务大臣，光绪十二年八月十七日上书修缮清漪园，以做太后归政以后休憩之地。于是，大量经费投入三海工程和清漪园工程。

光绪十二年，光绪皇帝十七岁了，终于长大成人。慈禧太后感到来自各方的压力，她知道，太后归政、皇帝亲政之事不能再拖了。可是，她执掌权力

慈禧簪花戴朝珠正面坐照

二十余年，历尽艰辛。就这么放弃权力，心有不甘。六月初十日，慈禧偕光绪皇帝召见醇亲王，宣布明年归政。醇亲王大惊失色，跪伏在地，恳求太后收回成命。光绪皇帝立即跪伏，叩求太后，允准缓行亲政。

醇亲王十分激动，在养心门外之月华门，召来三位帝师翁同龢、孙家鼐、孙诒经以及庆亲王奕劻、克勤郡王晋祺。醇亲王告知大家："面奉皇太后懿旨，以皇帝典学有成，谕明年正月，即行亲政！"翁同龢沉吟片刻，一字一顿地说："此事重大，王爷宜率御前大臣、毓庆宫诸臣，请起面论！"翁同龢在《日记》中写道："邸（醇亲王）意以为不能回，且俟军机起下，再商。一刻许，军机下。

礼王等皆力恳且缓降旨，而圣意难回，已承旨矣。余再请醇邸同廷请起，邸以殿门已闭，竟止。定十二日，王公大臣会商，再请训政。"

当日，有懿旨颁发："前因皇帝冲龄践阼，一切用人行政，王大臣等不能无所秉承，因准廷臣之请，垂帘听政。"并谕："自皇帝典学有成，即行亲政。十余年来，皇帝孜孜念典，德业日新。近来，披阅章奏，论断古今，剖决是非，权衡允当。本日，召见醇亲王，及军机大臣、礼亲王世铎等，谕以自本年冬至大祀圜丘为始，皇帝亲诣行礼。并著钦天监，选择吉期，于明年举行亲政典礼。"王公大臣们狐疑满腹，不知道这次太后归政有几分真心。

当天，大臣们的活动，翁同龢在《日记》中写道："谒醇邸，谈一时许。归后，孙莱山（毓汶）来，以王公、大学士、六部、九卿公折请训政折稿见示。早晨，以余所拟稿，与三邸及同人商酌。佥以为当，遂定议连衔上。亦以示醇邸，邸意亦谓然。邸折前半，请于上二旬时归政，后半，则专言亲政后，宫廷一切事，仍请太后裁决，上不问，始可专心典学云云。意甚远也。"

从记载上看，当时，众人商议了三个折子，主旨都是恭请慈禧太后收回成命。三个折子，内容上有所不同。第一个折子，以礼亲王世铎为首的王公大臣，主张：太后再训政数年，于明年皇帝亲政以后，仍每日召见臣工，披览奏章，俾皇帝随时、随事，亲承指示。第二个折子，以帝师翁同龢为首的书房讲筵诸臣，不能明确夸奖皇帝典学有成，强调皇帝虽然天禀聪明，然而，于经史尚未精通；看折虽然一目了然，然于天下庶务，未能一一明了。所以，应俟一二年后，从容授政。翁同龢认为，皇帝亲政以后，如果太后训政，事事太后决断，不如迟一二年亲政更好。因此，缮折之前，翁同龢对孙毓汶说："请训政，不如请缓归政为得体！"

慈禧簪花侧身坐照

　　第三个折子，是醇亲王所上之折。醇亲王胆小怕事，正如帝师翁同龢所言，意甚远也。醇亲王折中称："王大臣等审时度势，合词吁请皇太后训政。敬祈体念时艰，俯允所请，俾皇帝有所禀承。日就月将，见闻密迩，俟及二旬，再议亲理庶务。……臣愚以为，归政后，必须永照现在规制，一切事件，先请懿旨，再于皇帝前奏闻。俾皇帝专心大政，博览群书。上承圣母之欢颜，内免宫闱之剧务！"醇亲王不是不愿意自己的儿子亲政，而是不敢立即表态让太后让权。

　　慈禧太后不想归政，苦闷、犹豫之际，醇亲王奕譞入宫觐见。醇亲王为人谨小慎微，深知太后之心，他揣摩圣意，想出了一个天才的主意："皇帝年幼，

请求慈禧太后继续训政。" 醇亲王的美意,慈禧太后当然不能拒绝。于是,醇亲王和礼亲王联名上书,恳请太后再行训政数年。亲王所奏,正中下怀。慈禧太后看过奏折,自然心花怒放。奏折曰:

皇帝甫逾志学,诸王大臣吁恳训政。乞体念时艰,俯允所请。俟及二旬,亲理庶务。至列圣宫廷规制,远迈前代。将来大婚后,一切典礼,咸赖训教。臣愚以为,诸事当先请懿旨,再于皇帝前奏闻。俾皇帝专心大政,承圣母之欢颜,免宫闱之剧务。此则非如臣生深宫者,不敢知,亦不敢言也!

光绪亲政

大清國當今慈禧端佑康頤昭豫莊誠壽恭欽獻崇熙聖母皇太后

慈禧簪花戴指甲套正面立照

光绪帝像

光绪帝孝定景皇后（隆裕）像

隆裕立照

瑾妃立照

珍妃半身照

坤宁宫东暖阁洞房东面"寿""喜"字及棉门帘

光绪帝夏用朝袍

光绪皇后大婚龙凤袍

大阿哥溥儁照

光绪亲政

光绪皇帝亲政,其前提条件,就是必须大婚之后。

祺祥政变以后,以慈禧太后为首的太后势力集团和以恭亲王为首的朝臣集团登上了政治舞台,开始了时分时合的较量。从此以后,慈禧太后渐渐掌控权力,培植亲信,形成了以慈禧为核心的政治集团,也就是后党集团。后党集团第一个要对付的目标,就是恭亲王和他的朝臣集团。用了几年时间,慈禧太后或收或放,收拾了恭亲王和他的军机班子为主体的朝臣集团。随着皇帝亲政,光绪皇帝逐渐走到政治前台,皇帝的帝师和新锐大臣围绕在皇帝身边,帝党势力形成。一直执掌大权的后党集团面临着帝党的挑战,后党的尖锐矛头也就随之指向了帝党。

光绪十三年(一八八七年),皇帝已经十七岁了,按照大清祖制,垂帘听政的慈禧皇太后应该把皇权交还给皇帝。年轻的皇帝充满热望,期待着权力在握,大展宏图。可是,皇太后照常执政,不慌不忙,她身边的太监、近侍和文武百官却开始忧虑起来,担心一旦太后归政,皇帝亲政,自己的日子不会好过。归政的时日一天天临近,慈禧太后也在谨慎地试探。

光绪十四年(一八八八年),清廷正式组建北洋海军。北洋大臣李鸿章奉旨负责筹划和组建这支军队,在李鸿章的主持下,北洋海军迅速发展,不断壮大。李鸿章亲自选定亲信和人才,出任海军统帅和将领。在他的关注、统筹和策划下,北洋海军在数年之间迅速发展起来,很快成为当时清廷主力军队。慈禧太后也十分关注这支北洋海军,并投入了大量资金予以装备。从北洋海军的

垂帘听政 慈禧真相

一二九四

大清门

后三宫

坤宁宫内靠背、迎手、坐褥、羊角喜字灯及北窗双喜字

坤宁宫内东喜床龙凤双喜幔及北墙双喜字贴落、对联

军费、装备、规模和实力上看，这支大清的王牌海军，也是当时亚洲较为强大的东方海军。可是，与此同时，身处海洋之中的岛国日本，一直对中国虎视眈眈，他们摩拳擦掌，用大量资金装备自己的海军，梦想有朝一日能够征服中国。

慈禧太后治下的中国，依旧歌舞升平，人们过着懒洋洋的日子。光绪十五年（一八八九年）正月，光绪皇帝将满十九岁了。慈禧太后身边的大臣们开始行动，他们上折请愿，恳请皇太后为国家计，为生民计，一定再行听政数年。这些请愿，正中慈禧下怀，她欣然接受大臣之所请，提出皇帝大婚之后，再将权力交还。皇帝大婚，于是就提上了清廷的议事日程。皇帝选择皇后，历来是王朝的一件大事。光绪七年（一八八一年），慈安皇太后已经去世，慈禧皇太后独揽朝政，所有大事，都是她一人做主。现在，为皇帝选择皇后，慈禧太后早就成竹在胸。她早就决定自己的亲侄女叶赫那拉氏静芬为皇后。

太后为皇帝选婚，各代略有不同。明代宫廷规定，先选择一正、二副、三淑女作为皇后的候选人备选，送到皇太后面前，由皇太后决定谁是皇后的最佳人选。如果太后看中了其中一位，就用青纱帕罩在这位幸运女子的头上，再用金或者玉簪挑脱，系在这位女子手臂上，就是最后的皇后人选。清代皇太后选婚时，以金如意插在这位女子的头上，表示她就是皇后的最后人选。也就是说，只要授予了金如意，就意味着皇后人选的确定。在光绪皇帝议婚时，有五位候选人：第一位就是慈禧太后的亲侄女叶赫那拉氏静芬，再就是江西巡抚德馨的两个女儿和侍郎长叙的两个女儿。十九岁的载湉一眼就看中了江西巡抚德馨家的这对年轻美丽的姐妹。可是，当他要把金如意授给这对姐妹时，慈禧太后在旁忽然叫道："皇帝！"载湉闻言，一下子愣在那里，斟酌之后，他不情愿地将金如意授给了站在身前的叶赫那拉氏静芬。

坤宁宫内西喜床上方"日升月恒"横匾及龙凤双喜帐

坤宁宫内西喜床帐内及喜枕

慈禧太后对光绪皇帝的表现较为满意，然而，她仍然不放心，决意将德馨的两个女儿赏婚，让她们远离紫禁城。这对姐妹，本来已由内务府大臣奎俊拴婚。（拴婚是指本人的婚姻并不由本人来决定，而是由部族或者别人来决定。对于满族人而言，因为八旗组织的存在，因此，八旗子弟的婚姻必须经由八旗管理部门的审批。对于皇室也是如此，往往由掌权的人来决定皇室和王族的婚姻。这个延续了三百年的满族传统，就是拴婚。）奎俊得讯，乘机就将德馨之女聘给了自己的儿子。光绪皇帝没有选择，只能接受皇太后的安排，娶长自己三岁的叶赫那拉氏静芬（也就是隆裕）为皇后。侍郎长叙的两个女儿则被选定为光绪之妃，她们是十五岁的瑾嫔和十三岁的珍嫔。慈禧太后决定，光绪十五年正月二十六日，为光绪皇帝举行大婚。

光绪十四年（一八八八年）十二月，太和门火灾，损毁严重。第二年，光绪皇帝大婚，修复工作显然已经来不及了。于是，慈禧太后决定，由棚匠以芦席包裹，做好后与火灾前一模一样，几可乱真。可是，占卜者认为，这是大不吉。光绪十五年（一八八九年）正月二十六日，光绪皇帝举行大婚，迎娶慈禧的胞弟桂祥之女叶赫那拉氏，也即隆裕皇后。皇帝、皇后花团锦簇，在坤宁宫洞房行合卺礼。光绪皇后大婚之时，穿着凤袍，红绸平金万寿双喜地彩绘八团龙凤棉袍，身长一百三十七厘米。凤袍红绸地，通身绣万寿双喜纹为地，彩绘八团龙凤双喜，五彩缤纷，光彩夺目。光绪皇帝大婚盛况，有《清宫词·光绪大婚》为证：

德宗末造觐艰难，婚礼未祥事可叹。
选遣祝融为肆虐，芦棚包裹假天安。

《光绪大婚图》之《喜轿在慈宁宫外》

《光绪大婚图》之《喜轿在坤宁宫洞房》

清光绪品月绸平金绣墩兰纹棉氅衣

清光绪杏黄绸绣兰桂齐芳袷衬衣

光绪十五年（一八八九年）正月，载湉大婚典礼正式启动。慈禧太后之所以坚持选择自己的侄女做皇后，其内心是想避免重蹈自己亲生儿子同治皇帝的覆辙。当年，同治皇帝敢想敢干，同治皇后有才有德，他们珠联璧合，处处与自己作对，直到以死抗争，坐在宝座上的慈禧太后吃尽了苦头。可是，皇帝大婚之后，慈禧太后必须撤帘归政。她已经过了不惑之年，也渴望从忙碌的政治生活中抽出身来，在颐和园过几年自由休闲的日子。可是，迷恋权势的慈禧已经离不开权力，离不开这执掌的天下。她退隐颐和园，身退心不退：表面由皇帝亲政，自己不插手朝廷政治。但她提出：军队的把控、重要官员的任免还要她的应允，每隔几天光绪皇帝须到颐和园向她奏报军国大事。

这一年，慈禧太后已经五十四岁了，执掌大清帝国的最高权力将近三十年，她是整个庞大帝国无可争议的无冕之王。慈禧尝到了权力的滋味，数十年来，她品尝了君临天下、威服一方的王者的滋味，更知道作为一国之君统治如此幅员辽阔的国家是何等的自得。作为一个女人，有许多不切实际的想法，她却顺利地实现了，有许多不可能实现的愿望，她也很轻松地实现了！慈禧已经陷入了权力的迷宫之中，不能自拔。隆裕皇后与光绪皇帝大婚，是慈禧太后安排的政治婚姻，隆裕皇后就是慈禧太后权力迷宫中的牺牲品。

慈禧太后喜欢聪明人，特别喜欢才智出众的人。她对自己的亲人感到失望。他的弟弟桂祥，不仅才能低下，而且生活极其平庸。堂堂的一个王府之家，生活十分平淡，竟然过得非常困窘，亲王夫妇，俨然是一对愚夫愚妇，说话、做事笑话百出。弟弟如此倒也罢了，弟弟生的女儿隆裕，更是一塌糊涂。在慈禧太后的印象中，隆裕不仅相貌平平，性情懦弱，而且不懂诗书，不识大体。隆裕的才能，比起她的父亲好不到哪里。隆裕的父亲经济上困窘，她身为皇后，在后宫之中竟也如此。

　　清廷规定，后妃的宫费例银是十分微薄的。尽管如此，皇后的例银往往是较高的，仅次于太后。可是，令人不解的是，每当宫中的三大节时，尤其是太后的万寿节时，各宫主子都要向太后和皇帝献礼，隆裕皇后总是捉襟见肘。皇后在王妃、命妇会亲的时候，通常应该有所表示，每当这个时候，隆裕皇后总是力不从心。按照宫廷规定，皇后每月的经济账目，都要到太后那里奏报。慈禧太后发现，皇后每月亏损。但是，这个胆小的女人不敢实报，总是报盈不报亏。这样的结果，总是不到月底，隆裕皇后就会出现入不敷出的严重状况。无奈之下，她只好将太后赏赐的衣服、首饰、器具、珍玩等，让仆人拿到市场上去变卖，以周济基本的生活。

清光绪绿缎绣梅蝶棉衬衣

大婚粉红色桃福双喜纹高底女鞋

　　按照古礼，隆裕是六宫之主，在后宫之中仅仅在慈禧太后一人之下。可是，她惧怕太后，神情卑微，在嫔妃、宫女面前没有任何威信。宫人眼中，隆裕皇后就是那种天生好脾气的女人，看上去既没有主见，又缺乏修养。隆裕的一生中，几乎听

垂帘听政 慈禧真相

大婚红绸绣蝶双喜字包袱

大婚喜字龙凤怀裆

不到任何的赞美之声。可是，有一个例外，她就是为慈禧太后画像的美国女画家卡尔。

卡尔很感谢隆裕皇后，感谢皇后在她为慈禧太后画像期间所提供的方便。卡尔在为慈禧太后画像时，得到过隆裕皇后的多方照顾，卡尔夸奖隆裕："她的体形和手足都很纤细秀气，面部不宽，鼻子隆起，眼睛长得很像汉人，不同于皇帝和太后。她的下巴较长，但不下垂。口微大，话语不多。她的神情颇佳，有和蔼可亲之貌，又具有至高的威仪和尊严。"

慈禧一手打造的光绪大婚典礼连续五天，宫廷内外、朝野上下，一片欢腾。慈禧太后先拨国库户部银子二百万两举办这场盛大的婚礼，后因资金不够，慈禧太后接着又追加一百万两。宫廷之中，装饰成一片红色，整个宫殿沉浸在红色的喜庆气氛之中。

清光绪金镶东珠耳环

载湉大婚后，按照慈禧太后颁发的圣谕，他就要正式亲政了。这年二月，载湉在养心殿隆重地举行了亲政仪式。皇帝亲政，太后应该退居后宫，颐养天年，一切由皇帝自己做主。可是，皇帝亲政的当天，慈禧太后就给刚刚上任的皇帝下达了两道懿旨，要大兴土木。第一项，是扩建清漪园，作为太后颐养天年之用。这一工程，在同治时期就开始了，但由于大臣反对，这一工程暂时停工。现在，慈禧太后想让光绪皇帝继续完成。光绪皇帝虽然知道国库银子紧张，但太后懿旨，他不能不听。

长春宫《红楼梦》壁画

扩建清漪园，耗资巨大，历时三年时间，大规模的建筑工程方才基本完成。扩建工程完成以后，光绪皇帝陪同慈禧太后赏玩，慈禧太后看见清漪园美景如画，十分高兴，赐名为颐和园。第二项，是在什刹海北部，建造醇亲王府，又称北府。可惜，醇亲王府还没有完成，光绪十六年（一八九〇年），光绪皇帝的父亲醇亲王突然病逝，这位谨慎一生的亲王，仅仅活了五十一岁。

慈禧太后从二十六岁开始执掌政权，前后主政二十余年。这位政治经验丰

长春宫正间

长春宫东间

长春宫仙鹤屏风

富的女人，善于用人，长于谋略，多年经营天下，关系网密布朝野。光绪皇帝亲政后，后党与帝党两大集团此消彼长，相互渗透，相互作用，势均力敌，前后大约十年时间。最终，两大集团逐渐开始公开对抗与较量，一步步发展到白热化的程度。最终，慈禧太后以武力解决冲突，后党集团大获全胜，柔弱无力的光绪皇帝成为慈禧太后的阶下囚，帝党集团土崩瓦解。

慈禧太后是后党的核心，核心成员有执掌军政大权的大学士、兵部尚书荣禄，军机大臣孙毓汶、徐用仪等，他们反对维新，主张法祖，在中日甲午战争上主和。帝党以光绪皇帝为核心，主要成员是帝师大学士、军机大臣李鸿藻、翁同龢等，他们富于理想主义色彩，意气用事，斗志昂扬，主张对日作战，反对法祖，坚持维新变法。面对日本的虎视眈眈和西方列强的入侵，帝党集团主张立即停止一切工程，特别是费资巨大的颐和园工程，主张立即停办慈禧太后六十大寿庆典，建议将有限的资金充作军费，装备海军。光绪皇帝宠爱珍妃，珍妃的堂兄志锐也是帝党的中坚分子，志锐上书慈禧太后，明确提出："徐用仪、孙毓汶等均为平庸无能之辈，应当立即罢免，退出军机！"

甲
午
战
争

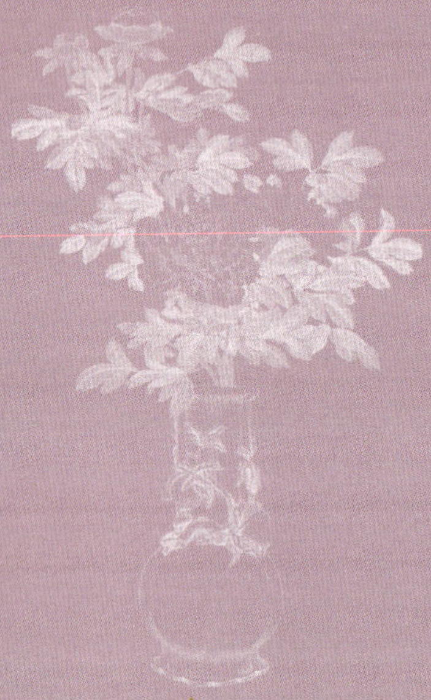

大清國當今慈禧端佑康頤昭豫莊誠壽恭欽獻崇熙聖母皇太后

慈禧簪花正面坐照

丁汝昌照

邓世昌照

光绪帝为签订《马关条约》所下的朱谕

日本是岛国，很早之时，它就将对外侵略扩张政策定为国策，侵略野心由来已久，其侵略中国之政策，称为大陆政策。从史料记载上看，日本的"大陆政策"之炮制者，是丰臣秀吉和佐藤信渊。

丰臣秀吉（一五三七——五九八），是日本战国时代、安土桃山时代之大名和封建领主，他是继室町幕府之后，近代首次统一日本的日本战国三英杰之一。最初，他只是一足轻（下级步兵），后因侍奉织田信长而迅速崛起。一五九〇至一五九八年期间，他是日本的实际统治者，担任关白、太政大臣，被称为太阁。在位时，他实行刀狩令、太阁检地等政策，影响极大。丰臣秀吉统一日本之后，就处心积虑计划外侵，想以武力侵略亚洲，建立以日本为中心的大帝国，明确地提出了在东亚大陆进行对外侵略扩张的战略构想：第一步，攻取朝鲜；第二步，侵掠平津；第三步，占领华北。

佐藤信渊（一七六九——一八五〇），是日本科学家、思想家、经济学家，以经世之家而著称。他出生于农业和采矿专家之家，早年学习荷兰语，研究西方科学，热心于历史和军事，他也是日本西化的早期倡导人。佐藤信渊是日本十九世纪中叶的著名布衣学者，一生著作甚丰，多达三百种，凡八千卷。他强烈建议增强日本海防，防止俄国入侵。他在丰臣秀吉大陆政策影响下，拟定了日本称雄世界、对外侵略扩张的帝国主义计划。一八〇八年，在《海防策》一书中，他写道："大清国既强大又绵密，万一出现狡猾之国君，生兼并之志，其患莫大。恐较鲁西亚（指俄罗斯）为尤甚也。"他认为，对于"大清国，即便卑辞厚聘，亦当结为友国，互通交易，以取互市之大利，此乃今日之务急也"。一八二三年，在《宇内混同秘策》一书中，他开篇提出，"皇大御国（日本）乃天地间最初成立之国，为世界万国之根本。故若能经纬其根本，则全世界悉课为其郡县，万国之君皆可为其臣仆！……以此神州（日本）之雄威，征彼蠢尔蛮夷，混同世界，统一万国，何难之有哉！……皇国征伐支那，如节制得宜，五至七年，彼国必土崩瓦解"。

佐藤信渊提出了实现"大陆政策"的具体侵略计划：征服支那，应先攻略满洲；夺取满洲，然后攻取朝鲜，占领支那。他说："满洲之地，与我之山阴及北陆、奥羽、松前等隔海相对者，凡八百余里。……顺风举帆，一日夜即可到达彼之南岸。……如得满洲，则支那全国之衰败必当从此始，……则朝鲜、支那次第可图也。"他拟定了进攻中国计划的具体步骤：第一步，日本宜在丰衣足食的东京、关西、中州、筑紫、陆奥等八个地区全面实行富国强兵之策，训练精兵二十万人；第二步，由天皇发布号令，实行全国总动员，天皇领兵渡海亲征；第三步，天皇所领之日军先锋直扑大清江南，攻取应天府，占领南京，以南京为日本临时皇宫之所在；第四步，广招人才，录用支那人中之精英；第五步，征服支那之后，再图东南亚、印度。

一八六八年三月，明治天皇发表的《天皇御笔》，宣称要"大定国是"，即"继承列祖列宗的伟业，开拓万里波涛，使国威布于四方"。

日本对外侵略的"大陆政策"，山县有朋是其最后之完成者。山县有朋（一八三八——一九二二），乳名辰之助，后来，改为小助、小辅，日本著名军事家、政治家。明治维新以后,他由山县狂介改名山县有朋,号含雪。他是长洲藩士出身,早年之时,参加"尊王攘夷"活动。他十分活跃,历任陆军卿、参军、参谋本部长、内务大臣、农商大臣和内阁总理大臣(首相),官至从一位、大勋位、功一级、公爵。一九○九年,伊藤博文死后,他成为日本最有权势的元老。在日本政府和军界之中,他的势力十分庞大。尤其是在军界,他资历较深,人称日本陆军之父,他开启了长州藩军人控制陆军的先河。山县有朋富于侵略性,进一步完善了丰臣秀吉等人提出的"大陆政策"。一八八二年八月十五日,在《军备意见书》中,他明确提出中国是假想敌国:"欧洲各国与我国相互隔离,痛痒之感并不急迫。作为日本的假想敌国,并与日本相对抗的是中国。因此,日本要针对中国充实军备。"一八九○年三月,在《外交攻略论》中,他提出日本要与俄国争夺朝鲜、中国的地盘。

一八九四年,中日甲午战争爆发。身为陆军元老,山县十分兴奋。他亲自披挂上阵,担任第一军司令官,指挥日本陆军击败入朝开进朝鲜的聂士成、叶志超所率领的清军,攻占平壤。然后,他亲率大军,渡过鸭绿江,在辽东半岛之鸭绿江防展开决战,双方兵力各三万人,仅仅三天时间,清军全线崩溃,日军进入中国境内,连克九连城、丹东。由于日军连战皆捷,清军节节败退,山县有朋越打越兴奋,挥师长驱直入,打算杀入中国内地,寻找清军主力进行决战,而全然不顾战线上的补给问题。山县上书大本营,提出《征清三策》,坚决主张实施冬季作战,分为三步骤:第一步,从海路出发,进至山海关,再次强行登陆作战,建立陆上根据地,以便进行直隶作战;第二步,火速向旅顺进军,将军事基地前移至不冻港;第三步,统兵全力北进,攻取奉天。山县在《征清三策》之中,提出同时展开南北两个战场：南迫京津，北略奉天，表现了他狂妄自负的侵略野心和疯狂的军事冒险主义。

  首相伊藤博文从全局考虑，拒绝了山县的建议。他认为，日军冬季登陆，非常不便利；冬季战线拉得太长，补给势必十分困难；西方列强一定会进行干涉等等。伊藤不赞成山县有朋同时开辟两个战场的冒进主张，他建议，不如乘胜追击，挥师进攻山东威海卫之北洋水师军港，随后，南下攻击台湾，此为上策。经过讨论，最后，日本大本营采用了伊藤博文的建议，否决了山县有朋的冒进主张。大本营命令，山县有朋之第一军冬季休整待命，以待春季再发动进攻。但是，山县有朋独断专行，违抗大本营的命令，私自行动，悍然下令桂太郎师团全面进攻海城。海城清军奋勇抵抗，日军进退维谷，陷入泥潭而不能自拔。此时，日本国内没有足够的兵源支援海城。

  山县有朋擅自行动，大本营决定，罢免山县有朋第一军司令官之职。川上操六等人担心，如果公开宣布罢山县有朋之职，可能会使他为了武人颜面，剖腹自裁，因此，他建议伊藤首相，面见明治天皇，以"回国养病"为名，召回山县有朋。这样，由明治天皇采纳了川上操六等人的建议，亲自颁发诏书，召回山县有朋。山县接到诏书，声称自己病已痊愈，但是天皇下令，他只能服从。山县无可奈何，别无选择，只得乘坐轮船回国。临行前，他满怀愤懑，给野津道贯、桂太郎二位师团长写信，赋诗述怀：

    马革裹尸无所期，出师未半岂空回？
    无奈天子召何急，临别阵前泪满衣！

山县有朋回国后，面见天皇。天皇随后宣布：免除山县枢密院议长以及第一军司令官之职，改任监军；山县依旧参与大本营重要决策；野津道贯升任第一军司令官。四年后，山县有朋第二次出山，组阁拜相。不过，他此次执政仅两年。执政期间，有两件事最为轰动。第一件，是制定《军部大臣现役武官制》，用于对付伊藤博文等文人政客。他明文规定，担任陆军大臣或海军大臣之人，必须是现役大将或中将。第二件，他派遣日本部队，参加了著名的八国联军，入侵中国。一九〇四年，日俄战争爆发，山县有朋出任日军参谋总长、兵站总监。他亲自制订对沙皇俄国的作战计划，指挥战事。在陆上，日军击溃了沙俄陆军。在海上，日军消灭了沙俄舰队。近代史上，这是第一次黄种人打败白种人。

　　一九二七年六月，日本首相田中义一召开内阁东方会议，制定了《对华政策纲要》。东方会议以后，田中义一上书天皇，在奏折中，正式提出了征服中国的侵略大纲："唯欲征服中国，必先征服满蒙；如欲征服世界，必先征服中国。"这就是臭名昭著的田中奏折，它是日本对外侵略的大陆政策的延续。

　　日本上下制定明确的"大陆政策"、积极对华备战之时，正是慈禧太后执掌大清国最高权力的鼎盛时期。然而，作为大清的最高统治者，慈禧太后没有一个杰出政治家的远见卓识，没有敏锐地意识到东西列强虎视眈眈、危机四伏，在历史的危急关头没有能够制定清晰的政策引领大清突破危机，走向强盛。日本的政治变革和军事强盛风生水起，如火如荼，慈禧太后视若无睹。不仅如此，慈禧太后以泱泱大国自居，傲视天下，觉得李鸿章为首的洋务运动已经富国强兵，蕞尔小国日本根本不是对手。贪恋权力的慈禧太后目光短浅，自以为是，为甲午战争之败埋下了祸根。

垂帘听政 慈禧真相

一八九〇年代的富士山

三

甲午战争，是日本帝国主义蓄谋已久的侵略大清的战争。战争之前，日本人做好了充足的准备，派遣了大量的间谍刺探情报，举全国之力，冒险一战。一八八六年，日本参谋本部谍报官荒尾精奉命来华，在汉口设立乐善堂，那里名义上从事贸易，实际上是间谍总部。随后，设立长沙、北京、天津支部，由宗方小太郎负责。宗方潜入东北，侦察金州、旅顺等地之北洋舰队基地。日本间谍全面侦察，刺探军情，绘制精密地图，测量军港和水道。一八八九年四月，荒尾精将乐善堂情报资料汇总，编辑成书，名《复命书》，数万余言，上交日本陆军参谋部。一八九〇年九月，荒尾精在上海设立晶清贸易研究所，培养商战、谍战人员。一八九二年，汉口乐善堂编辑的《清国通商综览》三册，是详细的情报汇编。一八九四年六月，宗方奉日本驻华武官井上敏夫的指令，潜入中国威海北洋舰队基地深入侦察；钟崎三郎奉密令赴胶州湾侦察威海卫军港，奏陈日军最佳登陆地点。随后，他们前往山海关，侦察获取了大量情报。

一八九四年八月一日，日本参谋部特别召见向野坚一、藤崎秀、山崎羔太郎、钟崎三郎、大熊鹏、猪田正吉六人，命其组成特别行动小组，随侵华日军深入中国前线，刺探情报。师团参谋长大寺安纯洒泪送行，鼓励他们："把生命奉献给国家，义勇奉公！"中国搜捕日本间谍，石川、楠内等人被处决。九月七日，宗方逃回日本。明治天皇在广岛大本营，接见宗方，给予表彰。宗方汇总谍报资料，完成了《中国大势之倾向》和《对傀迩言》。

十月二十四日，向野坚一等间谍随日军在旅顺花园口登陆，获得军队布

《万寿无疆赋》

防等大量军事情报。向野穿着中国服装,背着三尺的钱褡子,腰揣三十多两银子,渡过碧流河,最终被抓捕。他后来乘机逃脱,前往复州、金州。在路上,中国百姓对其热心帮助,无偿提供热饭、暖炕,向野获得大量情报。侦察复州以后,向野在途中迷路,露宿于黄旗大屯龙王庙门口。屯中村民姜德纯发现了他,主动邀请向野到家中做客。姜家老父是私塾先生,向野和他谈论《诗经》《论语》,两人相见恨晚,姜家用猪肉粉条盛情款待来客。向野此后向日军提供大量准确情报,日军攻城略地,势如破竹,一路烧杀淫掠,只有姜家村民幸免于难。

一八九五年五月一日,日军占领复州。向野特地拜访姜家,以尽报恩礼节。向野找到姜家,姜家人一时没有认出他,经过反复提醒,姜家人才想起了那个谈论《诗经》《论语》的流浪汉。他们回想往事,不胜喜悦,激动地流下热泪。向野说:"我作为一个曾被救助的落难人,语言难以表达此时的快活!"姜老

《颐和园庆寿图》

爷十分激动，热泪盈眶。村民们前来看热闹，向野日记称：村民热情称赞他是不忘恩德之人。一周后，向野病倒。姜家依旧热情看望，送去四只鸡和十八个鸡蛋，并要求向野将孙子姜恒甲收为义子。向野送义子到京都留学，三年后，姜恒甲回到中国，成为商人和银行行长。一九二六年，向野坚一撰写的回忆录《明治二十七八年战役亲闻》，三册，是详细的从军日记和记录。中国大量汉奸存在，也是甲午战争失败的原因之一。

光绪二十年（一八九四年）四月，朝鲜东学党事件爆发，中国决定派兵入朝。日本政府认为有机可乘，决定成立大本营，立即出兵朝鲜。大清方面，后党主和，想保存实力；帝党主战，想希望通过战事发展实力，削弱后党。面对战事，时年二十三岁、已经亲政的光绪皇帝热血沸腾，采纳了主战派的奏议，主张支

《冰嬉图》

持对日作战。光绪皇帝吩咐直隶总督李鸿章，立即派遣直隶提督叶志超、总兵官聂士成率兵两千，前往大清藩属国朝鲜，阻止日本入侵。清军两千人入朝，进驻距离汉城七十公里的牙山。而日军早已进驻汉城，源源不断，达五千之众。日军悍然占领朝鲜王宫，组建傀儡政权。随后，在丰岛海面，日舰突然袭击中国运兵船，中日战争爆发。日军进攻牙山，叶志超逃奔平壤，聂士成败退公州。日军发起总攻，清军一再败退。叶志超逃出平壤，逃往安州、义州，逃过鸭绿江，奔回中国。陆路上，清军全线溃败。

分析中日之战，清军确实战斗力低下。清代陆军不如海军，逃跑将军一大堆。平壤之战，清军一万三千人，山炮两门，野炮四门，快炮六门。日军一万六千人，火炮三十门。日军猛烈进攻，清军溃逃，自相践踏。平壤之战，日军伤亡七百零五人，清军阵亡两千余人，六百八十三人被俘。牙山之役，统帅叶志超仓皇逃窜，狂奔五百余里退过鸭绿江。鸭绿江防线清军四万余人，兵力多于日军，然而不到三天，就全线溃败。敌人进攻义州，只放了一排枪，义州守军便弃城逃跑。日军转攻大连，守将赵怀业逃跑，大批军械被敌缴获：大炮一百三十多门，步枪六百余支，炮弹、子弹二百四十万发。

随后，黄海海战展开，发生在鸭绿江口大东沟海面。

从同治元年到光绪十四年（一八六二——一八八八），慈禧太后比较重视海军建设。仅仅北洋水师组建、成军，二十七年间，就花费一亿两白银，每年大

约三百万两，占年度财政收入的百分之四至十。日本相近的二十六年间，投入海军经费约六千万两白银，每年大约二百三十万两。

李鸿章是直隶总督、北洋大臣，负责京畿地区的行政和军事事务。他对科技和军事产品特别感兴趣，收购和熟悉了大量新产品。有一年，他到英国访问，看见了一台缝纫机，十分惊奇和着迷，立即购买，送给慈禧太后，慈禧太后非常高兴和喜欢。同治五年六月（一八六六年七月），中国代表团考察德国，火速报告李鸿章：德国大炮的创始人阿尔弗雷德·克虏伯先生"热情好客，不像英国人、法国人那样蔑视我们的长衫、马褂和长辫，他彬彬有礼地用盛宴款待我们这些中国人！"李鸿章深入了解德国人后，对德国人和德国的军工产品产生了敬意。

同治十年（一八七一年），李鸿章购买德国各种口径的克虏伯大炮三百二十八门，用于布防京畿地区，架设在大沽口、北塘、山海关等要塞炮台，拱卫京城。一八七四年，李鸿章兴致勃勃地上书慈禧太后，描述克虏伯大炮："后膛装药枪炮，最为近时利器。查格林炮一宗，不能及远，仅可为守营墙护大炮之用。唯德国克虏伯四磅钢炮，可以命中致远，质坚体轻，用马拖拉，行走如飞。现在，俄、德、英、法各国平地战阵，皆以此器为最利。陆军炮队，专用此种，所需子弹之价格与炮价相等。"

因为治理有方，同治中兴，清廷国库充裕。慈禧太后十分重视军事建设，

慈禧六十大寿贡品：象牙雕群仙福寿龙船

倚重李鸿章，所以，对于采购先进军事装备，慈禧太后不惜重金，批准全部采购。光绪三年（一八七七年），李鸿章采购的西方大炮运到，装备淮军，组建了十九个炮兵营，共有克虏伯四磅后膛钢炮一百一十四门。每营兵勇一百四十四人，克虏伯钢炮六门，车十九辆，马一百五十匹。

在克虏伯先生的引导下，中国军事代表团和德国甫自德军舰厂签订北洋水师军舰合同，建造大吨位的超级铁甲舰"定远""镇远"和"济远"号军舰。光绪十二年七月（一八八六年八月），"定远""镇远""济远"号军舰建造完成，千里迢迢，从德国远航中国，入列北洋水师，停泊威海卫。

光绪十四年十一月（一八八八年十二月十七日），北洋海军正式挂牌成立。李鸿章作为直隶总督、北洋大臣，前来祝贺。李鸿章很激动，对克虏伯特使感慨地说："结识克虏伯先生，是我一生莫大的荣幸。十二年前，他赠送我多个火车模型。今天，又是他帮助我们的驻德公使（李凤苞）和留学生，得到鱼雷德磷铜秘炼之法，使我北洋的军力大增啊！"据统计，光绪三年到光绪二十二年（一八七七——一八九六）二十年间，清廷订购克虏伯大炮两千余门！

慈禧太后作为最高统治者，对于国防建设非常重视。如今，发现有慈禧太后多件懿旨。从懿旨可以看到，慈禧早就洞悉日本包藏祸心，因此，十分重视军事建设，特别是海军战舰的建造，以及军队之实战和操练，不怕花钱。遗憾的是，由于军队管理不善，军事建设流于形式，有名无实。光绪十一年五月（一八八五年六月），慈禧太后发现海军方面问题严重，降旨斥责。她朱笔写道：

> 船政局之设，于今二十年矣，一切事宜总当熟悉。乃造船仍延洋匠，管驾则仍用洋人，欲望其制敌，难矣！至于船中诸弊，若非该大臣不能破除情面，咎由攸归，懔之！

慈禧寿礼：铜镀金掐丝珐琅九桃蝠薰炉

十月，慈禧太后朱笔责问：

> 练水师必须购船炮，购船炮必须拨巨款，试问，五年后果有成效否？日本蕞尔，包藏祸心，已吞琉球，复窥朝鲜，此不可不密防也。尔其慎之毋忽！

大清表面上经济繁荣，军事装备日新月异，呈现欣欣向荣之势。当时，西方、东方不少人看好中国，认为中国地大物博、资源丰富，且积极变革，即将蓬勃崛起：清"成为世界最大强国，雄视东西洋，风靡四邻，当非至难之也！"然而，清廷表面光鲜，就像纸糊的一样。实际上，清廷从上到下，全民腐败。腐败日甚一日，自然国将不国。大清如同一个大酱缸，污浊腐蚀之下，帝国大厦的根基、支柱渐渐腐烂，摇摇欲坠。这一点，日本间谍看得十分透彻。

光绪十四年三月（一八八九年四月），日本间谍荒尾精经过长年侦察，搜集情报，向日本参谋部递交中国情形报告《复命书》，资料完整，数据翔实，认为：清国"上下腐败，已达极点，纲纪松弛，官吏呈私，祖宗基业，殆尽倾颓。犹如老屋废厦，加以粉饰！"

北洋海军军纪松弛，腐败盛行，作为最高长官，李鸿章自然负有不可推卸的责任。但是，当时官场黑暗，相互倾轧，上下欺骗，特别是满洲权贵，忌恨李鸿章兵权太重，恐怕尾大不掉，对李多方严加防范。光绪帝师、户部尚书翁同龢与李鸿章不和，掌握财权的他，以修缮颐和园为借口，连续两年停止发放海军装备购置经费。

李鸿章势单力薄，无可奈何。有一次，他曾私下感叹："我办了一辈子的事，练兵也，海军也，都是纸糊的老虎，何尝能实在放手办理？不过勉强涂饰，虚有其表，不揭破犹可敷

慈禧喜爱的白玉嵌宝石五蝠如意

衍一时。如一间破屋，由裱糊匠东补西贴，居然成一净室。虽明知为纸片糊裱，然究竟决不定里面是何等材料。即有小小风雨，打成几个窟窿，随时补葺，亦可支吾对付。乃必欲爽手扯破，又未预备何种修葺材料，何种改造方式，自然真相败露，不可收拾，但裱糊匠又何术能负其责？"

中日甲午战争，正是日本必欲爽手扯破大清这纸糊的大厦的举措。大厦内千疮百孔，暴露无遗。李鸿章引以为自豪的是引进了数百门德国克虏伯钢炮。这种克虏伯钢炮，一门需要六十万两银子，架设要求极高，起码需要坚硬的水泥加固炮台。然而，实际情况是：刘公岛对面是威海卫，威海卫西北，设有三个炮台，构成火力交叉的北帮炮台。北帮炮台中的黄泥沟炮台，有二百一十毫米克虏伯钢炮两门，绥军六营防守。炮台看似威武，然而，只是纸老虎：防御墙上，随意堆放几块大石头，上面随便涂抹一层薄薄的洋灰。这样的炮台，只能对付土炮。商德全留学德国，学成归国后，十余年前，就在上海吴淞炮台推行水泥炮台，卓有成效。后来，全面推行，按照标准，如数拨款。可是，一经交战，才知道这些炮台，完全是豆腐渣工程。日军一到，守卫炮台的官兵一哄而散。为了防止炮台被日军所用，丁汝昌派遣敢死队前往北岸，破坏弹药库和炮台。如此惨景，只是冰山一角。

碧玉朝珠

从中日对比：整体上说，中国的经济、军事实力高于日本。

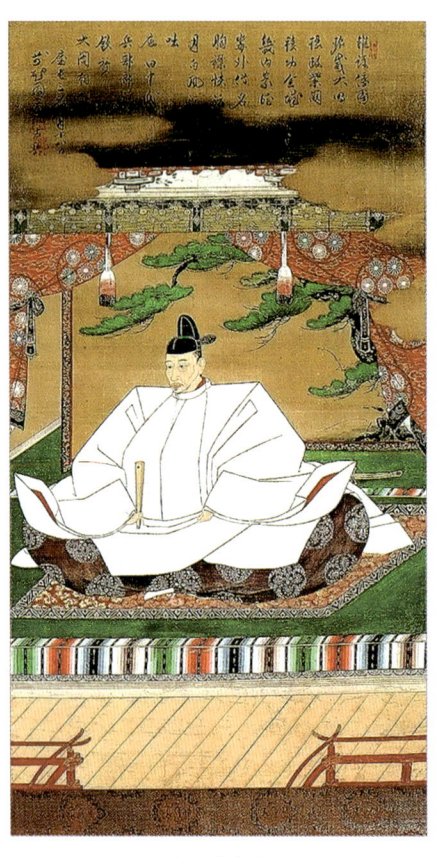

丰臣秀吉像

经济上,甲午战前日本的重工业还比较薄弱,轻工业中也只有纺织业比较发达,钢铁、煤、铜、煤油、机器制造的产量都比中国低得多。当时,日本共有工业资本七千万元,银行资本九千万元,年出口额九千万元,年进口额一亿七千万元,年财政收入八千万元。这些指标,除了进口量,都低于中国。军事上,日本二十年里,竭全国之力投入海军建设。到一八九三年,拥有军舰五十五艘,排水量六万一千吨,与中国海军主力北洋舰队相当。然而,中国还有广东、福建水师。日本常备陆军二十二万人,总兵力不到中国的一半,

山县有朋照

武器装备相当。海陆军总量上看，中国略占优势。

然而，中国海军的状况，不容乐观：一、官兵好淫。光绪十二年（一八八六年），北洋舰队应邀访问日本长崎，官兵自由散漫，公然上岸嫖妓。李鸿章不予处理，还说："武人好淫，自古而然。"二、提督外行，生活荒淫。北洋海军提督丁汝昌原是陆军将领，不懂海军知识；在海军基地刘公岛，他开设店铺，收敛钱财；他自蓄优伶，生活淫逸。三、管带嫖妓。"济远"舰管带方伯谦，在威海、烟台、福州等地分别拥有五套公馆，蓄养美妓。威海决战时，"来远""威远"二舰管带邱宝仁、林颖启离开战舰，上岸嫖妓未回，二舰无人指挥，被日军击沉。四、军纪涣散。史称："自左右总兵以下，争携眷陆居，军士去船以嬉。每北洋封冻，海军岁例巡南洋，率淫赌于香港、上海。"五、排挤正人。优秀将领"致远"舰管带邓世昌、"经远"舰管带林永生等为人正直，不被相容——"不饮赌、

明治天皇像

不观剧、非时未尝登岸，众以其立异，皆嫉视之"。六、军事训练废弛。北洋海军在军事训练上，基本是"操练尽弛"，形同虚设。上级视察时，弄虚作假。打靶演习时："预量码数,设置浮标,遵标行驰。码数已知,放固易中。"结果，黄海之战，北洋舰队的一艘鱼雷快艇在距离日舰"西京丸"四十米处发射鱼雷，竟然未能命中！当时，日本海军部长桦山资纪正在该舰督战。据统计，黄海海战中，日舰平均中弹十一发，北洋各舰平均中弹一百零八发。"来远"舰大副张哲荣痛心疾首地说："我军无事之秋，多尚虚文，未尝讲求战事。"

武器方面，朝鲜海战失利，群情激愤。李鸿章辩解说："凡行军制胜，海战唯恃船炮，陆战唯恃枪炮，稍有优绌，则利钝悬殊……彼之军械强

邓世昌正面坐照

于我，技艺强于我。"一些朝臣对此反驳：洋务运动搞了三十年，花费了国家巨额资金，连日本都不能一战？光绪皇帝训斥李鸿章：怯懦规避，偷生纵寇，要求北洋海军集中兵力，迅速出战。李鸿章坚称："北洋千里，全资屏蔽，实未敢轻于一掷。"他命令海军："唯须相机进退，能保全坚船为妥。"

甲午战争失败，不是败在军力上。

一八九四年九月十七日，中日海军主力在黄海靠近中朝边境的大东沟海域

琅威理、邓世昌（左四）与官兵合影

相遇，展开海战，称为黄海海战。当时中日舰队的实力如下表：

	军舰	鱼雷艇	铁甲舰	半铁甲舰	重炮	轻炮	排水量
中国舰队	14	4	6	0	21	141	3.5万吨
日本舰队	12	0	1	2	11	209	4.1万吨

从中可以看出，双方舰队，实力不相上下，北洋舰队略占优势。北洋舰队的优势是鱼雷艇、铁甲舰和重炮较多，其中定远、镇远两艘主力舰都是一流战舰，无论装甲、吨位还是火炮口径上，都是巨舰。镇远舰号称亚洲第一巨舰，排水量七千六百七十吨，两部复工蒸汽机，八座燃煤锅炉，功率七千二百马力，载

左翼总兵、镇远舰管带林泰曾照

右翼总兵、定远舰管带刘步蟾照

日本联合舰队司令伊东祐亨照

煤量一千吨。日本舰队的优势是舰速较快、机动性强。海战结果是,北洋舰队被击沉五艘军舰,受到重创;日本舰队未失一舰,只有几舰受伤。

日本取得黄海海战的胜利,日本举国欣喜若狂,天皇颁布敕令嘉奖,还亲自谱写了军歌《黄海的大捷》:忠勇义烈之战,大破敌之气势,使我国旗高照黄海之波涛。英国海战历史学家分析称:"大东沟海战的结果,是双方对海战理论无知的产物。假如日本多了解一些海战理论,就根本不敢挑战实力更强、拥有坚不可摧铁甲舰的北洋舰队。而假如北洋舰队多了解一些海战理论,又怎么可能在拥有大舰巨炮的情况下,仍然以零比五的悬殊比分惨败?"

甲午战争,重点是争夺制海权。制海权,在这次海战中就是控制黄海海域,

北洋水师母港旅顺中国海军工厂入口处。

阿瑟·B.布朗为《东京新闻》提供的版画，描述了浪速号击沉高升号的场面

关系到三个半岛,即朝鲜半岛、辽东半岛和山东半岛。海战的主战场在朝鲜、中国一侧,日军是跨海作战,补给线很长,必须从海上运输,只要中国切断其补给线,日军孤军深入,难以取胜。据研究,一八九三年,中国海军居世界第九位,在英、德、法、俄、荷兰、西班牙、意大利、土耳其之后,在美、日之前。

甲午战争前,日本"战时大本营"制订了上、中、下三策:

一是如果海战获胜,取得制海权,陆军就长驱直入,进攻辽东、山东及北京;

二是如果海战胜负未决,陆军只占领朝鲜,海军尽可能维持朝鲜海峡的制海权;

三是若海战失败,则撤退朝鲜陆军,海军协防日本沿岸。

中国海战惨败,清军丧失制海权,沿海陆战孤立无援,两次反登陆作战均全线失利。

日军兵分两路,攻打辽东半岛:第一路,从朝鲜跨过鸭绿江入侵;第二路,从海上在花园口登陆,直捣旅顺后路。这是一步险棋,花园口不是一个理想的登陆地点,沿岸海滩很浅,大船不能靠近。日军三十六艘运兵船在军舰的护送下,两万四千人及大量军马辎重,从十月二十三日至十一月七日整整登陆了十五天。清廷事先得到了这次日军行动的情报,奇怪的是,陆军、海军都没有出动。日军轻松占领旅顺,耗银数千万两的重要军事基地旅顺陷落,大量船只、武器、装备、粮食被敌缴获。日军疯狂屠城,数万人被杀害,侥幸存活者只有三十六人。

日本倾全国之力,投入战斗。日本天皇每年从皇室经费中,挤出三十万两白银,充作海军经费。慈禧太后作为最高统治者,以为大清胜过日本百倍,北洋水师足可收拾日军。一八九一年,慈禧指示:南北洋购买外洋枪炮、船只、

大东沟海战，致远舰撞击吉野不成，壮烈战沉的瞬间，画面右侧为日舰吉野，中央倾斜的为致远舰。

大东沟海战后在旅顺修理的镇远舰

机器暂停二年，解部充饷。台湾巡抚刘铭传叹道："人防我，我却自决其藩，亡无日矣。"因此，她的表现显得十分荒唐：一、醉心内斗。一八九四年十一月二十六日，旅顺失守，引起举国震惊。这一天，慈禧太后召见枢臣时，不谈海战，竟然突然宣布处理珍妃，将光绪皇帝宠爱的珍妃、瑾妃降为贵人，杖责；斥责主战派大臣侍读学士文廷式和户部侍郎志锐，将其贬逐。二、停止军购。一八九一年，慈禧指示：南北洋购买外洋枪炮、船只、机器暂停二年，解部充饷。台湾巡抚刘铭传叹道："人防我，我却自决其藩，亡无日矣。"三、挪用经费。一八九四年，这年也是慈禧太后六十寿辰，她修筑三海（即北海、中海、南海），共花费白银六百万两，其中，挪用海军经费四百三十七万两；修筑颐和园，耗资一千万两，挪用海军军费七百五十万两。御史请求停建，慈禧对其申斥："今日令吾不欢者，吾亦将令彼终生不欢。"当时各省督抚相约报效白银二百六十万两。从紫禁城到颐和园，沿路张灯结彩，景点密布，仅此一项就耗银二百四十万两。

甲午之争，北京方面，慈禧太后、光绪皇帝和大臣李鸿章等人之间，更是明争暗斗，热闹非凡，乱成一锅粥。李鸿章老谋深算，一方面敷衍光绪皇帝，一方面请示慈禧太后，一切听从慈禧太后吩咐。光绪皇帝虽然亲政，但没有实权，也不能任免三品以上的大臣和封疆大吏。朝鲜局势危急，光绪皇帝忧心如焚，一再颁发圣谕，逼迫李鸿章督兵出战，社会舆论也倾向于主战派一边。正当大清国在皇帝主战、太后主和之间犹豫不决的时候，日本侵略军却悄悄地集结完成，如蝗虫一般地扑向朝鲜。日军在朝鲜仁川登陆后，如饿狼扑食，势如破竹，在很短的时间内就攻占了汉城，闯入朝鲜王宫，俘虏了朝鲜国王。朝鲜是大清的附属国，大清在汉城驻守了军队。面对日军的步步进逼，清军驻军没

黄海战后在旅顺进坞抢修的镇远舰,白圈标出着弹点,可见日舰快炮的射击效率

经远号巡洋舰

有反击。光绪皇帝得到前线的奏报,急如热锅上的蚂蚁,连发上谕,训斥李鸿章:"朝廷一意主战,李鸿章身膺重寄,熟谙兵事,断不可意存畏葸!……若顾虑不前,徒事延宕,致贻误事机,定唯该大臣是问!"

光绪皇帝依然斗志昂扬,坚决主战。他流着泪,哭喊着说道:"严冬三月,倭人畏寒怕冷,正是我清兵进战之良时!此时停战议和,岂不是害我误我啊!"皇帝接着降谕,严厉告诫李鸿章:"旅顺既为倭据,现又图犯威海,意在毁我战舰,占我船坞。彼之水师,可往来无忌,其谋甚狡。敌兵扑犯,必乘我空隙之处,威海左右附近数十里内,尤为吃紧!"光绪皇帝一再降旨,严厉督促李鸿章,加强备战,不得轻敌,任何时候都不许投降。中日对峙,形势十分危急。正当大清方面皇帝主战、太后主和的关键时期,慈禧太后开始出面干预了,她降下懿旨,任恭亲王为军机大臣,督办对日军务。

日本侵略军步步进逼,不断深入中国腹地,局势日益严峻,战况也更加险恶。御史安维峻不顾个人安危,毅然决然地上书,指斥李鸿章卖国,请求太后归政,由皇帝亲政,全面主持政务。慈禧太后勃然大怒,当即挥笔朱批:"革职拿问!远戍军台!"光绪皇帝想救救这位敢于直言的御史,可是,生杀大权系于太后,光绪皇帝也无能为力;光绪皇帝渴望与日决战,但没有实权,根本无法指挥军队,军队的调动和控制权完全掌握在慈禧太后的手中。日军疯狂进攻,掳掠山东各地,最后占领了威海,攻克刘公岛。日本向北洋海军发动全面进攻,一场激烈的战事之后,北洋海军全军覆没,提督丁汝昌及数千海军将士殉难。败讯传入深宫,众大臣老泪纵横。光绪皇帝面对奏报,痛哭失声。

一八九五年一月十四日,慈禧太后正式派户部侍郎张荫桓、湖南巡抚邵友濂为全权大臣,并且聘请美国国务卿科士达作为特别顾问,前往日本求和。当时,日本在战场上兵势正盛,正在猛攻威海卫,所以,日本的侵略胃口极大,气焰十分嚣张,觉得清政府无条件投降的机会还未到来,因此,借口"全权不足",于一八九五年二月二日,在广岛将清政府这两位求和代表侮辱一番,驱逐回国。日本首相伊藤博文在驱逐张、邵二人时,通过清廷代表团中的伍廷芳向清政府提出了和谈条件,指名要恭亲王或李鸿章充当全权代表。慈禧太后只得任命七十二岁高龄的李鸿章为全权代表,前往日本。

光绪皇帝召见军机大臣翁同龢等人,询问和谈事宜。皇帝声泪俱下,认为中国之败,李鸿章是首罪,不许李鸿章来京。翁同龢写道:"问诸臣,时事如此,战和皆无可恃。言及宗社,声泪并下。"慈禧太后则吩咐,命李鸿章作为和谈全权代表,来京请训。恭亲王回答表示:光绪皇帝不让李鸿章来京,怕与早间所奉谕旨不符。慈禧太后怒形于色,冷笑说道:"我自面商,既请旨,我可做一半主张。"第二天,光绪皇帝奉慈禧太后懿旨,完全听从慈禧太后的意见,再次颁谕,以李鸿章为全权大臣,赏还三眼花翎、黄马褂,开复革留处分。甲午战败的阴云笼罩着紫禁城。光绪皇帝余恨未消,不想见李鸿章。慈禧太后心情恶劣,也不想见李鸿章。恭亲王奉慈禧太后懿旨,面见李鸿章,传达太后和皇帝的旨意,明确和谈内容。最后,李鸿章离京前,光绪皇帝奉慈禧太后懿旨,还是正式召见了他,明确了谈判原则。光绪皇帝指示:"与倭磋磨定议,斟酌轻重;只谈赔款,不授予割地大权。"

一八九五年三月十三日,李鸿章以头等全权大臣的名义,带着美国前任国务卿科士达为顾问,率一百多名随员前往日本马关(今下关),与日本首相伊藤博文、外务大臣陆奥宗光进行谈判。一八九五年三月十九日,李鸿章抵达日本马关。慈禧太后的眼神仿佛在说：你都七十二岁了，还要让你以失败之国的全权代表受辱于日本，实在万不得已啊！你不前往，谁能了此乱局？李鸿章泪光闪烁，小眼睛看着慈禧太后，仿佛回答：微臣叩请太后放心，只要太后吩咐，微臣鞠躬尽瘁，死而后已！

李鸿章已经是古稀之年，他以战败国的全权代表身份前往战胜国，他的心情之沉重，可想而知。李鸿章带着儿子李经方、美国顾问科士达乘船东渡，六天后到达日本马关，下榻在春帆楼。在和日本方面的第一次和谈会议上，李鸿章发表了精彩的长篇讲话，言简意赅，主要讲了三点：一是赞扬日本改革获得成效，叹息中国改革艰难，是自己才略不足；二是中日战争，使中国从长夜之迷梦中觉醒，促成中国奋发图强；三是主张中日同盟，两国为东亚两大帝国，应该永久和好。三月二十三日，暂且搁置停战之议，商谈媾和条件。李鸿章返回寓所途中，被日本浪人小山丰太郎枪击，左颊中弹，血流不止。

四月一日，伊藤提出媾和条件：清廷承认朝鲜独立；割让奉天南部、台湾、澎湖列岛；赔偿日本军费三亿两；缔结新通商行船条约；开放北京等七处通商口岸；日本人可在中国设立工厂，并输入机器等。李鸿章一面电告总署，一面拟定说帖，以赔费太多，让地太广，通商新章与西国订约不符，委婉开导驳斥。面对如此苛刻条件，清廷反应不一：光绪皇帝忧心如焚，想尽快速成。恭亲王断言战字不能再提，主张割让台湾保留奉天。翁同龢痛心疾首，力陈台湾不可割弃，如割，恐怕从此失天下之心！光绪皇帝难以抉择，电令李鸿章："南北两地，朝廷视为并重，非至万不得已，极尽驳论而不能得，何忍轻言割弃！"慈禧太后态度强硬，声称："奉天、台湾，两地皆不可弃。即撤使再战，

一八九四年一月,埃德加号上的军官所见日军松岛号对威海卫进行炮击的场面

旅顺口失守后入港的日军舰只

一八九四年十一月，日军在旅顺进行了为期四天的大屠杀

亦不恤也！"

李鸿章遵旨，正式答复日方：割让奉天安东、宽甸、凤凰、岫岩四州县及澎湖列岛，赔款一亿两。伊藤面交修正案文件，要求：赔款两亿两；割让辽东半岛、台湾、澎湖。声称：日本条款，已经让至尽头，中国只有允、不允两句而已。光绪皇帝指示，继续磋磨，尽可能减少赔款，允割台湾一半，牛庄、营口，在所必争。李鸿章在日本的威胁之下，基本达成《马关条约》十一款。这是一份屈辱的丧权辱国条约，割地、赔款，全面出卖中国权益主权。消息传到中国国内，举国悲愤，哭声震天。以光绪皇帝为首的帝党抗战派群

情激愤，主张立即废除条约，再次与日交战。

光绪帝更是忧心如焚，一再拒绝签约。终日徘徊在养心殿里的光绪皇帝，以和约之事，痛苦不堪，犹豫不能决，以至骨瘦如柴，天颜憔悴。全国上下怒火满腔，齐骂李鸿章为卖国贼，国人皆曰可杀，真的万口一词。光绪皇帝命枢臣面见慈禧太后，就和战之事，叩请懿旨。中国失败了，最后的和谈之事，是要钉在历史的耻辱柱上的，慈禧太后当然要躲到幕后。太监传慈禧太后懿旨：今日偶感冒，不能见，一切请皇帝旨办理！第二天，懿旨传到军机处：和战重大，两者皆有弊，不能断，令枢臣妥商一策以闻！光绪皇帝没有退路，只能自己承担。从安全角度考虑，他建议都城西迁，慈禧太后微笑摇首，断然拒绝："不必！和战之局汝主之，此则我主之。"

李鸿章以全权代表身份，已经代表大清签字。但是，他尚未获悉皇帝是否已经签字批准了这个条约，他深知中国的实力，坚决反对毁约再战。清廷方面，认为条约太苛刻，指示李鸿章再谈赔款、割台之事。李鸿章对此断然拒绝了清廷的要求，表示自己已经签字，不能一口说两样话，恐为外人耻笑。为了尽快让光绪皇帝签字，让军机大臣们尽快同意，李鸿章特地派遣科士达回京，催促批准条约。科士达回京前，李鸿章特地召开了一个秘密会议，详细介绍了每一位军机大臣的个性和特点，期望分别商谈，以尽快通过这份条约。科士达回忆：会议的目的，是要使军机大臣深知皇帝批准和约之必要。他强调之点是，条约已不是李鸿章的条约，而是皇帝的条约了。因为，在签字前，每一个字都电达北京，皇帝根据军机处的意见，才授权签字。假如他拒绝批准的话，那在文明世界之前，他将失掉了体面，对于皇帝的不体面，军机大臣是应该负责的。最后，光绪皇帝没有选择，不

被日军占领的刘公岛海军公所

得不挥泪在条约上签字。

李鸿章回京后,光绪皇帝刚刚问询了他的伤况之后,立即话锋一转,脸色阴冷地责问他:"身为重臣,两万万之款,从何筹措?台湾一省,送予外人,失民心,伤国体!"李鸿章伏地谢罪,引咎唯唯。七十二岁的李鸿章,头发全白了。他年事已高须发皆白,心力交瘁,将所有不洁之事揽于一身:经营多年的北洋海军覆灭殆尽,接着主持和谈,签订屈辱的《马关条约》!李鸿章成了众矢之的,群臣指责,国人群起口诛笔伐。慈禧太后最为宠信的大臣荣禄,也责骂他误事卖国,甘为小人。慈禧太后知道,此时只能牺牲李鸿章了,他必须是这场屈辱国耻之事的替罪羊了。慈禧太后不再信任李鸿章,只信任荣禄。李鸿章入觐以后,留在北京,慈禧太后虽然让他入阁办事,但却撤销了他的直隶总督、北洋大臣之职。李鸿章对此感叹："仕途一路扶摇，乃无端发生中日交涉，至一生事业，扫地无余。如欧阳公所言，半生名节，被后生辈描画都尽。环境所迫，无可如何！"慈禧太后念其旧劳，仍然保全了李鸿章的协办大学士头衔。

《马关条约》的屈辱内容，迅速在京城传播，从京城传向全国。有识之士愤怒了，全体有血性的中国人都愤怒了，人们群情激愤，纷纷游行示威，坚决反对在条约上签字。率先行动起来的，就是在京考试的举人，他们联名上书，反对与日签订条约。京城的文武百官也沸腾起来，他们纷纷上书，要求毁约，高呼："地不可弃，费不可偿，当仍废约决战！"光绪皇帝度日如年，痛不欲生，他流着泪悲愤地说："割让台湾，则天下人心皆去，朕何以为天下主！"光绪皇帝知道，一切的抗议和悲愤，都无济于事。他吃不下饭，睡不安稳觉，每天看着条约发呆。

慈禧太后知道战败的结局，知道这份条约根本无法更改，也知道作为战败国，大清已经没有讨价还价的余地。慈禧太后十分冷静，她和她的后党集团认为大清没有退路，只能签字。一八九五年四月十七日（光绪二十一年三月二十三日），在日本马关（今山口县下关市）清廷和日本签订不平等条约，原名《马关新约》，日本称为《下关条约》或《日清讲和条约》。《马关条约》之签署，标志着甲午中日战争的结束。中方全权代表为李鸿章、李经方，日方全权代表为伊藤博文、陆奥宗光。光绪皇帝满腔悲愤，在条约上签字。光绪签订的中日《马关条约》上，还留有光绪皇帝悲痛的泪水。阳春三月，飞絮如烟，花红柳绿。然而，大清王朝割让宝岛台湾，举国悲痛。此后的漫长岁月，割让台湾的悲痛和屈辱始终折磨着每一个中国人。《马关条约》签订一年后，大臣

丘逢甲悲愤难抑,含泪写下了《苦台湾》一诗:

春愁难遣强看山,往事惊心泪欲潸。

四百万人同一哭,去年今日割台湾!

闲
散
恭
亲
王

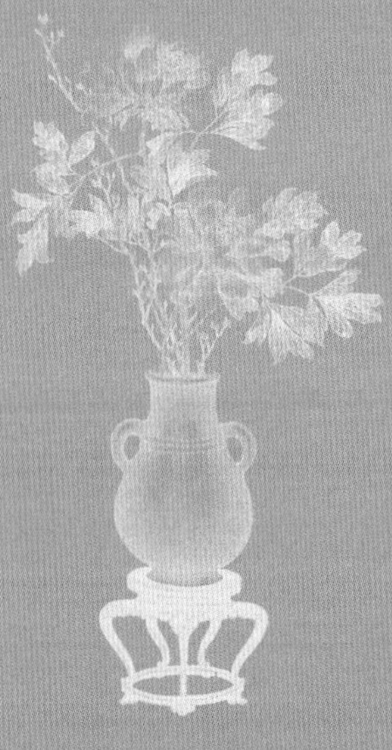

恭亲王奕䜣中年正面坐照

恭亲王奕訢晚年正面坐照

恭亲王奕䜣晚年正面坐照

恭王府正殿

闲散恭亲王

罢职后的恭亲王奕訢成了闲散亲王,终日悠游于山水之间,纵情名山古刹,爱恋妻儿,交游朋友。免职之初,奕訢到普济寺游览。他的七弟奕譞前往府上看望,未能得见,于是就写了两首七绝留下,表示问候。奕訢回家后,翻阅白居易的《长庆集》,作七绝集句诗两首作为答复。他写道:

试将衫袖拂尘埃,君手封题我手开。
两幅彩笺挥逸翰,高阳兴助洛阳才!
幽芳净绿绝纤埃,白藕新花照水开。
且共云泉结缘境,甘从人道是粗才!

虽然退居家中,但对于宫廷是非,奕訢并不低头认错,他仍然认为自己当初对慈禧太后的抗争是正确的,只是感叹宿命,无法抗争。他写诗自遣:

纸窗灯焰照残更,半砚冷云吟未成。
往事岂堪容易想,光阴催老苦无情!
风含远思悠悠晚,月挂虚弓霭霭明。
千古是非输蝶梦,到头难与命运争!

光绪十一年（1885年）春天，奕䜣爱子载潢夭折。五十二岁的恭亲王悒郁于怀，肝病旧疾复发。痛苦难耐的奕䜣带上家小侍卫，携带几卷唐诗，前往西山游历，长达四十余日。他从昆明湖泛舟，来到玉泉山，游文昌阁，过绣绮桥，直到万寿寺、龙泉庵、香界寺、宝珠洞，然后步行来到普觉寺。普觉寺俗称卧佛寺，三十年前他曾陪同兄长咸丰皇帝游历这里，这次重游，他不禁感慨万千。奕䜣特地在此留宿，写诗留念：

寥落悲前事，回头总是情。
僻居人不到，今夜月分明。
地古烟尘暗，身微俗虑并。
水深鱼极乐，照胆玉泉清。

他来到松竹清幽禅房，与慈云方丈作一夕深谈，净话如风，拨云见日。到药王殿后，他已经大彻大悟了。他不禁写道：

洞壑仙人馆，侵窗竹影孤。
病身唯辗转，灌顶遇醍醐。
世事空名束，诗魔未肯徂。
囊中有灵药，能乞一丸无？

奕䜣游历岫云寺、极乐峰、太古观音洞。留住云居寺，对雨吟诗。盘桓石经塔院，信步闲游。过华严洞，看天柱峰，前往退居庵，拜访八十六岁高龄的

恭王府蝠厅

瑞云禅师，探讨长寿之道和养生秘诀。这次游览，恭亲王恢复了健康。然而，这年夏天，他的长子载澄又病故，他悲愤交集，再次病倒。随后两年，恭亲王的家庭灾祸不断，先后四位妻子、三个子女去世，他的眼泪干了，心情一直不能平复。奕訢对天长叹："呜呼！人事固有未尽耶？抑天事预有定数耶？系乎人，系乎天，其当皆归于命耶？"他写了一组悼亡诗词，寄托自己对妻儿的无限哀思。他在悼妻词中，情感真挚地写道：

眼应穿，人不见，花残菊破丛，洒思临风乱。

无言独上西楼，愁却等闲分散。黄昏微雨画帘垂，话别情多声欲战。

他想念女儿，特地写了一首悼女词：

> 花淡薄,雨霏霏,伤心小儿女,相见也依依。
>
> 绿倒红飘欲尽,晚窗斜界残晖。无由并写春风恨,不觉凭栏又湿衣!

奕訢虽然赋闲在家,但他仍然保持着对西洋事物的好奇和喜爱。可以说,他是北京最早接触西洋照相机的人,也是最早接触照相术的皇室人员。早在咸丰十年(1860年),他就接受了照相。赋闲在家期间,他也照了许多相,从他的诗题中可以得知:《自题友松啸竹图小照一律》《再题歌唐集句图小照二律》《将友松啸竹图小照分寄潭柘岫云、戒台万寿二寺各留一幅以致香火因缘并纪一律》等。对自己坐在特别喜爱的秋水山房书斋前照的一张相片,他十分喜爱,特地赋诗《题照像山房闲坐图》:

> 半潭秋水一房山,顿隔埃尘物象间。
> 自笑微躯长碌碌,逍遥心地得关关。
> 陶庐僻陋那堪比,谢守清高不可攀。
> 忽喜叩门传语至,殷勤为我照衰颜!

光绪十年(1884年)十月,慈禧太后五十大寿,恭亲王七弟奕譞上奏慈禧太后,想代请五十二岁的哥哥奕訢随班祝寿。慈禧太后不仅没有接受,反而传旨申斥。光绪十八年年底(1892年),慈禧太后例赏王公大臣福字寿字,她竟然特地命令将恭亲王的福、寿字撤而不赏,这无异于对其公开羞辱。光绪二十年(1894年)三月,情况仍然没有发生好转。庆亲王奕劻吁请恭亲王奕訢参加这年十月举行的慈禧太后六十大寿庆典,慈禧太后仍旧态度坚决,不予

恭王府一角

批准。慈禧太后表态："予闻其名，头痛！"

但是，中日战争中国方面惨败，给奕訢的命运却带来了转机。八月二十八日，在中南海颐年殿东暖阁，慈禧太后和光绪皇帝破例一起召见大臣。第一起，召见庆亲王和军机大臣。第二起，召见户部尚书翁师傅和礼部尚书李鸿藻。众人商议了三件事：一是湘军出山海关对日作战，募兵二十营；二是恭亲王复职，由南书房师傅李文田奏议，由翁同龢当面提出，请求慈禧太后批准；三是慈禧太后自己提出，由翁同龢前往天津，传旨李鸿章，请求俄使出面调停。

中日甲午战争期间，慈禧太后恢复了奕訢的职务，让他再次成为首席军机大臣，负责军机处、督办军务处和总理各国事务衙门。然而，十年赋闲的恭亲王更加衰弱了。此后，他没有了锐气，变得十分顺从。他不再埋头苦干，而是用更多的时间陪同慈禧太后游玩儿。十月初四日，慈禧太后接受庆亲王奕劻请

恭亲王奕訢与其弟醇亲王奕譞合照

示,任命恭亲王奕訢督办军务处,以庆亲王帮办,以翁同龢、李鸿藻、荣禄、长麟会办。同时,设立巡防处,由恭亲王奕訢负责。十月初九至十一日,慈禧太后六十大寿庆典,三天歌舞升平,停止办公。由于恭亲王承办庆典妥慎周详,慈禧太后特地赏赐御书大匾一方:锡福宣猷;御书长寿字一张,通玉如意一柄,貂褂一件,金寿字缎四匹。

可是,旅顺、大连的十万火急军报频频送来,奕訢不能休息,只好艰难维持,勉力调度。同时,他还要主持大寿庆典。十二日,奕訢参加王公大臣们向慈禧太后祝寿的庆寿大典以及盛大的宴会。十四日,参加光绪皇帝主持的向各国祝寿公使颁发宝星的典礼。十五日,清廷举行盛大的外国公使贺寿庆典,他亲自带领美、俄、英、法、德、比、瑞典、西班牙等国公使觐见光绪皇帝,在文华殿递交贺寿国书。十六日,恭亲王奕訢彻底病倒了。日军占领旅顺,朝野大哗。

慈禧太后认为，这个结果是光绪皇帝被主战派包围所致。慈禧太后召集军机大臣，宣布将光绪皇帝爱妃珍妃姐妹降为贵人，勒令光绪皇帝将珍妃堂兄志锐革职。

光绪二十三年十二月二十四日（一八九八年一月十六日），光绪皇帝心情沉重，召见军机大臣，议论时事，表示"以变法为急！"大学士翁同龢推荐康有为，光绪皇帝准备召见，想超擢重用。光绪二十四年正月初一日，元旦，正是大年春节。部分官员密告恭亲王，称翁同龢保荐康有为，光绪皇帝即将召见。奕䜣大声说："额外主事（康有为）保举召见，非例也，不可无已。先传至总理衙门一谈，果其言可用，破例亦可。否则，作罢论！"由于恭亲王的阻挠，在慈禧太后的同意下，光绪只得命总理衙门大臣安排，等候太后之旨，随时接见康有为，询问天下大计，变法之宜。

变法之议，甚嚣尘上。慈禧太后眉头不展，宫中气氛十分紧张。正月初三日（一八九八年一月二十四日），文华殿大学士李鸿章、帝师及大学士翁同龢、兵部尚书兼总理衙门大臣荣禄，以及刑部尚书廖寿恒、户部左侍郎张荫桓，恭奉慈禧太后之旨，在总理衙门西花厅，接见变法的鼓动者康有为。李鸿章、翁同龢是虚职，掌握大权者，是慈禧太后宠信的大学士荣禄。荣禄是慈禧太后的坚定拥护者，主张守护祖宗法度，反对变法。

康有为一出现，荣禄立即发话，两人短兵相接，针锋相对。

荣禄表示："祖宗之法，不能变！"

康有为："祖宗之法，以治祖宗之地也。今祖宗之地既不能守，何有于祖宗之法乎？即如此地为外交之署，亦非祖宗之法所有也。因时制宜，诚非得已。"

廖寿恒问道："如何变法？"

康有为回答："宜变法律、官制为先。"

李鸿章反问："然则，六部尽撤，则例尽弃乎？"

康有为阐述道："今为列国并立之时，非复一统之世。今之法律官制，皆一统之法，弱亡中国，皆此物也。诚宜尽撤，即一时不能尽去，亦当斟酌改定，新政乃可推行。"

大臣接见之后，翁同龢将接见情形，上奏光绪皇帝。光绪皇帝十分激动，特别指示总理衙门大臣：呈进工部主事康有为所著《日本变政考》《俄皇大彼得变政记》等书。六天后，光绪皇帝降旨总理衙门大臣：自后，康有为如有条陈，即日呈递，无许阻格。并命：康有为具折上言。

二月末，奕䜣的旧疾复发，终于不起。在他病重期间，慈禧太后和光绪皇帝曾三次前往恭王府探望，问候病情。四月初十日（五月二十九日），奕䜣离开人世，终年六十七岁。临终前，奕䜣盯着光绪皇帝嘱咐："对变法，当慎重，不可轻信小人言也！"恭亲王留下的遗折中，仍然对光绪皇帝进言：

> 伏愿我皇上敬天法祖，保泰持盈，首重尊养慈闱，以隆圣治。况值强邻环伺，诸切隐忧，尤宜经武整军，力图自强之策。至于用人行政，伏望恪遵成宪，维系人心，与二三大臣维怀永图！

奕䜣去世后，慈禧太后十分悲痛。按照慈禧的吩咐，奕䜣的丧事非常隆重，谥法也是最高规格。慈禧太后感念他的忠心和才干，赐谥号为忠，人称恭忠亲王。慈禧特别降旨，恭亲王有功于社稷，配享太庙，入京师贤良祠。光绪皇帝也由衷悲痛，特地赏赐陀罗尼经经被，下令辍朝五日，素服十五日。奕䜣去世后，维新派人士十分欣喜，特别是康有为，致信翁同龢，请求在这一特殊时期，敦促皇帝实施变法。

奕䜣去世十三天后，光绪皇帝颁发《明定国是诏》，正式宣布维新变法。

夭折的变法

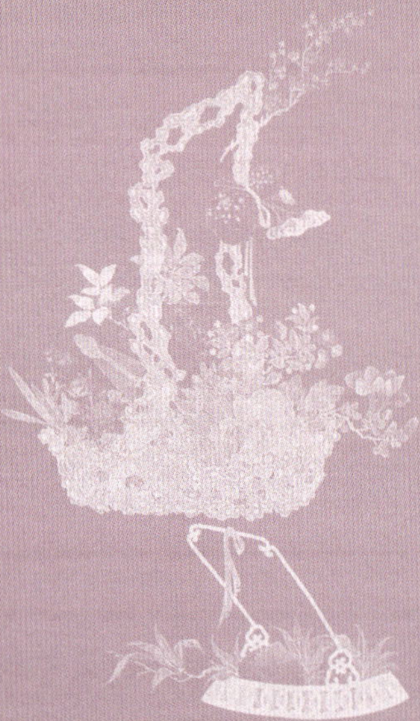

大清國當今聖母皇太后萬歲萬歲萬萬歲

慈禧簪花左手執團扇側面坐照

夭折的变法

西方列强欺凌中国，惊醒了中国的有识之士，他们纷纷行动起来，或者拿起笔，或者拿起枪，呼吁大清变法图强，期望这个备受欺凌的国家能够迅速强大起来。一时之间，变法的梦想，掠过古老的京城，变成了时代的最强音；自强的声音，穿过古老的宫墙，在紫禁城的上空萦回。在这个变法图强的潮流之中，站在潮头的最著名人物，就是布衣康有为。这位满腹经纶、才华横溢的青年，面对疮痍满目的国家，愤然挥笔，上书光绪皇帝。他在《上清帝第一书》中，大声疾呼：大清"在危急存亡之间，未有若今日之可忧也"！

康有为将这份写给光绪皇帝的"第一书"，郑重其事地呈交给帝师翁同龢。翁同龢读了之后，深受感染，佩服作者有如此之气魄和才气。他不禁感叹："如此雄健之笔力，当横扫天下。"康有为一针见血地指出："方今外夷交迫，自琉球灭，安南失，缅甸亡，羽翼尽剪，将及腹心！比者，日谋高丽，而伺吉林于东。英启卫藏，而窥川、滇于西。俄筑铁路于北，而迫盛京。法煽乱民于南，以取滇粤！"然而，翁同龢担心皇帝接受不了一些激烈意见，并未将康书上呈。

康有为上书后，翘首以望，一直没有回音。一个月后，康有为再次挥笔上书，写下了著名的《上清帝第二书》《上清帝第三书》。《上清帝第三书》十分精彩，他慷慨激昂地写道："窃以为今之为治，当以开创之势治天下，不当以守成之势治天下；当以列国并立之势治天下，不当以一统垂裳之势治天下。盖开创则更新百度，守成则率由旧章。列国并立，则争雄角智；一统垂裳，则拱手无为。

康有为照

不变法而割祖宗之疆土，驯至于危，与变法而光宗庙之威灵，可以强大，孰轻孰重，必能辨之者。不揣狂愚，窃为皇上筹自强之策，计万世之安，非变通旧法，无以为治！"

《上清帝第三书》不胫而走，在京城之中影响极大。这篇佳作，与顺天府尹的《条陈变法自强事宜折》和南书房翰林张百熙的《急图自强敬陈管见折》一起，终被送达皇帝的御案。光绪皇帝读罢，十分兴奋，吩咐将所言变法的九个条陈，立即交部商议。随后发表了震动朝野的变法圣谕，这无异于吹响了大清王朝变法图强的号角，光绪帝鼓励朝野大臣积极投身到变法洪流之中：

自古求治之道，必当因时制宜。况当国势艰难，尤应上下一心，图自

梁启超照

强而弭祸患。朕宵旰忧勤，惩前毖后，唯以蠲除痼习，力行实政为先。叠据中外臣工条陈时务，如修铁路、练陆军、整海军、立学堂，大抵以筹饷、练兵为急务，以恤商惠工为本源，皆应及时举办！

光绪二十四年四月二十三日（一八九八年六月十一日），光绪帝颁发《明定国是诏》，向全国发出号召，正式宣布变法：

> 试问今日时局如此，国势如此，若仍以不练之兵，有限之饷，士无实学，工无良师，强弱相形，贫富悬绝，岂真能制梃以挞坚甲利兵乎？朕唯国是不定，则号令不行，极其流弊，必至门户纷争，互相水火。徒蹈宋、明积

习，于时政毫无裨益。即以中国大经大法而论，五帝三王，不相沿袭，譬之冬裘夏葛，势不两存。用特明白宣示：嗣后，中外大小诸臣，自王公以及士庶，各宜努力向上，发愤为雄。以圣贤义理之学植其根本，又须博采西学之切于时务者，实力讲求，以救空疏迂谬之弊，专心致志，精益求精，毋徒袭其皮毛，毋竞腾其口说，总期化无用为有用，以成通经济变之才！

《明定国是诏》的颁布，意味着由皇帝主导的变法活动正式拉开了序幕。变法期间，光绪皇帝每隔几天就要赴颐和园，向慈禧太后请安，并询问太后对于变法的懿旨。光绪帝急于求成，变法伊始，就接连发布数十道革旧维新诏书，有时一天就发布上十道，从中央到地方，展开了大规模的变法运动。这场规模巨大的变法活动，直接冲击了运转了二百多年的大清制度，特别是废除了祖宗订定的大法，让许多既得利益者失去了一切。这样，许多失意者就会集到慈禧太后的身边，哭诉他们的际遇，表达他们的忠心，陈述他们的失落。随着变法一天天推进，慈禧对国家的忧虑也日渐深重。一次，慈禧特地召见光绪皇帝，十分严肃地询问维新变法之事。她语重心长地指出："无论如何,不能变更祖法。"为了让皇帝能够很好地记住这一次谈话，她竟让已经亲政数年的成年光绪皇帝跪在她的面前，长达两个小时。

光绪皇帝没有清醒意识到这一次长谈，是慈禧太后对自己提出的一次严重警告。他是一个理想主义者，陶醉在自己变法图强的幻想亢奋之中。他一天数次召见康有为，面谈变法大事，大力推动变法。为了更快、更好地实施变法主张，光绪皇帝特下圣旨，授予康有为工部主事，可随时入宫面奏变法事宜。四月二十八日，光绪皇帝在仁寿殿召见工部主事康有为，当面任命康有为为总理各国事务衙

李鸿章照

门章京,主持变法事宜,允许专折奏事。五月十五日,光绪皇帝赏梁启超六品衔,负责办理译书局事务,翻译和引进西方新著作、新思维。随后,光绪皇帝特旨赏赐变法精英人物谭嗣同、刘光第、杨锐、林旭四人四品职衔,命他们在军机章京上行走,参与变法新政,时称军机四卿。慈禧太后对光绪皇帝的维新变法,一直冷眼旁观,暗中布防。她一方面广泛安插耳目,了解光绪皇帝的动向;一方面秘密调动军队,严密监视着皇帝的一举一动。从四月二十三日光绪皇帝颁发变法诏书,到八月初六日慈禧太后回宫发动政变,历时一百零三天,变法最后以光绪皇帝的彻底失败而告终,史称百日维新。这次百日维新变法的灵魂人物是康有为,翁同龢则是这场运动的发起人和精神导师。康有为敬重翁同龢,称赞翁同龢是中国维新第一导师。翁师傅支持维新变法，一方面，他鼓励皇帝变法图强；另一方面，他利用手中的权力和影响力，大力开展变法运动。光绪二十一年七月（一八九五年八月），在翁同龢的运作下，中国第一个政治、学术团体强学会在北京成立，由康有为、梁启超、文廷式、陈炽等直接筹划和领导。康有为是强学会的总策划，身为户部尚书的翁师傅是幕后设计师。翁师傅亲信弟子陈炽是户部主事，由陈炽担任强学会会长。梁启超是康有为的第一高足，任强学会书记员。强学会会员数十人，遍及京城和全国各省。

强学会的成立，标志着帝党和维新派的正式结盟和全面大联合。京城权贵、名流和主管一方的封疆大吏，纷纷表示支持强学会。他们包括：帝师孙家鼐、礼部侍郎以及湖广总督张之洞、两江总督刘坤一、直隶总督王文韶，直隶提督宋庆、聂士成等。三位总督各捐款五千两，用于强学会活动。李鸿章很想入会，捐款两千两，但是，因为甲午战争后人们对其非议较多，他的请求没有被接纳。百日维新变革了许多旧法，在兴办学校、通商利民、整顿吏治和广布新政方面坚决果断，雷厉风行。这场自上而下的变法运动之中，许多守旧官员失职失业，或者调离重要岗位赋闲，他们痛恨新政，千方百计破坏变法。

在这些被光绪皇帝淘汰的人员当中，最有名的两人是被光绪帝革出总理衙门、七十五岁的李鸿章和德高望重的张荫桓。他们纷纷前往颐和园，向慈禧太后讲述变法之弊。同时，他们也上书光绪皇帝，认为皇帝被奸人所蒙蔽，请求皇帝下令驱逐康有为、梁启超等奸臣，以平民愤，以保国体。光绪皇帝无暇与他们理论，对这些奏章，一概置之不理。守旧官员们痛心疾首，捶胸顿足，他们有人甚至扬言："皇帝吃了康有为的迷魂药！"军机大臣刚毅则更加疯狂，公开叫喊："宁可亡国，决不变法！"

强学会成立四个月后，御史杨崇伊奉命上书，弹劾强学会结党敛钱，败坏法纪，请求慈禧太后立即下旨查封。杨崇伊是李鸿章的心腹党羽，李鸿章对其非常赏识，他们结了儿女亲家：杨崇伊的儿子娶了李鸿章长子李经方的女儿，杨的女儿成为李鸿章的儿媳妇。慈禧太后看到杨氏的奏章，喜出望外，逼迫光绪皇帝下令关闭强学会。北京强学会总部随即被查封。杨崇伊再次上书，向强学会进一步发难，直接指名强学会副会长文廷式结党营私，非议时政，谋害国家。慈禧太后立即批示："文廷式革职，永不叙用。"北京阴云笼罩，山雨欲来风满楼。在翁同龢的细心周旋下，北京将强学会悄悄改名为官书局。负责户部的翁同龢提出，由户部每年拨款一千两，支持官书局事务。清宫档案之中，还留存有翁同龢的奏折及所附的官书局诸臣名单。

从光绪皇帝颁布《明定国是诏》的正式变法开始，慈禧太后就着手应对之策，积极准备全面扼杀变法。《明定国是诏》出自翁同龢之手。该文是光绪皇帝维新变法的核心，也是光绪时期响彻云霄的变法号角。它的颁布和展开，让守旧官僚和后党分子大为恐慌。许多守旧官员或者丢失官职，或者大权旁落，他们为此将矛头对准了翁同龢。众人趋向颐和园，面奏慈禧，哭诉自己的悲惨遭遇。慈禧只是静静地听，没有任何表态。

但有一件事，引起了慈禧太后的关注，慈禧太后不仅直接查问，还明确予以表态。这件事由荣禄密奏：翁同龢专横，且劝说皇帝近期游历西洋。慈禧太后闻言，大惊失色，自语道："翁同龢，危矣！"《明定国是诏》颁布的第四天，也就是四月二十七日，慈禧太后逼迫光绪皇帝颁发圣旨：免除翁同龢协办大学士、户部尚书，著回江苏原籍。紧接着，在慈禧太后的授意下，光绪皇帝任命直隶总督王文韶为军机大臣、户部尚书。慈禧太后知道，变法的根本大权是人

荣禄照

事权和财政权，军队和人事，都是在她的掌握之中，只有这财权，一直在皇帝的手中。这次变动，翁同龢解职回籍，户部尚书由直隶总督兼任。直隶总督一职，一直是慈禧太后的心腹大臣担任的，任何人都不能染指。这次，由直隶总督兼任户部尚书，军、政、财权集于一人，在大清王朝还是第一次，此乃慈禧太后的一大创举。安排妥当以后，慈禧太后内心释然不少，她知道，可怜的皇帝除了发布诏书的权力外，已经几乎是一无所有，光绪不过是个摆设而已！

在侍从眼中，慈禧太后居住在颐和园，过着悠闲快活的日子，每天赏花、看戏、游玩、绘画、散步、钓鱼。颐和园的昆明湖有慈禧太后专门的放生池。管理这座放生池的太监立下规矩：禁止捕鱼，放养大量鱼群；以昂贵的红虫子

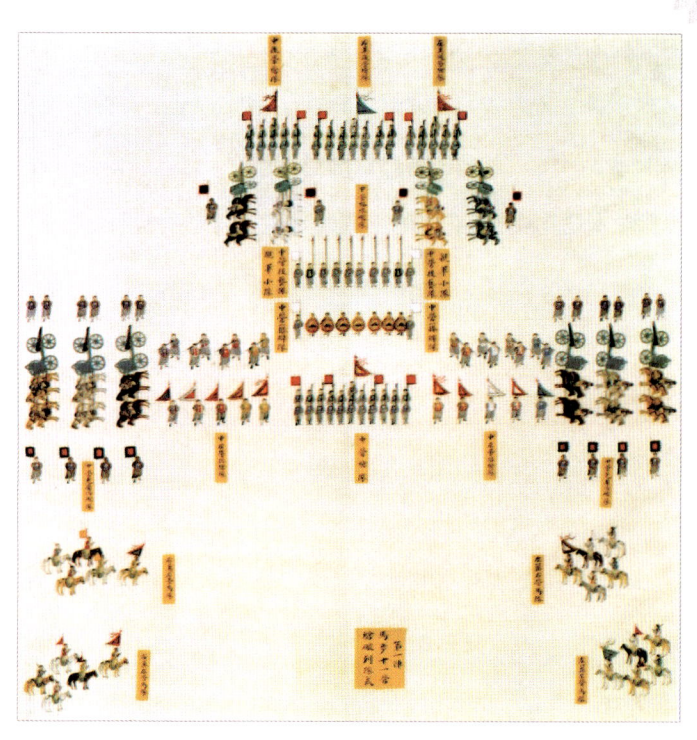

神机营合操阵式图

为鱼食；早晨九时喂食，只此一顿，并不吃饱。每天，太监往水边一站，人影倒映在湖中，红虫子就撒了一湖，这时，就会形成奇观：众鱼争先恐后，奋起争食。如此，慈禧太后用过早膳，正是九时以后，只要一来到湖边，鱼儿就异常兴奋，活泼跳跃。侍从在慈禧太后身边的李莲英就说："老佛爷，您老游湖，连鱼儿都高兴！您不妨伸出御手来，往水皮上一放，您看看，鱼儿就会往您手心上跳！"慈禧太后将信将疑，真的一伸手，大小鱼儿争先恐后，真的往前挤、往上跳！水溅了慈禧太后一身，慈禧依然开心地大笑。

慈禧还喜欢养狗，宠物狗有约三十条，她为狗专门设置了狗房，称为御狗厩。慈禧吩咐，在颐和园万寿山后，用竹片建造狗宫殿，称为竹宫。太后经常路过这里，视察竹宫，看看自己的爱犬，还能赏玩一番。慈禧有四条哈巴狗，一色的黑中带灰，分别取名为琥珀、紫烟、秋叶、霜柿。她还有四条袖珍小狗，伴随左右，分别赐名为风、月亮、雪球、雨过天晴。

慈禧太后的宠物狗中，最有名的小狗叫水獭。这是一只外国进贡的名种狗，全身墨黑，身材娇小，看上去如水獭，所以慈禧赐名水獭。此狗外形如狮子，又称狮子狗。慈禧在仁寿殿前的上朝所照的一张照片里，她身前的那只黑狗，就是这只水獭。水獭是只母狗，一直生活在宫中陪伴着太后。

表面宽松的背后，慈禧的神经并未放松，她一直在悄悄地布防军队，调兵遣将，没有清闲。她最大的举措，就是任命荣禄为军机大臣、兵部尚书，节制北洋海军陆军各军，总管京城禁卫军武卫军。名义上，皇帝是军队的最高统帅。实际上，兵部尚书是全国军队总司令，直接掌管兵权。北洋军是最新式的海军、陆军，尤其是北洋海军，代表着当时最先进的军事力量，是大清王朝的军中王牌。武卫军是当时最新设立和编练的新式军队，分为五军，由慈禧太后亲自挑选心腹之人担任将军：荣禄自领最为精锐的中军，驻防北京；山东蓬莱人宋庆领左军，称毅军，驻守山海关；袁世凯领右军，称新建陆军，驻天津小站；安徽合肥人聂士成领前军，称武毅军，驻扎芦台；董福祥领后军，称甘军，驻守蓟州。

王文韶是慈禧太后直接提拔和重用的大臣，由他出任直隶总督，兼任户部尚书。荣禄任直隶总督兼北洋大臣，直接统领最为精锐的北洋海军，控制着北京及周边地区的军事力量。这样，军、政、财权，全部集于慈禧太后一身。同时，为了更加保险和相互制约，慈禧太后下令，董福祥所领的甘军由慈禧太后信任的端郡王亲领，也就是交端郡王直接管理。甘军是最为骁勇的甘肃回汉骑兵军团，这支军队，由端郡王指挥，开赴北京南郊的御猎场，守卫京城，以备不时之需。就这样，在慈禧太后的精心安排下，京城周围，重兵把守，严密布防，固若金汤。

慈禧太后布置好京城卫戍军和野战军后，仍然不放心，决定将禁卫军指挥权牢牢控制在自己手中，调整禁卫军：荣禄一直亲领负责保卫北京的步军统领，慈禧太后将步军统领一职，交给了端郡王亲信的内务府汉军正白旗人崇礼。据说，这支保卫北京的宪兵部队，装备了当时最为先进的新式洋枪和机械化火炮。在慈禧太后的安排下，三支满洲骑兵部队和一支火炮步兵营，悄悄地派驻颐和园，保护太后的人身安全，直接由慈禧太后指挥。光绪皇帝将礼部尚书怀塔布免职，怀塔布跑到颐和园，向太后哭诉。慈禧太后立即任命怀塔布为禁卫军统帅，管理圆明园八旗及鸟枪营等事务；同时，慈禧太后任命坚决反对变法的军机大臣刚毅为禁卫军统帅，管理健锐营事务。

七月二十一日，维新变法和反维新变法之争开始进入白热化。心怀不安的慈禧太后派心腹大臣怀塔布、杨崇伊秘密前往天津，与荣禄密谋，确定在慈禧太后和光绪皇帝同赴天津阅兵之时，发动政变，囚禁并废黜光绪皇帝。以光绪皇帝为首的帝党集团感觉到后党集团的步步进逼，阴气逼人，他们也在紧锣密鼓地寻找对策，想方设法争取兵权。康有为派遣亲信弟子徐仁禄前往天津，秘密来到小站，专程拜访袁世凯，表达皇帝改革的决心和对袁世凯的器重。

殊不知，袁世凯与慈禧有着密切的关系。袁世凯进入慈禧太后的视线，主要是通过两个宠臣，一个是荣禄，一个是李莲英。袁世凯在留任京城督办军务处差使期间，花了大量时间上下奔走，结交宫廷内外的重要人物和王公权贵，其中，结交最深、最为重要的并影响他一生仕途的要人，就是慈禧太后身边的顶级红人李莲英。在风雨飘摇的艰难岁月，慈禧太后需要袁世凯这样的治世之才：眼光深远，行动敏捷，办事雷厉风行。太后从荣禄和李莲英的叙述中，获

谭嗣同、梁启超、汪康年等合影

悉了袁世凯的精明和才干，也知道了这个编练新军的小矮子有着出众的狡猾和天生的投人所好的心术。慈禧太后开始有点儿怀疑：袁世凯真的那么出众？但是，让她惊奇的是，洞穿世事、人情练达的荣禄和心细如丝、眼光深远的李莲英竟然都特别欣赏袁世凯，慈禧太后不得不对其刮目相看。袁世凯确实有着非凡情商和交往能力，他在很短的时间内能够与李莲英结为挚友就是最好的证明。袁世凯的女儿袁静雪在《我的父亲袁世凯》中记载了袁世凯与李莲英的相识："中日甲午战争结束后不久，我的父亲便接受了'训练新建陆军'的命令，这就是一般所知道的'小站练兵'。他在经办这个差使的时候，深深地知道，当时官场中的惯例，仅有朝中大员对他的推荐是不够的，更重要的是走内线。恰巧，

林旭照

他从前在旅途中结识的阮忠枢，这时候正在李莲英的弟弟家里处馆。这个李莲英弟弟的家，实际上也就是李莲英的家。我父亲就通过这个关系和李莲英拉上了交情。等到恭亲王、庆亲王会同军机大臣保举他来训练新军的时候，西太后很快就批准了。这件事，李莲英是起了很大的作用的。"

袁世凯是一位精于世故的权术家，他在政坛上一直左右逢源，没有对手。这是袁世凯作戏的真本事，他的这个真本事，是有家学根底的。袁世凯从小就生活在长辈混迹的官场氛围之中，真是如鱼得水。袁氏长辈之中，在官场最为得意者是袁保庆、袁保恒、袁何龄，他们三人都看好袁世凯，他们决定，要着意培养这个袁氏的后代。他们告诉袁世凯，做官最大的本事就是要脸皮厚，要知道如何逢场做戏，左右逢源。他的嗣父袁保庆说："做官如演戏。人言官场如戏场，然而，善于做戏者，于忠孝节义之事，能做得情景毕现，使闻者动心，睹者流涕。官场如果无此等好角色，无此行好做工，岂不为优人（戏子）暗自嘲笑吗！"这等做戏的本事，袁世凯当然得心应手，手到擒来，学得炉火纯青。只是遇到老谋深算的慈禧之后，他才感到小巫见大巫，强中自有强中手。

袁世凯何等聪明，明白徐仁禄此来之意后，立即表示效忠皇帝，坚决拥护变法。康有为、谭嗣同等人喜出望外，信以为真。康有为十分兴奋，立即修书，奏请光绪皇帝，建议皇帝进一步笼络袁世凯，认为如果以天津小站之精锐兵力为后援，以备不虞，变法可成，太后可囚。变法中坚人物礼部右侍郎徐致靖更是大胆，公开上书《保荐袁世凯折》，请求皇帝召见袁世凯，示以恩宠，授予其更重要的职务。光绪皇帝接受所请，降谕直隶总督荣禄，传袁世凯来京觐见。

七月二十九日，自以为得计的光绪皇帝乘着龙轿出宫，来到西直门外的倚虹堂。随后，光绪帝登上专造的飘扬着龙旗的皇帝龙舟，前往颐和园，向慈禧太后请旨问安。这是颁布《明定国是诏》以来，光绪皇帝第九次来到颐和园，既是向慈禧太后问安，更是探听太后对于变法的态度。光绪皇帝带了一份十分重要的奏折，考虑进行重大的人事调整。他决定，设立懋勤殿办事处，保荐康有为、梁启超、康广仁、杨深秀等变法精英为懋勤殿顾问。事实上，这是又一个政务中枢，相当于雍正皇帝设立的军机处。慈禧太后闻言，立即大怒，大声呵斥道："你要把祖宗大业，葬送于康有为等人之手吗？！"光绪皇帝毫无思想准备，更没有想到慈禧太后会如此动怒。他跪在地上，吓得浑身颤抖，一遍遍地认罪："请皇爸爸息怒！请亲爸爸息怒！"

光绪内心明白，自己的行政措施遭到否定，不仅变法没有希望，恐怕自己的皇位也难保全。他回到宫中，立即写下密旨，让亲信近侍交给康有为、杨锐，

袁世凯朝服照

告知他们:"朕位且不能保,妥速筹商,密缮封奏以闻!"不仅光绪皇帝知道,康有为等书生气十足的维新派人士也知道,慈禧太后准备动手了。这位铁腕女人,一定会以暴力扼杀变法。面对太后的威胁,帝党集团束手无策。当时,帝党集团和变法人士拥有舆论和民心,但没有任何兵权。这样,袁世凯和他的天津小站数千人马就成为光绪皇帝和维新派精英们拯救变法的唯一一根救命稻草。康有为眼睛血红,忧心如焚,他大声叫喊:"袁世凯拥兵权,可救上者,只此一人!"

袁世凯奉旨,从天津来到北京,前往颐和园。八月初一日,光绪皇帝在颐和园召见袁世凯。袁世凯一见光绪皇帝,立即叩首跪拜。他极力赞扬变法维新,称皇帝领导的这场变法是前所未有之盛事,皇上所施行之新政是救世济世之良方。光绪皇帝十分满意,一方面称赞袁的办事能力和领导魄力,一方面希望他一心一意为皇帝效命，为国家效力。光绪帝授予他兵部侍郎候补之职，专办练兵事务。袁世凯俯伏在地，再三表示，自己要一心一意效忠于皇室，虽肝脑涂地，在所不辞。第二天，光绪皇帝再次召见袁世凯，关心袁世凯的身体和生活，期望他练好精兵，为皇上分忧。袁世凯当即泪流满面，对光绪皇帝如此之厚爱，感激涕零。光绪皇帝看着袁世凯，不禁流下泪来，感慨地说："有袁大头在，维新变法就有希望！"

八月初二日，御史杨崇伊按照慈禧太后授意，再次上书，奏请出慈禧太后训政。慈禧太后接受了这份上封事书，吩咐群臣合议。精通官场之道的大臣们都知道，慈禧太后又要重新执政了。这天傍晚，光绪皇帝心事重重，从颐和园一回到皇宫，就把自己关进了养心殿。他深知自己处境危险，孤立无援，可能朝不保夕。思虑再三后，他写下密诏，求救于书生意气的康有为："今朕位几不保，汝康有为、杨锐、林旭、谭嗣同、刘光第等，可要速密筹，设法相救。朕十分焦灼，不胜企望之至！"当天晚上，康有为接到皇帝的密诏，立即与维新人士商讨救上之策。一群知识分子想不出救上之策，只有相对痛哭！众人商讨的结果是，由谭嗣同携带皇帝密诏，说服袁世凯立即起兵勤王，囚禁太后，逮捕荣禄，收拾守旧顽固后党集团，以此拯救维新变法。

袁世凯居住在法华寺。深夜时分，谭嗣同夜访袁世凯，稍事寒暄之后就进入主题："皇上十分器重袁世凯大人，殷切期待袁将军忠于皇帝，以大清江山社稷为重，率兵勤王，包围颐和园。"袁世凯非常冷静，听说勤王，立即跪伏在地："奴才忠于皇上，肝脑涂地，在所不惜！不知包围颐和园，意在何为？"谭嗣同斩钉截铁地冒出四个字："锢后，杀禄！"袁世凯听说禁锢慈禧太后，杀死荣禄，吓出一身冷汗。但见谭嗣同腰间携有利刃，他依然不动声色，十分恭敬却正颜厉色道："好！愿为皇上效命！杀死荣禄，就像杀一条狗一样容易！"

他话锋一转,"不过,小站营官都是旧人,枪弹火药都在荣禄衙门。而且,小站到北京,相距二百余里,隔着一条铁路,恐怕我们的军队没有到京就已经泄露了。请回奏皇上,最好的日子,是在十月天津阅兵之时,皇上入本营,则可以直接奉上命诛杀乱臣贼子!"

袁世凯同意合作的表态使得变法维新人士松了一口气。谭嗣同走后,袁世凯带着他的卫兵秘密地在夜色中疾行,他们秘密前往的地点正是庆亲王奕劻的郊外官邸,庆亲王和李鸿章正在那里等他。在东方泛白的晨曦之中,袁世凯与庆亲王和李鸿章举行了一次神秘会晤。这次会晤,没有任何历史记录,但后来的事实证明,袁世凯将光绪皇帝和维新派彻底出卖了。这次郊外密谈后,李鸿章立即召来他的儿女亲家、在都察院担任要职的秘密警察头子杨崇伊,将一切告知。很快,杨崇伊将光绪帝与维新党密谋一事奏报给慈禧太后和铁帽子王们。清端郡公、澜公等获讯后,表情严肃,立即齐聚一堂,听取奕劻和杨崇伊的紧急情况通报。这时,袁世凯和李鸿章已经悄悄离开。他们二人手握重权,办事雷厉风行,许多地方直接触及铁帽子王群体的利益,并不获其好感。

紧接着,庆亲王奕劻召开了一次紧急会议,商量对策,准备好所有的材料。然后,众人一行一道前往颐和园,向慈禧太后奏报战果,请求慈禧太后发动政变,囚禁皇帝,立即训政。

初五日一大早,袁世凯进宫请训。他在《戊戌日记》中详细记载了觐见皇帝的情景,其间,他说了一番十分重要的话:"初五日请训,借陈奏说:'古今各国的变法都不是轻而易举的事情,不是有内忧,就是有外患。请(皇上)忍耐,等待时机,一步一步经营料理。如果操之太急,必会产生流弊。而且,变法尤其要得人心,必须有真正明达时务、老成持重如张之洞这样的人,赞襄主持,方可上

袁世凯戎装照

承圣意。至于新进诸臣，固然不是没有明达勇猛的人士，但阅历太浅，办事情也不能缜密，倘若有什么疏忽失误，连累到皇上，关系就太重大了。总求（皇上）十分留意，天下幸甚。臣受恩深重，不敢不冒死直言陈奏等语。'皇上为这番话所打动，没有答话和指示。请安退下，即赴车站，等候达佑文观察同行（回天津）。"

袁世凯乘坐初五这天上午十一时四十分的火车返回天津，大约是下午三时到达。因为他受到皇帝特别召见，皇帝又破格提拔他为兵部侍郎，所以，天津文武百官几乎全部都到车站迎接这位手握兵权的特殊人物。官场应酬，客气寒暄，袁世凯在火车站茶座应酬了大半天，待他前往总督府拜见荣禄时，已经是日薄西山、晚霞满天。袁世凯从容不迫地来到荣督府，不动声色，由于总督府里进出的人员太多，他只是简单地说了一点儿进京的情形和有关政变的情况，

庆亲王奕劻照

并没有将维新派的政变内幕和盘托出。袁世凯在《戊戌日记》中写道:"到府见荣相,略述内情,并说皇上圣孝,实在没有其他意思。但有一群小人结党煽惑,阴谋危及宗社,罪过实在是下面的人犯下的,必须保全皇上,以安天下。话没说完,叶祖圭进来入座。一会儿,(达)佑文也来了。久等至将近二鼓(晚上十时),也没有机会,只好先退出吃晚饭,约定明早再来造访详谈。第二天早上,荣相到我住处,才将详细情形完全说出,荣相失色,大呼冤枉说:荣某若有丝毫犯上之心,天必诛我。近来,屡有人来天津通告内情,但不如今天谈得这么细。我说:此事与皇上毫无关系,如果连累皇上的地位,我只有服毒自尽了。"

荣禄开始不知道事情的严重性,后来得知详情,大惊失色。荣禄的失色,一方面说明袁世凯是何等工于心计、不动声色,这么大的事情,竟然没有让老成持重的荣禄看出一点儿破绽；另一方面，可见当时的局势是何等严峻，帝党和后党水火不容，双方的较量进入白热化阶段。事实上，袁世凯在这种纷繁的政局之中，头脑十分清醒，洞若观火，镇定自若。在荣禄第二天早上看望他、探知详情时，他并没有说出北京的全部情形，而是有选择地进行详谈。他没有讲出维新派的全部计划，最关键的是他没有说出维新派打算包围颐和园、禁锢慈禧太后。袁世凯这样做，目的很明确，就是不想将这事情弄得太复杂，不想把皇帝牵扯进去。

荣禄知道，事不宜迟，必须立即进京。他稍事安排以后，火速前往颐和园。荣禄见到了慈禧太后，两人深夜长谈，仔细密谋好每一个细节。第二天，慈禧太后召见了庆亲王奕劻和军机大臣刚毅，一同讨论了紧急时局和训政事宜。董福祥奉荣禄之命，率领后军进入北京，扬言京城有大变，入卫勤王。

八月初四日，下午酉时（六时），光绪皇帝一身便服，心情极好，正在养心殿踱步，思考着如何确保新政的落实和维新变法大计的延续。这时，太监奏报："太后回宫了！"听了这声叫喊，光绪吓得脸色苍白。过了片刻，他缓过神来，立即跑出养心殿，急慌慌地前往瀛秀门迎接慈禧。慈禧太后脸色阴沉，目光阴冷。她没有停下脚步，而是径直来到光绪皇帝的寝宫，吩咐将殿中的所有奏章和批件全部拿走。光绪皇帝呆立一旁。慈禧太后这才转过身，恶狠狠地指着光绪皇帝的鼻子，怒气冲天地吼道："你这个痴儿！今天没有我，明天还有你吗？！"

瞬息之间，光绪皇帝从天下至尊的皇帝变成了阶下囚。他被软禁了。紫禁城西边的中海有一片孤立的三面环水的小岛，湖水很深，烟波浩渺，过去，那里是皇帝游乐和射箭练武的所在，也是皇子比武和考试武状元的地方。这里曾有三座桥梁，从不同的方向通向小岛。现在，三座桥梁都被拆除了，只有一个可以拆除的人行桥可以通向小岛。这就是瀛台，由慈禧太后信任和严格挑选的禁卫军和太监看守，成了光绪帝的囚笼。康有为死里逃生，他在逃亡途中，写了一部《自订年谱》，在书中写道："是时，上幽南海瀛台中，王汪航（王照）与日人谋逾南苑救上。复生（谭嗣同）与京师侠士大刀王五亦谋救上，皆未及事。"康有为断言，慈禧太后囚禁了光绪皇帝，并多方对其折磨，可能已经将皇帝害死。慈禧太后发动政变后，维新派人士拜见英使、日使、美使，请求他们设法营救光绪皇帝。八月初五日，康有为在友人的帮助下悄悄乘坐火车，前往天津，逃亡上海。然后，在英国人的保护下逃往香港。梁启超得到日本人的帮助和保护，秘密逃往横滨。初六日，光绪皇帝发布上谕，正式宣布慈禧太后训政："现在，国事艰维，庶务待理。朕勤劳宵旰，日综万机。兢业之余，时虞丛脞。恭溯同治年间以来，慈禧端佑康颐昭豫庄诚寿恭钦献崇熙皇太后，两次垂帘听政，办理朝政，宏济时艰，无不尽美尽善。因念宗社为重，再三吁恳慈恩训政，仰蒙俯如所请，此乃天下臣民之福！"接着，慈禧太后下旨，除京师大学堂之外，所有光绪颁发的新政，一概废除。光绪皇帝失去了自由，太后到哪里，他就被带着跟随到哪里。慈禧太后在紫禁城，光绪皇帝就被囚禁在中南海瀛台；慈禧太后在颐和园，光绪皇帝就被囚禁在颐和园玉澜堂。

光绪皇帝作为一国之君，期望变法图强，富国强兵。他迫切地希望通过维新变法振兴国力，通过西法来挽救大清。然而，宏图未展，己身已成阶下之囚，所有治国强国的宏图大志皆成泡影。然而，面对这场突如其来的变法悲剧，他心有不甘。他是堂堂男儿，宁死也想保留自己的变法成果。"朕不自惜，死生听天！汝等肯激发天良，顾全祖宗基业，保全新政，朕死无憾！"光绪帝的慨叹感天动地。

维新变法失败以后，取得胜利的以慈禧太后为核心的后党集团，着手立即除掉光绪皇帝，另立新帝。慈禧太后痛恨光绪皇帝，对皇帝图谋围园一事，一直耿耿于怀。他们先是制造谣言，宣称光绪皇帝病重。光绪二十五年（一八九九年），明白慈禧太后苦心的直隶总督荣禄献计，改立端王载漪之子溥儁为帝，继为同治皇帝之嗣。慈禧斟酌后认为此计可行。荣禄建议，为防止外人作梗，端王载漪之子溥儁直接改称大阿哥。十二月二十四日，慈禧皇太后在中南海仪鸾殿召集御前会议，所有王公大臣和满汉尚书都参加。慈禧太后没有征求大臣们的意见，而是直接以光绪皇帝的名义宣布：以多罗郡王载漪之子溥儁，继承穆宗毅皇帝为子。封载漪之子溥儁为皇子，立为皇储大阿哥。同时，慈禧太后宣布：预定第二年，庚子年（一九〇〇年）元旦，举行光绪皇帝禅位典礼，正式扶立大阿哥即皇帝位，改年号为保庆。慈禧太后一意孤行。然而，出乎她意料的是，对此，国内国外，反对扶立新帝的声浪，此起彼伏，一浪高过一浪。维新派代表人物蔡元培和海外保皇党华侨数十万人，纷纷致电清廷，反对废黜光绪皇帝，另立新君。上海绅商经元善等人，联合各方人士一千二百三十一人，联名上书，反对立嗣废帝。

驻京各国公使知道，皇帝生死未卜。他们联合起来向慈禧太后提出警告。他们明确表态，拒绝参加光绪皇帝的禅让典礼，拒不承认新皇帝登基。慈禧太后主意已定，宣称：光绪皇帝久病不愈，不能君临天下，宜另择新君。她密电南方各省督抚，探询他们的意见。南方各省督抚反应冷淡，不赞成废帝另立，部分总督则公开表示反对。两江总督刘坤一复电慈禧太后，明确反对另立新君，他认为："君臣之分已定，中外之口宜防。"这样，慈禧一手导演的废帝闹剧，只得不了了之。

八国联军入侵北京

联军在大清门前

联军进入大清门

瓦德西在中南海照

赛金花照

八国联军入侵北京

八国联军是指清光绪二十六年（一九〇〇年八月十四日）英、法、德、美、日、俄、意、奥（指奥匈帝国）等国声称为镇压中国北方义和团运动而入侵中国的联合远征军。联合远征军开始时总人数约三万，后来增至约七万。八国联军入侵中国时，各国侵略军具体人数如下：日本，两万一千六百三十四人；俄国，一万五千五百七十人；英国，一万零六百五十三人；德国，八千四百零一人；法国，七千零八十人；美国，五千六百零八人；意大利，两千五百四十五人；奥匈帝国，四百二十九人。合计七万一千九百二十人。

维新变法失败后各国同情光绪皇帝的外交姿态令慈禧太后怀恨在心。面对外患日益严重，列强企图瓜分中国争夺和划分各自的势力范围的严酷局面，慈禧太后更加增长了排外的情绪。

清廷之极度衰弱，在第一次鸦片战争以后的历次战事之中，充分暴露无遗。明智之士知道，大清王朝虚弱不堪，无法和西方列强任何一个国家相抗争，更不用说与列强联军对抗。慈禧太后镇压了维新变法以后，西方列强步步进逼，大清王朝处于风雨飘摇之中。光绪二十六年（一九〇〇年）四月，北京、天津地区掀起了规模浩大的义和团运动。慈禧太后为首的守旧势力面对困境，决定利用义和团的力量，围攻外国驻华使馆，给狂妄自大的洋人施以颜色。

慈禧太后召集紧急御前会议，商讨此事。战和不战两派，各持己见，相持

联军在千步廊阅兵

不下。光绪皇帝认为，以中国之弱，对付八国联军，结果就是亡国。处于囚徒地位的他主张变法图强，不能对列国宣战，提出："使馆不可攻打，洋人不能加害，向西方列强更不能宣战！"他深刻地指出："战非不可言，顾中国积弱，兵又不足恃，用乱民以求一逞，宁有幸乎！……乱民，皆乌合之众，能以血肉相搏耶？且人心徒空言耳，奈何以民命为儿戏！"然而，慈禧太后固执己见，依然决定扶持义和团，联合团民，扩充排外的力量。

义和团，又称义和拳，是山东地区学习神功的团民组织。山东巡抚毓贤利用义和团对抗教会，威吓教民脱离教会。后来，在外国干涉和逼迫下，慈禧太后特派袁世凯前往山东取缔义和团。在袁世凯的强力镇压下，义和团被打散，大量团民逃到北京城外之涿州各地。慈禧倚重守旧大臣，听信毓贤之言，相信义和团团民是神兵天降，能够"刀枪不入""枪炮不伤"。毓贤也仇视西方传教士和教民，极力怂恿慈禧太后借助义和团"神兵"，对抗各国列强。

联军进入紫禁城午门广场

慈禧派刚毅前往涿州视察义和团真实情况，立即回奏。刚毅考察后上书慈禧太后，声称"天降义和团，以灭洋人"。此时，内外交困之下的慈禧太后得到情报，西方列强一致要求太后放权，光绪亲政。经过斟酌，她最终接受刚毅之议，承认义和团是合法组织。因此，义和团以"扶清灭洋"为口号，得以浩浩荡荡地进入北京城内，成为勤王之师。团民声势浩大，所到之处，杀洋人、教徒，烧教堂，拆电线，毁铁路，进攻天津租界。各国公使见状纷纷行动，强烈要求清廷取缔义和团，然而清廷对此没有回应。

义和团运动如火如荼地快速蔓延，在直隶和京津地区，发展十分迅猛。西方列强聚集起来，一方面全力以赴地调兵遣将，一方面一再胁迫清政府，镇压义和团。光绪二十六年三月（一九〇〇年四月），义和团在北京近郊形成势力。俄罗斯公使感觉事态严重，提出派兵镇压。美、英、法、德等各国公使相继奉本国政府之密令，联合照会清政府，剿除义和团。他们调集本国舰队，聚集于

联军侵略者在乾清宫

天津大沽口，威胁清政府。四月，义和团如雨后春笋，在京津地区迅速发展。许多清军士兵离开军营，参加义和团。慈禧信任端郡王爱新觉罗·载漪，以载漪为首的满洲宗室为主的排外集团于是占据上风，控制了朝政。

西方各国驻华公使心急如焚，大量洋人被杀，他们眼看清政府无法控制形势，总理衙门也无力说服朝廷，于是采取更加严厉的镇压措施。他们一起策划，最终决定直接出兵干涉。四月二十八日（五月一日），英、法、德、奥、意、日、俄、美八国各驻华公使举行会议，决定联合出兵，镇压义和团。他们以"保护使馆"的名义，照会清廷，调集兵力，进入北京。

光绪二十六年五月三日至五月六日（一九〇〇年五月三十日至六月二日），八国联军之海军陆战队四百多人，由天津乘坐火车进入北京，陆续进驻东交民巷。五月四日（五月三十一日），北京东交民巷外国使馆要求加强保护。英、俄、法、美、意、日六国，从天津派遣水兵以及陆战队三百四十九人登岸，乘坐火车，当晚抵达北京。随后，各国源源不断地继续向中国增兵。各国军舰二十四艘，集结在大沽口外。天津租界的各国侵略军不断集结，多达两千余人。六月六日后，八国联合侵华政策相继得到各自政府批准，入侵中国之战全面爆发。

光绪二十六年五月十四日（一九〇〇年六月十日），北京使馆对外通讯完全断绝。各国驻天津领事以及海军将领召开紧急会议，决定组成联军，由英国海军中将西摩尔率领。北京东交民巷各国使馆前筑起了防御工事，由英国全权公使窦纳乐负责指挥。当时，使馆区内，被围者约三千人，其中，有两千人为华人，外国男性四百人，女性一百四十七人，儿童七十六人。保护使馆的外国水兵及陆战队员共四百零九名，配备三支机关枪，以及四门小火炮。使馆区内，有水源充足的水井和粮食。英国使馆内还有小马一百五十匹，可供食用。

五月十五日（六月十一日），西方各国联军全副武装，由英国海军中将西摩尔率领，八国联军两千多人，强占火车，由天津驶往北京。列强入侵，激起了巨大的民愤，义和团坚决抵抗。五月十六日（六月十二日），义和团与清军董福祥、聂士成部联合作战，切断了侵略军与天津的联系。五月二十日至二十二日（六月十六日至十八日），侵略军进入廊坊、落岱、杨村一带，被义和团及中国民众团团包围。侵略军利用火力强大的枪炮武装，疯狂扫射杀戮。义和团奋勇杀敌，视死如归，打死打伤侵略军三百余人，西摩尔联军溃不成军，被迫沿北运河退回天津。义和团和清军联合，粉碎了八国联军进犯北京的图谋。

五月（六月）中旬，沙俄海军将领指挥各国海军舰艇，联合进攻大沽口炮台，遭到中国守军的坚决抵抗。经过激烈战斗，清军共击伤、击沉敌舰六艘，毙伤敌军二百余人。正当战事激烈之时，守将罗荣光不幸中弹牺牲。一时之间，气势正盛的清军失去了指挥,联军抓住战机,迅速组织进攻,很快,大沽炮台失守。日本使馆书记生奉命前往永定门接应西摩尔联军,途中被清兵俘虏,立即当作间谍处死。德国驻华公使克林德自负傲慢,耀武扬威,在北京东单牌楼行凶,被清守军击毙。

克林德是德国男爵,光绪七年(一八八一年)第一次来到中国,担任德国驻华公使馆实习翻译。随后,历任德国驻广州领事馆翻译、公使馆参赞、代办、德国驻墨西哥使馆参赞。光绪二十五年(一八九九年),他再次来到中国,担任驻华公使。义和团运动风起云涌,克林德对其恨之入骨。光绪二十六年五月十六日(一九〇〇年六月十二日),一位义和团团民经过东交民巷德国使馆在使馆门前正好遇上克林德,克林德满脸厌恶,出其不意地挥动手杖,击打团民,并将团民绑至大使馆内。五月二十五日(一九〇〇年六月十九日),清总理衙门照会各国驻华使馆,称各国军队正猛烈进攻大沽炮台,大清政府不再负责保护使馆安全,使馆人员必须在二十四小时内离开北京前往天津,路上,由清军护送。使馆人员拒绝清政府警告,强烈抵制。五月二十四日(六月二十日)上午,克林德不听同僚劝阻,带着翻译柯达士离开使馆,乘坐轿子前往清总理衙门,提交抗议书。不料,行进到东单牌楼时,遇到恩海所带的一队巡逻清军。

恩海时任清朝神机营霆字枪队八队章京,正带兵驻防此地。克林德的轿子飞奔而来,见此情形,恩海欲举枪警告。克林德在轿子内抢先开枪,恩海一个翻滚躲过射击,自卫还击,当即将克林德射杀;翻译柯达士受伤,轿夫和从人一哄逃散。恩海等人围拢过去,从轿子中拖出克林德,取下他的银表,其他士兵摘下他的戒指,拿走枪械等物扬长而去。

光绪二十四年五月二十五日(一九〇〇年六月二十一日),慈禧太后发布

八国联军入侵北京

法军在储秀宫

瓦德西（中立者）等人在中南海

瓦德西照

诏书，毅然向联军同时宣战：

> 我朝二百数十年，深仁厚泽，凡远人来中国者，列祖列宗，罔不待以怀柔。迨道光咸丰年间，俯准彼等互市。并乞在我国传教，朝廷以其劝人为善，勉允所请。初亦就我范围，讵三十年来，恃我国仁厚，一意拊循，乃益肆嚣张，欺凌我国家，侵犯我土地，蹂躏我人民，勒索我财物。朝廷稍加迁就，彼等负其凶横，日甚一日，无所不至，小则欺压平民，大则侮谩神圣。我国赤子，仇怒郁结，人人欲得而甘心。……乃彼等不知感激，反肆要挟，昨日复公然有杜士立照会，令我退出大沽口炮台，归彼看管，否则以力袭取。危词恫吓，意在肆其猖獗，震动畿辅。平日交邻之道，我未尝失礼于彼。彼自称教化之国，乃无礼横行，专恃兵坚器利，自取决裂

如此乎？

> 朕临御将三十年，待百姓如子孙，百姓亦戴朕如天帝。……朕今涕泪以告先庙，慷慨以誓师徒。与其苟且图存，贻羞万口，孰若大张挞伐，一决雌雄。连日召见大小臣工，询谋佥同。近畿及山东等省，义兵同日不期而集者，不下数十万人。至于五尺童子，亦能执干戈以卫社稷。彼尚诈谋，我恃天理；彼凭悍力，我恃人心。无论我国忠信甲胄，礼义干橹，人人敢死。既土地广有二十余省，人民多至四百余兆，何难翦彼凶焰，张国之威！其有同仇敌忾，陷阵冲锋，仰或仗义捐资，助益饷项，朝廷不惜破格茂赏，奖励忠勋。苟其自外生成，临阵退缩，甘心从逆，竟做汉奸，即刻严诛，决无宽贷。尔普天臣庶，其各怀忠义之心，共泄神人之愤，朕有厚望焉。

光绪二十四年六月十一日，共同对付大清帝国的八国联军组建完成，全副武装，开进天津，在天津南门外的八里台与清军精锐野战军和义和团展开激战。天津大沽口失陷以后，俄、英、德、美援军数千人到达，他们疯狂、残忍地闯入天津海河西岸紫竹林租界，对天津城及其外围地区发动猛烈攻击。清军和义和团奋起抵抗，全力以赴地投入天津保卫战。董福祥率义和团一部进攻老龙头火车站，毙伤俄军五百余人，数度占领火车站。张德成率义和团及清军一部围攻紫竹林，以火牛阵踏平雷区，冲入租界，剿杀侵略军。聂士成部清军坚守城南海光寺一带，痛击敌军。清军以冷兵器对抗西方的热兵器，最终伤亡惨重。八里台一战，直隶提督聂士成身中七弹，腹破肠流，血流如注，仍然坚持战斗，直至血尽而亡。激战持续到七月十四日，侵略联军付出了沉重的代价，伤亡九百余人。侵略联军穷凶极恶，发射毒气炮弹，疯狂进攻，天津陷落。宋庆、裕禄等大军败退，在北仓布防。

光绪二十六年七月（一九〇〇年八月）中旬，联军两万余人集结完毕，全副武装，带着充足的弹药，沿着大运河，由天津进犯北京。联军进抵北仓，清军马玉昆、吕本元等部以及李来中所部之义和团顽强阻击，大量杀伤敌军。马玉昆军和无畏的义和团在北仓一带密切配合，狠狠打击侵略军，血战数小时，打死英军一百二十人，打死日军四百余人。而联军故技重演，再次施放毒气弹，最终占领北仓。即使如此，侵略联军也付出了惨重代价，死伤六百三十五人。英、法、德、俄、美、意、奥、日联军攻陷天津大沽炮台后，烧杀淫掠，无恶不作。联军击溃直隶总督裕禄率领的清军占领天津杨村，裕禄走投无路，自杀身亡。

联军沿途所到之处，大肆屠杀、抢掠，清军根本无力阻挡。宋庆军、马玉昆军多达数万人，手持大刀、长矛，与联军的热兵器交战，溃不成军，尸横遍野，道路充塞着尸体。京津之间，勤王之师多达三万之众，驻守北京的禁卫军虎神营、武卫军和汉回骑兵精锐甘军也多达三万人，溃退的宋庆军、马玉昆军约有一万人，加上直隶练军数万人，共计兵力约十余万人。清军集结兵力，重新布防，全线退守通州张家湾，试图守住拱卫北京的最后防线。七月二十一日（八月十五日），八国联军向北京进发，大摇大摆地推进到张家湾，寻找清军主力进行决战。负责守卫张家湾的李秉衡军与八国联军交火，清军依旧大败，李秉衡含恨自尽。七月十八日（八月十二日），八国联军占领通州，北京门户洞开。七月十九日（八月十三日），联军进抵北京城下，猛烈进攻东便门、朝阳门、东直门。英军非常狡猾，率先从广渠门破城。七月二十日（八月十四日），北京失陷。二十一日（十五日），慈禧太后携光绪皇帝、皇后一行，仓皇出逃。

珍妃照（传）

珍妃居住的景仁宫

八国联军入侵北京

慈禧幽禁珍妃的景祺阁东院

八国联军炮轰古老的北京城，繁华的都市变为一片焦土，前门大街只剩断垣残壁，满目疮痍。联军以胜利者的姿态，耀武扬威地列队穿过前门、正阳门，进入皇宫。联军统帅德国人瓦德西率领各国指挥官进入皇帝、太后、嫔妃的寝宫，随心所欲。他们如同疯狂的野兽，洗劫北京，烧杀抢掠。瓦德西别出心裁，公然住进了慈禧太后居住的中南海仪銮殿，还让京城第一名妓赛金花前来侍寝。

赛金花本名傅彩云，十三岁时，被卖入青楼。十四岁时，被大她三十五岁的洪钧买去为妾。洪钧是才子，同治七年（一八六八年），慈禧太后钦点他为状元。光绪三年（一八七七年），慈禧太后派遣他出使柏林、圣彼得堡、维也纳、海牙等地，赛金花以大使夫人身份陪同出国，誉满欧洲。联军占领北京期

珍妃殉难处

间,赛金花经常出入德国军营,替苦难的中国人讲情。当时,京城人对赛金花心存感激,称赞她为"议和人臣赛二爷"!诗人樊增祥写有一首长诗名为《彩云曲》,吟咏名妓赛金花之事,风靡一时。

八国联军占领北京后,四处搜捕杀死克林德的清军章京恩海。日本侦探十分了解北京,对于中国人的生活了如指掌。日本密探首先在当铺之中,发现了恩海拿走的克林德银表。接着,以此为线索,查出杀死克林德之人正是恩海所为,立即将其抓捕。审讯之中,恩海非常镇定,不卑不亢。他承认出于自卫杀死了克林德,表示是职责所在,遇外国人即杀,并非酒后之行径,与其他人无关,但求早日赴死。

归案的第二天，恩海被移交德方。光绪二十六年农历十一月初十日（一九〇〇年十二月三十一日），在北京东单牌楼克林德身亡之处的闹市，恩海被斩首。恩海行刑之日，北京由东四到东单的大街之上挤满了行人。刑车所经过之处，北京老百姓异常悲痛，哭声四起，谩骂洋人之声不绝于耳。当时，天色阴沉，真是天怒人怨。

恩海死时，年仅二十五岁。第二天，恩海不屈不挠的照片被刊登在当时英文、法文的许多报纸上，他不畏强暴的事迹至今在北京百姓中传诵。八国联军统帅德国人瓦德西在笔记中特意记载此事："刺死克林德之凶手，现已执行死刑。自数月以来，此不幸之人，即尝自请早日执行。至于执行死刑之地，系在克使被刺之处。换言之，系在极为繁盛之街上。"

列强如同吸血鬼，特别是德国，借助克林德事件，对懦弱的清政府进行疯狂的敲诈勒索，无所不用其极。德国方面要求，处死凶手，惩办慈禧太后。克林德遗孀不依不饶，强烈要求慈禧太后偿命。据说，联军统帅、德国人瓦德西宠名妓赛金花，他们一起在仪鸾殿逍遥数月。赛金花多次在瓦德西前求情，还跪在克林德遗孀前求情，此事才出现转机。最后，约定按照中国最隆重的方式，在杀死克林德的地方，处于繁华闹市的东单牌楼，"立碑纪念"。

光绪二十七年五月初十日（一九〇一年六月二十五日），在东单牌楼，克林德碑开始动工。历时十九个月，光绪二十八年十二月（一九〇三年初），牌坊建成。随后，一九〇三年一月十八日，在慈禧太后首肯下，清政府特地举行克林德碑落成典礼。慈禧太后特派醇亲王载沣，代表清廷，出席典礼，前往致祭。一九一八年，第一次世界大战结束，德国失败，中国是协约国成员，是战胜国之一。消息传来，压抑多年的北京人终于爆发，一夜之间，将克林德牌坊

议和时的李鸿章

捣毁。第二年,由协约国出面,要求德国政府为中国人民谢罪,将捣毁的牌坊修好,移到中央公园(中山公园),称为"公理战胜牌坊"。一九五三年,在牌坊上,郭沫若先生题写四个大字:"和平万岁"。

克林德碑曾经耸立在北京繁华闹市的东单大街,它是中华民族的奇耻大辱,是北京人心中永远的痛楚,也是中国人心中永远抹不去的耻辱。克林德碑是中国半殖民地化的历史见证,它真实地记载了大清的懦弱、屈辱。它位于北京崇文门内大街西总布胡同西口,中国传统牌坊式建筑,大理石牌坊,东西横跨大街,汉白玉石柱,四柱三楼,蓝色琉璃瓦顶。牌坊上,分别用拉丁文、德文、汉文三种文字,镌刻着光绪皇帝颁布的《惋惜凶事之旨》:

> 上谕本年夏间拳匪搆乱开衅友邦朕奉
> 慈驾西巡京师云扰迅命庆亲王奕劻大学士李鸿章
> 作为全权大臣便宜行事与各国使臣止兵议款
> 昨据奕劻等电呈各国和议十二条大纲业已照
> 允仍电饬该全权大臣将详细节目悉心酌核量
> 中华之物力结与国之欢心既有悔祸之机宜颁
> 自责之诏朝廷一切委曲难言之苦衷不得不为
> 尔天下臣民明谕之此次拳教之祸不知者或疑
> 国家纵庇匪徒激成大变殊不知五六月间迭降谕
> 勤拳保教而乱民悍族迫人於无可如何既苦朕
> 谕之俱笃复悯存亡之莫保迄至七月二十一日

结与国之欢心谕旨（部分）

国家与环球各国立约以来，使臣历数万里之远来驻吾华，国权所寄，至隆且重。凡我中国臣民，俱宜爱护而敬恭之者也。德国使臣克林德，秉性和平，办理两国交涉诸务，尤为朕心所深信。乃本年五月，义和拳匪阑入京师，兵民交讧，竟至被戕殒命。朕心实负愧焉。业经降旨，特派大臣致祭，并命南北洋大臣于该使臣灵柩回国时，妥为照料。兹于被害地方，按其品位，树之碑铭。朕尤有再三致意者。

盖睦邻之谊，载于古经。修好之规，详于公法。我中国素称礼仪之邦，宜敦忠信之本。今者克林德，为国捐躯，令名美誉，虽已传播五洲，而在朕惋惜之怀，则更历久弥笃。惟望译读是碑者，睹物思人，惩前毖后，咸知远人来华，意存亲睦，相与开诚布公，尽心款洽。庶几太和之气，洋溢寰区，既副朝廷柔远之思，益保亚洲升平之局，此尤朕所厚望云。

光绪二十六年（一九○○年）夏，八国联军即将打进紫禁城。七月二十日（八月十五日），慈禧太后仓皇出逃之前，下令崔玉桂将光绪皇帝宠爱的珍妃推入紫禁城外东路颐和轩后边的小井里。这口井，后来称为珍妃井。崔玉桂是慈禧太后时期宫内的第二号太监，地位仅次于李莲英。他的身体很强壮，喜欢习武，做事干净利索。宫里的太监们都有些怕他，叫他天不怕地不怕的小罗成。崔玉桂对于慈禧太后让他害死珍妃的事，心里一直很不痛快。

事后，崔玉桂曾对侍候慈禧太后吸烟的侍女小荣儿愤愤地说："老太后亏心！那时候，累得我脚不沾地。外头闹二毛子，第一件事是把护卫内宫的事交给我了。我黑夜白天得不到觉睡，万一有了疏忽，我是掉脑袋的罪。第二件事，我是内廷管事的头儿，外头军机处的事我要奏上去，里头的话我要传出去，我又是老太后的耳朵，又是老太后的嘴。里里外外地跑，一件事砸了锅，脑袋就得搬家。越忙越得沉住气，一个人能有多大的精气神？可是，这珍妃的事，老太后为何挑我做？"

崔玉桂回忆："七月二十日那天中午，我想老太后传完膳，有片刻漱口吸烟的时间，就在这时候，去请膳牌子最合适。膳牌子是在太后、皇帝吃饭时，军机处在牌子上写好请求觐见的人名，由内廷总管用盘子盛好呈上，听凭太后、皇帝安排见谁不见谁。膳牌子是薄薄的竹片，大约五寸多长，三分之一用绿漆漆了顶部，三分之二用粉涂白了，写上请求觐见者的官职。膳牌子，俗称绿头牌子。崔玉桂说："就在这个时候，老太后吩咐我，说要在未正时刻，召见珍妃，让她在颐和轩候驾，派我去传旨。我就犯嘀咕了：召见妃子，历来是两个人的差事，单独一个人，不能领妃子出宫，这是宫里的规矩。我想，应该找一个人陪着，免得出错。""乐善堂这片地方，派差事的事，归陈全福管，我虽然奉了懿旨，但水大也不能漫过船去，我应该找陈全福商量一下。陈全福毕竟是个老当差的，有经验，他对我说：'这差事，既然吩咐您一个人办，您就不要敲锣打鼓，但又不能没有规矩。现在，在颐和轩管事的是王德环，您可以约他一块去，名正言顺，因为，老太后点了颐和轩的名了，将来也有话说。"

那天晴朗，宫廷院落里闷热难当。前几日，宫里的状况就不同寻常：身强力壮的太监，都调到神武门内御花园北门的顺贞门内外了，御花园两边，也增加了持枪的侍卫，加强戒备。

慈禧太后好几天总是板着脸，苍白的瘦削脸上，没有一丝笑容。掌事儿的小娟子和小荣儿提醒侍女们，千万小心侍候，别出一点儿差错。侍女本来就害怕，这一提醒，一个个更加提心吊胆战战兢兢。这是一个平常的下午，一直睡觉很安稳的慈禧太后，在这个平常的下午却睡不着觉，没到点儿，就自己撩开帐子，坐了起来，自己下床——这一下，让小荣儿吃惊不小。平常日里，无论遇到多么烦恼的事情，她总是安然入睡，准时醒来，轻声哼一下，侍女立即上前撩开帐子，侍候太后起床。这一次倒好，太后自己撩帐，自己起床！慈禧太后匆忙洗完了脸，脂也没擦，烟也没抽，侍女捧上的她平常夏季最爱吃的水镇菠萝也没有吃。她一声没吭，就径直走出居住的乐寿堂，朝北走去。小荣儿紧张地跟着，得到暗号的掌事儿的小娟也赶来紧张地跟着。走到颐和轩西廊子中间，慈禧太后回过头，严肃地说："你们不用侍候。"这是太后醒来后说出的第一句话。慈禧一直往北走，下台阶时，有太监恭候着，来到颐和轩。

光绪皇帝的珍妃，被关在景祺阁北边的冷宫。这一带，有一个单独的小院，称东北三所。这里的正门一直关着，上边有内务府的封条，人进出则走西边的腰子门。崔玉桂回忆："我们去的时候，门也关着，一切都是静悄悄的。我们敲开了门，告诉守门的一个老太监，请珍小主接旨。这里，就是所谓的冷宫。我是第一次到这里来，也是这一辈子最后一回。后来，我跟多年的老太监打听，东北三所和南三所，这都是明朝奶母养老的地方。奶母有了功，老了，不忍打发出去，就在这些地方住，并不荒凉。"

珍妃住北房三间之中最西边的屋子，屋门是从外倒锁着，窗户有一扇是活的，饭食、洗脸水都是由下人从这窗户递进去，同下人不许接触。没人交谈，这是最苦闷的事。吃的是普通下人的饭，一天有两次倒马桶。由两个老太监轮流监视，这两个老太监，无疑都是老太后的人。关入冷宫的珍妃，最苦的是节令时候例行申斥，无一例外。按照宫里的规矩，凡是遇到节日、忌日、初一、十五，老太监还要奉旨申斥，就是由老太监代表老太后，列数珍妃的罪过，指着鼻子申斥，让珍妃跪在地上敬听。指定申斥的时间，是午饭时举行。申斥完了以后，珍妃必须向上叩头谢恩。这恐怕是最不人道、最严厉的家法了：别人高高兴兴地过节日，关入冷宫的人则一次次地受尽凌辱。

珍妃在接旨以前，讲究身份的她，仔细梳理了一番。她从东北三所出来，跨过门院，穿过游廊，来到颐和轩。崔玉桂在前面引路，王德环跟在珍妃身后，太监按照规定不走甬道中间，而是走甬路两边。珍妃虽然是罪人，但还是宫里的小主，她依然走在甬道中间，头上是两把头的发型，摘去了两边的络子，身穿淡青色的长旗袍，脚底下穿一双普通的墨绿色缎子鞋。这是当时宫里最典型的有罪宫妃的装束，罪妃不许穿莲花盆底鞋。珍妃一直一言不发，她心里清楚，等待她的不会是什么好事。一行人到了颐和轩，慈禧太后一个人端坐在那里，身边没有一个侍女。崔玉桂上前请安复旨："回老佛爷，珍小主奉旨到了。"

珍妃像木头人一样，上前，叩头，道吉祥，然后一直跪伏在地上，低头听训。慈禧太后尖声说："洋鬼子要打进来了，外头乱糟糟的，谁也保不定会怎么样！不过，无论是谁，万一受了污辱，那就丢尽了皇家的脸面，也对不起列祖列宗！你应当明白！"慈禧太后话说得极快，语气十分严厉，眼睛却根本不瞧珍妃。珍妃愣了一下，缓慢地说："我明白，不会给祖宗丢人！"慈禧太后又说："你很年轻，容易惹事！我们要避一避，带你走，不可能，也不方便！"珍妃依旧冷静地说："您可以避一避，可以留皇上坐镇京师，维持大局。"慈禧听罢声音颤抖地大声呵斥道："你死到临头，还敢胡说！"珍妃声音也提高了："我没有应死的罪！"慈禧太后冷笑一声，一字一顿："你不管有罪没罪，都得死！"珍妃平静一下，和缓地说："我要见皇上一面。"慈禧轻声应道："皇上？皇上也救不了你。"她不经意地吩咐了一句："扔进井里。"院子里一片死寂，仿佛掉一根针都能听见。可是，太后的吩咐，好像没有人听见似的。慈禧看了一眼崔玉桂，一字一顿地说："扔进井里。来人哪！"崔玉桂、王德环像是触了电一样立即弹了起来，冲到珍妃跟前。他们看一眼慈禧太后，不知道该不该动手。王德环有意往后躲，惊恐地看着眼前的一切，不知道这眼前的景象是真是假。崔玉桂站在一边，也有点儿发愣。慈禧太后冷冷地却十分清晰地叫道："崔玉桂？"崔玉桂明白，这一切都是必须要发生的，谁也扛不过。这时，他像鬼使神差似的，大步上前，抓住珍妃，连推带搡地推向井边。珍妃十分愤怒，大声叫嚷道："我罪不该死！皇上没让我死！你们爱逃不逃，皇上不应该跑！我要见皇上！皇上，皇上，来世再报恩啊！"凄惨的声音，在深井里回荡，在宫院中久久回荡。宫人们回忆说，珍妃这声音，整整三天三夜，一直在萦回，又寒冷，又凄切，又瘆人。

八月十五日，八国联军占领北京。八月二十日，慈禧太后携光绪帝西逃至河北宣化鸡鸣驿，以光绪皇帝的名义发表罪己诏，承认自己作为一国之君，负罪实甚，要涤虑洗心。二十四日，慈禧准许全权大臣李鸿章便宜行事，朝廷不为遥制。九月七日，慈禧正式发布剿匪密谕，消灭义和团。她在致电李鸿章时称："罪在朕躬，悔何可及！"十一月三日，在联军的强烈要求下，慈禧太后发布严惩肇祸诸臣：庄亲王载勋、端郡王载漪革职，圈禁；怡亲王溥静，贝勒载濂、载滢，辅国公载澜，左都御史英年，协办大学士吏部尚书刚毅、刑部尚书赵舒翘分别降职、圈禁。迫于列强的压力，全权代表李鸿章又将山西巡抚毓贤置之重典，甘肃提督董福祥革职。十一国公使议定《议和大纲》十二款，慈禧太后看到没有将自己列为祸首，喜出望外，沾沾自喜地宣称："敬念宗庙社稷，关系至重，不得不委曲求全。"二月十四日，慈禧太后正式宣布严惩祸首：载勋赐自尽，载漪、载澜新疆圈禁，毓贤正法，董福祥革职缓办，英年、赵舒翘斩监候，徐用仪等五人复官。与各国修好，慈禧太后十分得意，竟厚颜无耻地宣称："量中华之物力，结与国之欢心！"

光绪二十七年九月二十七日（一九〇一年十一月七日），李鸿章去世，终年七十八岁。临终前，他留下了一首诗作：

袁世凯武卫军护送两宫回銮

劳劳车马未离鞍,临事方知一死难。
三百年来伤国步,八千里外吊民残。
秋风宝剑孤臣泪,落日旌旗大将坛。
海外尘氛犹未息,请君莫作等闲看!

李鸿章至死犹不能瞑目。侍候在身边的周馥安慰道:"未了事,我辈可了,请公放心去。"听了这话,李鸿章才瞑目而去,眼角含泪。李鸿章在病危之时和去世之际,慈禧太后正在从西安回銮途中,路经河南。慈禧太后闻讯李鸿章病危,甚为挂念,不思饮食,为之痛哭流涕。她说:"大局未定,倘有不测,朝廷如此重荷,更有何人分担!"第二天,李鸿章去世。慈禧太后闻讯,震动失次,几乎昏倒。慈禧的扈从人员从未见太后如此失态,无不惊愕,感觉如同

袁世凯武卫军护送两宫回銮

帝国大厦的栋梁倾塌。梁启超闻讯，也深感悲痛，并写下挽联致哀：

太息斯人去，萧条徐泗空，莽莽长淮，起陆龙蛇安在也？
回首山河非，只有夕阳好，哀哀浩劫，归辽神鹤竟何之！

慈禧太后从西安回京以后，不到三天，就将崔玉桂赶出了皇宫，理由是他当时并没有想把珍妃除掉，更不想把她推进井里，只是一时在气头上。没想到崔玉桂竟真的逞能，硬是把珍妃扔进了井里！崔玉桂被赶出了宫，但他依旧练习武艺，一直腰不塌，背不驼，还是那个老样子。他被撵出宫后，就住在鼓楼后边的一个破庙里，里面住着许多出宫的太监。崔玉桂是宫里仅次于李大总管的大红人，他自己有许多积蓄。在北京大雪纷飞的冬天，人们经常会看见一个武师模样的人,大摇大摆地走在地安门的槐荫道上。这个武师,就是崔玉桂。

光绪二十七年(一九〇一年)春,慈禧太后宣布设立督办政务处,正式表示推行变法,实施新政。她任命奕劻、李鸿章为第一任督办政务大臣,同时,任命张之洞、刘坤一参与新政。三个月后,张之洞、刘坤一联名上奏慈禧太后,一连三折,史称《江楚会奏变法三折》:

第一折《变通政治人才为先遵旨筹议折》,主旨是兴办学校,广育人才。具体提出四条建议:设立文武学堂,停罢武科,斟改文科,奖励游学。

第二折《遵旨筹议变法谨拟整顿中法十二条折》,核心是整顿措施,改革旧制。具体提出十二条建议:崇节俭,破常格,停捐纳,去书吏,去差役,改选法,恤刑狱,裁屯卫,裁绿营,简文法,课官重禄,筹八旗生计。

第三折《遵旨筹议变法谨拟采用十一条折》,主题是学习西方,西为中用。具体提出十一条建议:广军实,修农政,劝工艺,用银圆,广派游历,练外国操,行印花税,推行邮政,官收洋药(鸦片),翻译东西各国书籍,定矿律、路律、商律、交涉刑律。

慈禧太后对此江楚三折十分重视,对张之洞、刘坤一表现出来的聪明才智击节称赏。其后数年,慈禧太后大力推行变法新政,基本上是以这江楚三折所议为基本蓝本。江楚三折的主要内容,实际上是洋务新政和百日维新新政的翻版,是张之洞所著《劝学篇》中提出的改革措施和主题思想的进一步完善和扩充,基本上是中学为体,西学为用。所不同的是,老成谋国的张之洞,措辞更加委婉,举止更加稳妥,行事更加谨慎。与此同时,张之洞与张百熙合作,议定了中国第一部完整的学制《癸卯学制》;张之洞又与袁世凯等人联衔上书慈禧太后,奏请废除八股取士的科举制度。江楚三折一出,在社会上反响很大。张之

袁世凯武卫军护送两宫回銮

洞作为江楚三折的主笔和核心人物，受到时人的高度赞誉，人称：其所行之新政，不特为中国人所注意，即世界各国，咸仰其声望，视为维新之领袖！环顾疆吏之行新政最力者，莫若文襄！

光绪三十一年（一九〇五年），慈禧太后在推行新政之后，迫于内外的压力，决定实行预备立宪。慈禧太后执意派遣亲贵大臣出洋考察各国宪政，意在为中国是否实行宪政提供依据。出洋考察政治大臣满载而归，提出立宪方案，清廷开始加紧立宪。慈禧太后和光绪皇帝频频召见各位出国考察立宪大臣：召见泽公载泽二次，端方三次，戴鸿慈、尚其亨一次。慈禧太后垂问周详，立宪大臣皆痛陈中国不立宪之害，及立宪后之利。王大臣克服种种困难，完成了出国考察任务，并写出了详细的考察宪政报告，对大清新政提出了具体的建议。

光绪三十二年七月初八日、初九日（一九〇六年八月二十七、二十八日），慈禧太后连续两天，吩咐会同军机大臣、政务处大臣、大学士、直隶总督袁世凯举行联席会议，就考察宪政大臣回京奏陈各折进行充分讨论，就是否立宪做出定论和决策。这次联席会议，十分热闹，其中，是否立即立宪，争议得非常激烈。庆亲王、张百熙、徐世昌、袁世凯是速行立宪派，主张立即实行宪政。孙家鼐、铁良、荣庆是缓行立宪派，主张条件不成熟，应当缓行。醇亲王载沣和军机大臣瞿鸿禨试图折中，调和两派之争。载沣说：立宪之事，既如是繁重，而程度之能及与否又在难必之数，则不能不多留时日，为预备之地矣！瞿氏说：故言预备立宪，而不能遽立宪也！会议结果，基本同意实行预备立宪。第二天，醇亲王面奏慈禧太后，请行宪政。张之洞明白太后的心，对此预备立宪，持十分谨慎的态度。他是中国封疆大臣之中较早提出推行宪政的督抚大臣之一。他知道，立宪是大势所趋，认为政府早就应该派遣大臣出国考察各国宪政。可是，他也知道，此时立宪，条件尚不具备，司法独立、地方官制改革等方面都还没有进行和完成，匆忙立宪，如同儿戏！

画像与照相

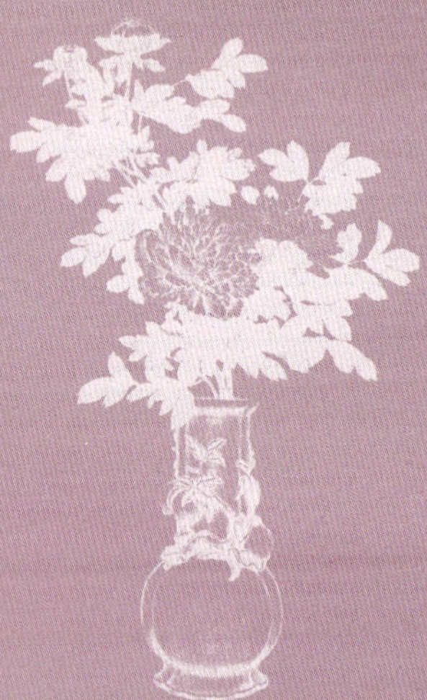

慈禧在仁寿殿前乘舆照。前左为李莲英，右为崔玉桂

慈禧与外国公使夫人合照

大清國當今聖母皇太后萬歲萬歲萬萬歲

慈禧簪花戴朝珠正面坐照

大清國當今聖母皇太后萬歲萬歲萬萬歲

光緒癸卯年

慈禧簪花右手執折扇正面坐照

大清國當今慈禧端佑康頤昭豫莊誠壽恭欽獻崇熙聖母皇太后

慈禧戴戒指正面坐照

慈禧戴戒指側面坐照

慈禧扮观音照。右为李莲英

慈禧扮观音照。右为李莲英

慈禧与光绪皇后、瑾妃、德龄、德龄之母、元大奶奶、奕劻三女儿、四女儿及李莲英等在中海乘平底船观荷照

慈禧等人在中海乘平底船观荷照

慈禧等人在中海乘平底船观荷照

慈禧等人赏雪照

慈禧等人賞雪照

慈禧巡视农事实验场时，农业大学堂学员列队迎驾

凯特·卡尔照

华士·胡博像

凯特·卡尔绘慈禧像小样

凯特·卡尔绘慈禧像定稿

一九〇四年送往美国圣路易斯世界博览会陈列的凯特·卡尔所绘的慈禧画像。圣路易斯世界博览会闭幕之后将其赠予美国政府,至今仍藏于华盛顿国家博物馆

华士·胡博绘慈禧像

华士·胡博绘慈禧像

慈禧太后绘《寿桃图》

画像与照相

光绪二十九年（一九〇三年），一位洋画师进入了慈禧的生活。她叫卡尔。

美国公使夫人康格女士入宫觐见慈禧太后，向太后推荐女画家卡尔为其画像，以便参加第二年举办的美国圣路易斯博览会，让世人目睹中国皇太后的风采。卡尔曾在法国学习绘画多年，尤其是油画，擅长人物肖像。她的哥哥柯尔乐任职于中国海关税务司。慈禧太后十分好奇，同意了康格夫人的请求，命钦天监择定吉日画像。请一位外国女人进宫画像，这是大清建立以来从来没有过的事情，慈禧对此特意做了细致的安排，以防不测：她命近侍收拾好颐和园旁边的醇王花园，四周隔绝，供卡尔居住；命裕庚夫人及其女儿以翻译身份，每天陪同，隔绝卡尔与外界的任何往来；挑选了几名贴身太监，供卡尔调遣，监视一切行动。

六月十五日，康格夫人带领卡尔来到颐和园慈禧太后招待女宾的海晏堂，为慈禧太后画像。卡尔先后为慈禧太后画了四幅油画。最著名的一幅慈禧太后身穿精绣紫色牡丹花寿字黄袍，脖围寿字丝巾，袍、巾上镶嵌珍珠无数；头饰两把头，一边饰玉蝴蝶，一边插鲜花，垂一挂璎珞。双手戴玉镯，右手戴红宝石戒指和金指套，左手戴戒指和玉护甲；画像上方题八个黄字：大清国慈禧皇太后。画作右下方是画家的亲笔签名："凯特·卡尔，一九〇四年"。在慈禧的坚持下，宫廷画师在画的上方左右各钤了一枚朱印：宁寿宫、慈禧皇太后之宝。宫人称卡尔女士为克姑娘，她给慈禧太后所画的四张画像，其中的一张被送往美国圣路易斯市参赛，现收藏于美国国家博物馆。

《清宫词》中对此如是描述：

朱丹绣绘大素装，是鉴人来海晏堂。

高坐璇宫亲赐宴，写真更召克姑娘。

光绪二十九年（一九〇三年）六月十五日上午巳时（十时），在美国公使夫人康格的陪同下，卡尔带着全套的绘画工具，来到颐和园乐寿堂。慈禧太后召见之后，就兴奋地进入寝室，更换衣服。卡尔打开画架，绷好画布，做好一切准备。吉时是十一点，慈禧太后准点出现在画师面前，坐在准备好的宝座上。卡尔凝神片刻，准时落下画笔，开始为大清国的太后画像。

在卡尔为慈禧太后画像期间，每天早朝后，慈禧太后就很快回宫更衣，在画室宝座上，正襟危坐，长达一个小时；小憩之后，再坐半个小时，一动不动。每次落座之前，慈禧太后好奇心强，总要身不由己地走到画架前，观赏完成的部分画像。

卡尔知道慈禧太后自恋，为了迎合太后，她改变了人物画的套路，率先完成脸部。开始时，慈禧太后很兴奋，很配合，时间一久，慈禧太后不能容忍无聊枯坐，画像时，为自己增加了吃、喝、赏、玩各种内容，坐姿总在变化；慈禧还不断给卡尔提出种种问题，让她回答，使之无法专心绘画，在画架前坐的时间更少了。

慈禧太后的各种"好动行为"影响了画像进展，时间长了，她开始失去耐心。她几乎每天都在唠叨："我不画这像了，我已经坐够了！这画到底几时能

宫城玉兰

宫柳雪影

颐和园万寿山

够完成？中国平常画家，只要看过一回，就可以画。据我看，她不能算一个好画家！"

慈禧太后不愿意枯坐在画像前，她本来就鬼主意多，于是想出了一个点子：请替身代自己做模特。由慈禧太后选两个替身，她们穿戴太后的衣服、首饰，分别代太后坐着画像，最后，加上太后的面容。慈禧太后的几张画像，基本上都是替身代为坐在卡尔面前才得以完成的。

慈禧太后不懂绘画，对卡尔画像，她时有惊人之语。依据光线反射原理，珍珠在不同场合下可画成白色、青色，甚至是粉红颜色，慈禧太后对此十分不屑，说珍珠就是白色的。根据透视原理，人像脸部，有阴有阳，慈禧太后不能

颐和园昆明湖

容忍自己的头像有阴阳脸，对脸部一边白一边黑很愤慨。油画近看很粗糙，慈禧太后摇头说："所画太粗了！"

对这些，卡尔尽量妥协，以满足太后的要求。卡尔认为："中国人对于从来之信仰，拘守极严，每不肯善为变通。勿问变通之后，果为优为劣也？即如写照之事，予固一本西方家派，而彼辈偏欲我俯就东方家派之范围，此诚令人有左右为难之势。"

为了尽早完成画像，慈禧顾全大局，还是全力配合，慈禧要求画真人大小的画像，卡尔的画架太小，而整个北京都没有这么大的画架。卡尔正为此犯愁，慈禧太后说："你画出图形，我让人做。"图形画出，慈禧太后让内务府立即照做了六套。同时，还做了画箱多只，绘事一毕，侍从太监立即按序将画具收入箱中，有条不紊。宫室门窗是纸糊的，光线不足，慈禧太后吩咐将其全部换成玻璃！

卡尔是慈禧太后的御用画师，她的身份特殊，待遇自然与众不同。因为最终她的画像很成功，深得慈禧太后的欢喜，所以，获得了特别的奖赏：

每天早晨，卡尔随同后妃、公主面见太后请安；

慈禧太后游园时，特恩卡尔随驾游赏；

皇后有时奉旨，陪同卡尔一起吃饭；

慈禧太后吩咐，节令、喜庆之时，后妃、贵妇分赏，必有卡尔一份；

慈禧太后吩咐，清廷赠送各国公使夫人礼品，必有卡尔一份，她是外宾；

慈禧太后特地为卡尔做全身衣服，皮衣朝褂一套，十分合体，卡尔特别喜欢，还特地穿着照相：身穿御赐朝服的卡尔，雍容华贵，朝帽正中嵌一颗硕大明珠，周围镶三颗小珠，为太后所赐；

画像将完成，外务部大臣奉旨，前往美国大使馆，酬谢卡尔辛劳：赏银票一千二百两，宝星一枚，绸缎多匹。

为了卡尔，慈禧太后甚至可以破例。《清稗类钞》记载："宫廷燕享外宾为满式，略同欧洲，客各一份。每座，各置桃式银碟，中储杏仁、瓜子、蜜饯、果子，每客计有二十四品。箸之外，尚有刀叉。某日，孝钦（慈禧太后）饭毕，太监请宫眷陪同外宾密司卡尔用膳，桌旁设椅，为从来未有之举。宫人皆大惊，既而探知孝钦之意，恐外人不明中国宫廷礼节，将笑为野蛮，故令宫眷坐饮也！"

一九〇四年四月十九日下午四时是慈禧太后钦定御容画像完成的吉期。这天，外务部奉旨，邀请各国公使、参赞及其夫人们前往内廷三海，参观太后画像。外宾和夫人们兴高采烈，品尝着美酒佳肴，瞻仰着当今太后的圣容，现场一片

乐寿堂慈禧就寝处

赞誉颂扬之声。几天后，由慈禧太后钦定，最后一幅圣容画像被恭迎至外务部展出，邀请各方贵宾瞻仰。随后，外务部举行隆重的送行典礼，慈禧太后任命皇室贵族溥伦为专使，恭送圣容画像前往美国圣路易斯。溥伦是宗室，袭封贝子，人称伦贝子。他是乾隆第十一子诚亲王永瑆的后裔。一九〇四年三月四日，溥伦奉命率大清代表团前往美国，出席圣路易斯世界博览会。回国后，受到重用，任资政院总裁、农工商大臣。

为了保护画像，在运送中采取了特别措施：外裹两层厚实黄缎，装入雕绘双龙的紫檀木箱中，箱外再加黄缎包裹，再套一个大木箱。慈禧太后特别下旨：不许用轿抬圣像出宫。因为，抬着出宫，像出殡，不吉。为运送圣容画像，从前门到外务部之间，特别铺设了一条轻轨铁路。圣像上火车前，在京王公大臣、文武要员均朝服顶戴，对画像行跪拜叩首大礼，一同前往前门车站恭送；特别装饰的花车装载着画像，由北京到天津，专轮转运上海，移交美国邮轮。圣像所至，如同太后亲临，沿途文武大员，一身朝服，跪请圣安！画像运抵美国，参加圣路易斯博览会，安放在美术馆中。博览会结束后，驻美使馆奉旨，派遣专员将画像护送到华盛顿。一九〇五年一月十五日，清廷赠送慈禧太后画像给美国政府，美国总统罗斯福在白宫亲自出席赠送仪式。清国出使美国兼领秘鲁等国的大臣梁诚致辞，罗斯福总统致答词，并代表美国政府接受。

卡尔女士为慈禧太后所画的四幅画像情况如下：

第一幅：慈禧太后坐像。她身穿绣紫色牡丹花的团寿字黄袍，袍上镶嵌大小珍珠无数；梳两把头，一边插鲜花，垂一挂璎珞，一边配玉蝴蝶；颈部围寿字丝巾，巾上嵌着珠宝；左手扶着宝座引首，手戴镯子，五指纤细，自然下垂，小指、无名指上戴着金甲套；右手很随意地放在腰腹部，小指、无名指也戴着长长金甲套。画像上书八字：大清国慈禧皇太后。上部左右各钤一印：宁寿宫、慈禧皇太后之宝。这两方印，是慈禧太后坚持让加盖上去的。画像右下方，有卡尔签字："凯特·卡尔，一九〇四年"。此幅画，现收藏于故宫博物院图书馆。

第二幅：慈禧太后燕居像。她身穿绣花蓝色常服，头发自然盘起，发际插茉莉花数朵，发上缀以玉蝴蝶。画像时，慈禧太后特别喜爱的两只小狗就在身边，卡尔女士建议，太后将两只狗抱着，将两只狗也画入画中。据说，卡尔仅仅几笔，就将小狗画得栩栩如生，慈禧太后十分惊讶和赞叹。卡尔说，此像太后很喜欢，打算悬挂在寝宫，自己观赏。此画下落不明。

第三幅：慈禧太后样稿画。这是慈禧太后参加画展正式画像的原始样稿，卡尔称为"模范小样"。慈禧太后对画像很重视，多次提出不同要求，卡尔画出小样，请太后过目，提出意见。太后很喜欢这份小样，吩咐留下做纪念，让

袁世凯献给慈禧太后的汽车

颐和园清晏舫

缎绣团寿藤萝袍

正式画像完成后,再进行描绘。此小样收藏于故宫博物院。

　　第四幅:慈禧太后标准画像。也就是慈禧太后的参展画像,慈禧太后明确提出:阔六英尺,修十英尺。她的形态、装束与第一幅相近,头发上插满了珍珠首饰;身穿冬季朝袍,披着珠翠披肩。背后是一面屏风,左右各一面孔雀掌扇。画像上书八个字:大清国慈禧皇太后。镶紫檀木画框,上雕二龙戏珠,间以寿字花纹。此画收藏于美国华盛顿国家博物馆。

　　在第一届世界博览会上展示自己的画像,起初,慈禧太后并不愿意。卡尔对她说:"太后雍容华贵,智慧过人。可是,西方世界对太后有所误解,甚至有人认为,太后的相貌不同于常人。这次博览会,全世界的国家都会参加,许多国家的女王、首相都要展示其照片。如果太后的画像能够出现在博览会上,一定能征服全世界。"听罢,慈禧太后觉得不无道理,于是不再反对。慈禧对

慈禧服装小样

于画像，十分好奇；为了画像，她决定先让身边女官德龄、容龄的二哥勋龄进宫，为自己照相。从此，慈禧痴迷照相术，一有空闲，她就张罗着给自己照相的事儿。

从档案、史料记载上看，慈禧太后第一次照相之时，一直充满好奇：慈禧提出第一张照片必须拍坐在轿子里上朝的场景。她问："拍一张照片，用多长时间？"勋龄回答说："几秒钟，一眨眼就行。"慈禧听后，十分惊异。慈禧问："如果拍照，什么时候能够看到相片？"勋龄回答："上午拍，傍晚能够看到。"慈禧听后极其兴奋，惊奇不已。她看到照相器材，很不理解："真奇怪，这机器能把人的相貌照下来？"她让一个太监站在相机前，忽然惊奇地问："为什么人的头在下面？"勋龄解释了照相原理，表示成象后就正过来了。慈禧感叹道："真巧得很！"慈禧特意让德龄站到相机前，自己从镜头里观看。然后，两人换位，慈禧在相机前挥挥手,问德龄看见什么了?德龄回答:"挥手。"得到满意答复后,慈禧走进轿子,让太监抬轿起驾,勋龄此时按下了快门。

照相完成了。慈禧太后还没反应过来:"照了没有?"勋龄回答:"照了。"慈禧吃惊地说:"照了?为什么不先关照一声?我刚才的样子太板了!下次照时,关照一声,我要照个和气些的。"照完以后,慈禧迫不及待地跟到暗室,观看洗印照片。底片冲好后,慈禧在红光下过目,疑惑不解:"不很清楚啊!可以看出是我自己,可是,为什么我的脸和手都是黑的?"勋龄回答:"印在纸上,黑点变成白点,相就出来了。"

自己第一张照片神奇地面世,令慈禧异常兴奋,她拿在手上,反复观看。时间久了,照片逐渐变黑。慈禧目瞪口呆,大声惊呼:"怎么变黑了?是不是不祥预兆?!"勋龄急忙解释:"照片印出来后,要洗,否则,露光多了,就会消失,全变黑了。"慈禧长出一口气:"真是有趣得很!费这么多手脚!"照片全部洗好后,交付慈禧手中,她非常惊奇,兴奋地拍手大叫:"多么奇怪啊,每样东西,完全和真的一样!"她把照片拿回寝宫,坐在椅子上,久久凝视,对着镜子仔细看。然后,她吩咐:每张照片,洗印十张;照相机,留在宫里。

关于慈禧太后照相,有宫词《慈禧照相》为证:

垂帘余暇参禅寂,妙相庄严入画图。
一自善财成异宠,都将老佛当嵩呼!

德龄、容龄姐妹

慈禧与后妃合照。前右为光绪皇后，左为瑾妃

慈禧与德龄等人赏雪照

慈禧与德龄、容龄等人赏雪照

慈禧等人在颐和园排云门前照

德龄、容龄姐妹

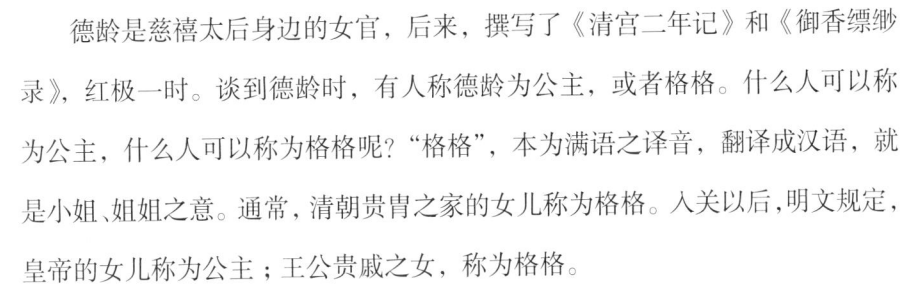

德龄是慈禧太后身边的女官，后来，撰写了《清宫二年记》和《御香缥缈录》，红极一时。谈到德龄时，有人称德龄为公主，或者格格。什么人可以称为公主，什么人可以称为格格呢？"格格"，本为满语之译音，翻译成汉语，就是小姐、姐姐之意。通常，清朝贵胄之家的女儿称为格格。入关以后，明文规定，皇帝的女儿称为公主；王公贵戚之女，称为格格。

满洲入关以前，大汗、贝勒的女儿统称为"格格"，无定制。如清太祖努尔哈赤之长女，称为"东果格格"；次女，称为"嫩哲格格"。清太宗皇太极继位，崇德元年（一六三六年），始仿明制，规定皇帝的女儿称为"公主"；皇后之女，称为"固伦公主"；妃子所生之女，以及皇后之养女，称为"和硕公主"。

"格格"，则专指王公贵胄之女。如皇太极之次女马喀塔，由孝端文皇后所生，最初封为固伦长公主，后来改封为"永宁长公主"，最后改为"温庄长公主"。具体地说，包括：亲王之女，称为"和硕格格"，汉名为"郡主"；世子及郡王之女，称为"多罗格格"，汉名为"县主"；多罗贝勒之女，亦称为"多罗格格"，汉名为"郡君"；贝子之女，称为"固山格格"，汉名"县君"；镇国公、辅国公之女，称"格格"，汉名"乡君"；"公"以下之女，俱称"宗女"。

"格格"之称谓一直沿用，至清末之时，渐渐终止。

清乾隆皇帝弘历共生有十个女儿，其中五人早殁，没有加封；五人长大，加封为公主：第三女，孝贤纯皇后生，封固伦和敬公主；第四女，纯惠皇贵妃

慈禧等人赏雪照

苏氏生，封和硕嘉公主；第七女，孝仪纯皇后生，封固伦和静公主；第九女，孝仪纯皇后生，封和硕和恪公主；第十女，妃汪氏生，封固伦和孝公主。第十女是个例外，她的母亲只是一个普通妃子，因为她出生时，乾隆皇帝已经六十五岁了，老来得女，乾隆皇帝对其格外疼爱，特旨封为固伦公主，指婚下嫁给和珅长子丰绅殷德。

很显然，德龄既不是公主，也不是格格，她只是一个三品外交官的女儿。

一九〇三年后，德龄、容龄这两位精通英语、法语的漂亮女子出现在慈禧太后身边，她们是慈禧太后的御前侍从女官兼私人翻译，是亲姊妹。其父亲裕庚，本姓徐，字朗西，先祖本汉人，后入汉军正白旗。光绪年间，优贡生，入两广总督英翰幕僚，先后担任太仆寺少卿、清廷驻日公使、驻法公使，是驻外

慈禧等人赏雪照

三品大员。他驻外长达八年之久，是最早接触洋务的八旗官员之一，思想开放，娶了一个法国女人为妻，生混血儿子勋龄、馨龄，混血女儿德龄、容龄等。德龄、容龄姐妹跟随父母生活，长期居住在国外，受到良好的西式教育，擅长交际，待人接物落落大方，彬彬有礼。特别难能可贵的是，她们通晓汉语，精通英语、法语，对于语言的翻译和运用十分娴熟。

经过庆亲王奕劻长子、贝子载振推荐，光绪二十九年（一九〇三年）春，慈禧太后下旨，召见裕庚夫人及其两个女儿。德龄母女三人长年生活在国外，自由自在惯了，对于宫廷礼仪，一无所知。慈禧是大清王朝的最高统治者，面见皇太后，相关礼仪是十分重要的，必须熟悉。母女三人诚惶诚恐，前往庆亲王府，学习面见皇太后的各种礼仪以及请安礼节。按照懿旨规定的时间，母女三人前往颐和园，拜见慈禧太后。时间紧迫，她们来不及赶制旗袍，只好穿着西装，来到乐寿堂。慈禧太后见过外国人，但像德龄母女如此完美的中西合璧，实在是第一次看到。特别是两个混血女儿德龄、容龄，不仅年轻漂亮，活泼可爱，而且言谈举止不俗，见多识广，让慈禧太后刮目相看。慈禧太后对她们姐妹十分满意，当即吩咐将她们留在宫中，特许其母亲经常入宫，照看女儿。

从西安回京以后，慈禧太后改变了其闭关锁国的外交方针，开始开展积极外交，尽量与各国修好。外国人请求觐见，一律应允。中国传统礼仪规定，男女有别。接待外宾时，慈禧按照男宾、女宾分别接待。接见男宾，外务部派遣译员，随时陪同翻译。接见女宾时，麻烦就来了：慈禧太后一直苦于身边没有一个侍从女官，既懂得外语，又熟悉礼仪。外国教会学校派来的教会女子，汉语极为生硬，慈禧难以听懂；后来有人推荐了一个名叫俊寿的女子做翻译，可她只懂德语，且翻译十分生硬，还不谙熟待人接物。德龄、容龄的出现，让慈禧太后喜出望外。姐妹俩不负太后厚望，担任翻译，英语、法语和汉语对译，流利自如，表达十分准确。有些外国女宾不懂规矩，德龄姐妹总能化险为夷，巧妙周旋，多次让慈禧太后避免陷入难堪境地。很快，姐妹俩成为慈禧太后外事活动的得力助手，也是慈禧太后游玩活动中不可或缺的侍从女官。

德龄、容龄成为慈禧太后赏识和信任的御前女官，经常奉旨随侍在慈禧太后左右。她们陪同慈禧参加外事活动，翻译、游园、赐宴；同时，大量参与慈禧太后的后宫生活，经常陪伴太后散步、看戏、坐船、照相，侍候太后生活起居，参谋太后的衣着穿戴、美容养颜。姐妹俩长期生活在国外，慈禧太后经常询问一些西方社会、制度、文化、历史以及女性生活诸方面的话题，姐妹俩的切身体验和生动描述，让太后知道了许多欧美见闻和西方知识，特别是在西方社会、制度、教育诸方面，引起了太后的强烈兴趣。慈禧太后让德龄订阅外国

荣寿固伦公主照

荣寿固伦公主（中坐者）与众人合照

报纸，每天早上的第一件事，就是汇集国外重要新闻、趣事，特别是欧美各国重要首脑的活动情况，第一时间翻译给她听。

中国传统礼仪规定，男女授受不亲，肌肤接触是严格禁止的。很显然，慈禧太后在许多方面表现出了她的开明和通达，她并不是一位完全墨守成规之人。在对待西方交际舞上，慈禧太后感觉是件新鲜事，充满了好奇。德龄姐妹俩擅长跳西方交际舞，尤其精通风靡欧美的华尔兹舞，容龄还特地学过芭蕾舞。慈禧太后听说西方的交际舞是男女拉手、扶腰、搂着满屋子旋转，感到十分惊讶，她详细询问跳舞的每一个细节，一边摇头，一边表示不能理解。德龄描述化装舞会，声情并茂，讲到高兴处，还即兴表演，惟妙惟肖。慈禧太后笑过之后，一脸疑惑：每人戴上面具，一晚上不知道和谁跳舞，能有什么意思？

一次，慈禧太后正在用膳，德龄、容龄介绍，华尔兹舞正风行欧美宫廷，特别是西方上流社会流行此舞。慈禧太后忍不住好奇，当即吩咐随侍太监，搬来刚刚送进宫中的外国留声机，拿一大摞舞曲唱片，让姐妹俩挑出一支华尔兹舞曲，当场表演风靡欧美的华尔兹舞。姐妹俩一身舞装，像蝴蝶一样翩翩入场，随着华尔兹舞曲的旋律，变换着不同的舞姿，滑步、跳跃、旋转、回眸，翩翩起舞，艳若惊鸿，在场者无不目瞪口呆。慈禧太后忘记了进膳，痴迷地看着眼前的一切，目不转睛地盯着姐妹俩。曲尽舞终，慈禧满心欢喜，笑着说："这舞确实好看。可是，你们一圈圈地转，不会头晕吗？"姐妹俩笑着说："不晕。"慈禧摇摇头："不过，如果男人和女人这样跳，让男人搂着女人的腰跳，能好看？那可就太难看了！"

德龄姐妹俩在慈禧太后身边大约待了两年的时间，德龄回忆她们离开宫廷的时间是一九〇五年三月（容龄回忆他们在宫中是四年，一九〇七年春天离开），出宫的原因，姐妹俩都说是因为父亲裕庚的身体不好，患有严重的风湿病，驻日、驻法期间病情就较厉害，回国以后，日趋严重，她们离开太后，就是陪同父亲前往上海治病。从可能性上说,这种出宫原因,不能成立:裕庚的风湿病是老毛病,回国前后一直是有的。姐妹俩奉旨入宫,陪伴太后,是懿旨留宫侍候,没有太后懿旨,是不能随便出宫的,更不会因为想陪同父亲看病就自行出宫。姐妹俩离开宫廷,离开太后,一定要慈禧决定,并非能由她们俩选择。

关于德龄姐妹出宫的真正原因,宁寿宫司房承差太监信修明给出了较为可信的答案。信修明在《太监生活二十四年自述》中记述:

> 庚子后的慈禧太后,将七旬尚要奋志图强。……让裕庚之妻、裕庚之女三姑娘德龄、五姑娘容龄进内,教外语。太后的用意是需要翻译人才,通外国风化的人才,外交上的交际人才。前者,用了一名能说洋文的中国女子,名贵福,英语说得很流利,但其作风欠点洋味,不能应酬洋人,太后不十分重视她。德龄、容龄两个姑娘长得漂亮,洋气十足,差不多每月两三次请洋人在颐和园吃大餐。……自从裕庚之妻女等进宫后,贵福姑娘受排挤,受宠日衰,自请假出宫了……
>
> 裕家母女本是上海有名的大交际家,进宫内有至大的目的,总愿意与光绪爷接近,将来好做娘娘之选。她们不知道皇上不爱女色,常勾引与皇上接近的太监做引线的联络,不达目的不止。尤其借以探听宫廷秘密,又叫德(美)国女子克姑娘给慈禧太后画像。画像时,对面动笔着色,十分逼真,及画衣服、冠戴上所缀的珠宝,向太后讨要真大个的珠子,或极贵重的宝石做样子,及骗到手,就是她们的了。后来,给太后画了数张大像,倒是真好。裕家帮克姑娘讨要赏银,把老佛爷给要得心疼了,因而对裕庚之妻女疏远。
>
> 德龄、容龄有时招待外国女宾时,众人到万岁爷所居之湖上玉兰堂中参

观。大殿内,陈列着一架风琴。三姑娘特意询问某太监:"万岁爷会踏风琴吗?"某太监因先年侍候光绪爷者,便顺口说道:"先年,珍妃娘娘爱唱,万岁爷踏风琴随着。太好啦!"三姑娘不待启禀,过去就请安磕头,道:"请万岁爷踏风琴,奴才们听一听,以饱耳福!"光绪爷笑了笑,将风琴打开,整理了整理。果然,万岁爷是踏琴的老手,三姑娘、五姑娘双双就在殿内跳上舞了。某太监恐怕太后知道后怪罪,赶紧将她们拉着走了。从此,太后宫的太监始知光绪爷会踏风琴。日久天长,太后届知道此事。某太监惧怕太后怪罪,逃走了。为此,太后疏远了裕庚之妻女及克姑娘。她们自料不能存留,偏偏有一老太监李文太买了一个彩票,得了一个头彩,需到上海去取。裕庚之妻携带全家及克姑娘,拐着李文太连同他的积蓄,做上海富翁去了。到后来,太后宾天后,裕庚之妻女将李文太之银钱丢净,将李文太哄回北京。李文太贫老,致得疯癫而死。裕庚夫妇死后,三姑娘嫁了一个外国人,五姑娘嫁了一个中国官僚。她们闲得无聊,编造了些瞎话书,拿着慈禧卖钱。

有些记述,直指德龄母女的人品。崔澜波在《裕德龄与慈禧的恩怨》一文中记述:

德龄母女三人,入宫时间久了,就有些不安分了。容龄年幼,贪玩儿,常在宫中乱窜,不肯受管事太监约束。那位法国老太爱贪便宜,有时见到宫中小玩意儿,就顺手牵羊。德龄是见识广、野心大的才女,她的眼睛早就盯上了落魄的光绪皇帝,试图乘虚而入,取代当年珍妃的位置。慈禧太后最不能容忍的是,光绪皇帝向容龄打听康有为、梁启超的下落。容龄年纪小,胆小怕事,不敢多说。德龄暗送秋波,秘密透露二人在海外的行踪。

爱德蒙·伯克豪斯照

姐妹俩的举动，都逃不出大总管李莲英的眼睛，慈禧太后随时掌握姐妹俩的动向。不久，海外哄传，在南洋活动的康有为声称奉光绪密旨，号召华侨捐款，准备秘密起事。慈禧太后疑虑重重，决定铲除身边的奸细。有一天，德龄母亲路过坤宁宫，在过厅惊奇地"发现"了一只金质怀表，金光闪闪，镶满钻石。老太太看四下无人，快速将怀表装入口袋中。这时，二总管崔玉桂突然出现在她后面，抓住她的手腕，连人带物一直带到慈禧太后跟前。慈禧太后轻蔑地一挥手，将她们母女三人，赶出了皇宫。

德龄到上海后，和一个美国人结了婚。随夫赴美国，后出版了《清宫二年记》《御香缥缈录》《瀛台泣血记》等作品，在清末民初畅销海内外，成为清宫秘史的通俗作家。容龄不甘寂寞，也出版了一部回忆录，书名《清宫琐记》。太监信修明对她们姐妹二人人品不屑，对她们的作品也极蔑视："她们都是上海流氓，施展拆白技能，骗出太后若许金银珠宝，后来出了宫。德龄自称公主，著作了《清宫二年记》，编造了什么德龄女士《清宫秘史》。我曾见过此书，读之令我作呕，惜我一时愤怒，将书焚化无存。她们又在东交民巷，以慈禧太后为号召讲演，骗外国人之钱，我又生了一回气，要找她们对证一下，指斥她们那些胡说的事实。有人劝我，我才罢休！"

如前所述，德龄自称"公主"，确实是笑话。秦瘦鸥先生称她为德龄郡主，说德龄父亲是裕庚公爵，也是不对的。裕庚是汉军出身，后入汉军正白旗。光绪二十五年，他以三品卿衔出使法国，四年后回国，从没被封过公爵。

德龄、容龄所著内容，确实错误百出，不胜枚举。清史专家朱家溍先生专门写文《德龄、容龄所著书中的史实错误》，十分严谨，逐条列举和批驳了书中的错误。朱先生说："传世的史书和史料，存在着观点问题，是不足为奇的。问题在于，《瀛台泣血记》《御香缥缈录》的实质是小说，却以亲身经历的姿态出现。一般读者，可能会认为书中所叙述的处处都是事实，其实不然！……她对于当时的很多大事和大人物，也不清楚。例如，她书中说，李鸿章是军机大臣，康有为是道台，光绪大婚礼之后过了一年才选妃等等，都不是事实。她叙述帝后生活细节，如光绪皇帝、皇后并坐在太和殿受贺，光绪帝被幽囚在瀛台，每晚私自进宫和珍妃相会等，也都是无中生有。……这部书自第一章至第二十二章，占全书三分之二的内容，是叙述德龄自己陪同西太后到承德避暑山庄，而后又乘火车到奉天。其实，西太后自咸丰十一年从避暑山庄回京后，再不曾去过承德；至于奉天，则从来没去过。这一部书，占三分之二的内容纯属虚构。只有第二十四章到第三十四章，这三分之一的内容，还说得过去，可以作为回忆录看待。"

光绪之死

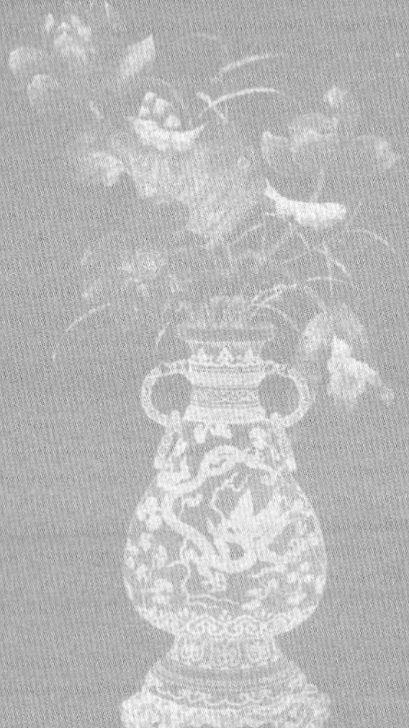

《大清国西太后陛下御尊影》(日人绘)

《大清国皇帝(光绪)陛下御尊影》(日人绘)

崇陵隆恩殿

明楼侧面

崇陵明楼

戊戌变法失败后的光绪皇帝心情忧郁，长期缠绵于悲恸和忧伤之中，不能自拔。

　　给慈禧太后画像的美国女画家卡尔女士经常接触光绪皇帝，她在《慈禧写照记》中回忆：一次外出，回到清宫画室，"则见有戏单多面，在予桌上，上有红朱笔迹，显为皇上手笔。……予即揣知，昨日皇上乘予外出之时，必曾在此小作盘桓。继以皇上手笔，细为谛视，则见所画者，非他，乃一幅日俄在满洲交战之地图也。此可见皇上之留心外事，宵旰深宫。……皇上默所无言，若不介然，斯岂光绪帝之本意哉！然而，不知光绪帝者，则诚将以光绪帝为不识不知之庸主矣！安能见其操心虑危，存于其间耶？……非帝之懦弱无能，盖彼处于万钧压力之下，固不得不尔，以为自全之计"。

　　德龄在《清宫二年记》中，如是记述光绪皇帝最后一次痛苦的表白："我没有机会把我的意思宣布于外，或有所作为，所以，外间都不知道我。我不过是替人做样子的。后来，再有外人问你，只告诉他，我现在所处地位实在情形。我有意振兴中国，但你知道，我不能做主，不能如我的志。"德龄对光绪心境的把握是准确的。慈禧太后的晚年，健康状况基本尚好，一直困扰着她的病症，就是肝病和消化不良。除去身体缘故外，一些故旧的辞世，也令她悲哀。

　　光绪二十九年（一九〇三年）三月，荣禄病倒了。卧病的荣禄特地上书慈禧太后，请求解除枢务，选拔贤能。慈禧正在保定行宫，闻讯忧心如焚，特地派遣御医前往荣府为其调治病情,并郑重发布上谕,抚慰荣禄:"览奏,实深廑焉。该大学士翊赞枢机,公忠懋著。现在振兴庶政,倚畀方殷,著安心调理,毋庸开去军机大臣差使,并不必拘定假期,一俟病痊,即行入直。"

可是,慈禧太后等到的不是荣禄病愈的喜讯,而是他的去世消息。

光绪二十九年(一九〇三年),公历四月十日,荣禄在临终的前一天,用尽最后力气写完了他的遗折之后,终于长长地松了一口气。四月十一日,这位为京畿的安危心力交瘁的大学士终于撒手人寰。一直在暗中与荣禄抗衡的庆亲王及其集团也大大地松了一口气,他们终于盼来了期望已久的时刻。事实上,在朝堂之中,只有荣禄能够压制住满清王公大臣,在荣禄之后,庆亲王是唯一可以在资望、能力上胜任军机大臣的满洲王公。在长期的较量和消长中,荣禄终于走完了他的一生,庆亲王如愿以偿,很自豪地坐上首席军机大臣的交椅。

荣禄最后的遗书,回顾了自己数十年的岁月,感谢太后的知遇之恩。他说,今生不能仰答天恩,谨此跪奏,献上遗折,恭请圣鉴。他认为自己是驽下之才,深受皇太后的隆恩,原来期望上苍会假以余年,报答天恩,上苍却没有给予这个机会。遗折记述了自己从侍卫做起,兢兢业业,忠君爱国。在咸丰皇帝弥留之际,荣禄第一个发现郑亲王、怡亲王和肃顺一伙图谋不轨,危害朝廷,他立即秘密进言太后,出谋划策。身处险局的慈禧太后力挽狂澜,转危为安,最后荣登皇太后宝座,荣禄也蒙恩升任内务府大臣。同治去世,慈禧太后命荣禄迎接光绪皇帝入宫,并就任负责京城安危的步军统领,虽然贸然行事中触犯了圣怒,太后并没有怪罪,整整七年,荣禄一直闭门思罪。随后,荣禄历数慈禧太后在国家危亡之秋,如何审时度势,洞若观火,力挽狂澜,以及他如何默契配合,多方补救,共赴危难。特别是每当社稷遇重大之事时,慈禧太后总是将重

光绪帝崇陵

任付之于荣禄，视为知己，荣禄虽五体投地也无以为报。全文一千一百二十五字，从细处着眼，念念不忘太后之关切，念念不忘新政之实行，情真意切，娓娓道来。

重病中荣禄为慈禧留下的这份遗折，对慈禧太后影响极大。慈禧反复阅读，特地亲笔手书，颁布了一份重要懿旨。这份懿旨，充分表达了慈禧太后痛失股肱的真情实意，毫不掩饰自己对于失去这位知心大学士的切肤伤痛。

荣禄的病逝，令慈禧太后非常悲痛，她一日数道谕旨，抚慰病逝的荣禄：赏赐陀罗尼经被；派七十高龄的恭亲王，亲率十位御前侍卫，代表太后，到荣禄的灵前致祭默哀；亲拟谥号，赐赏谥号文忠；特旨，赏荣禄之子优等，承袭父爵；等等。慈禧太后是位懂得分寸、遵守祖制、维护纲常、赏罚分明的人，她的这种推恩及子的恩宠，是前所未有之举，完全突破了大清祖制。因为，按照清制规定，只有立过赫赫战功、身为皇室后裔者，才可享此殊荣。不仅如此，慈禧太后还郑重吩咐，为荣禄建造墓园，从内府库银中拨款三千两银子，将荣禄祖先的坟墓迁入荣禄的陵园。这等恩宠，不仅在大清的历史上，在整个中国历史之中也是罕见的。

光绪三十二年（一九〇六年），慈禧太后身体不适，于是请最为信任的御医、太医院院长庄守和、张仲元等前来诊断，御医们诊脉后写道："皇太后脉息左关沉弦，右寸关滑而近数，肝脾欠和，胃热饮滞未清，清阳不升，系浊阴不降所致。"光绪三十三年（一九〇七年），慈禧太后的病情没有好转，还增加了口渴肢麻、头蒙咳嗽等症状，御医认为，这是中焦升降不和所致。

光绪三十四年（一九〇八年），御医诊得皇太后的病情还在进一步恶化："脾胃欠和加剧，湿气下行，清阳不升。"这年十月二十二日，御医张仲元、戴家瑜请得慈禧太后脉息："左部不均，右部细数，气虚痰生，精神委顿，舌短口干，胃不纳食，势甚危笃！"此时，慈禧太后询问李莲英："我病了，皇上在做什么？"李莲英回答："皇上在看书，面带喜色。"慈禧闻言脸色大变，咬牙切齿："我不能先于他走！"

光绪皇帝最后的日子扑朔迷离，他的死，成为清宫最大的一件历史谜案。光绪皇帝自幼体弱多病，长大成人之后，就一直有遗精的毛病，二十多年也没有好转。遗精之时，还伴随着耳鸣、脑响。通常是每月二三次，梦中遗精。去世的这一年，也就是光绪三十四年，正月，一个月内，遗精十多次，而且，都是在无梦不举的情况下遗精的。这一遗精状况，秋冬之时，更加厉害。

光绪皇帝遗精，是从光绪二十四年开始的，那一年，他二十八岁。自此，他的遗精病情不断恶化，一直没有好转。光绪二十五年正月，御医庄守和请得光绪皇帝脉息,这样写道:"面色青黄而滞,头觉眩晕,坐久则疼;左边颊颐发木,耳后项筋酸痛,漱口时或带血丝;耳内觉聋,胸中发堵;气短懒言,两肩坠痛,夜寝少眠;进膳不香,消化不快,精神不佳;肢体倦怠,下部潮寒,大便燥结,小水频数。病因是:禀赋素弱,心脾久虚,肝阴不足,虚火上浮,木燥风生,动胃火使然。"

光绪三十四年(一九〇八年)五月二十三日,光绪皇帝自己写道:"近二日,耳响觉重,其远声如风雨人声嘈杂及摇鼓之声,其近声如裂帛蝉声,终是喧聒,搅扰殊甚。复如头闷耳堵,耳闻不真。腰胯偏右之筋牵掣酸痛见增,于低头俯腰蹲踞时尤甚,咳嗽时亦然。日日服药,迄今无少效。且因腰胯酸痛,夜寝亦因之不安。虚火上浮,头仍稍晕,喉间亦欠爽利。气体懒软,心烦口渴,大便不调诸症,无一见减者!其详细斟酌病情,妥慎用药,勿得敷衍了事!"御医诊治之后,光绪皇帝的病情得到了控制,情绪也较为稳定。

光绪三十四年(一九〇八年)秋天,光绪皇帝的病情时好时坏,但依然参与了众多的政务活动:陪同慈禧太后接见王公大臣,会见外国使节,观赏内侍或者外班戏子演戏。这一年的十月初一至十九日,光绪皇帝去世前二十天,他的身体尚好,亲临仪銮殿,给慈禧太后请安。据《清德宗实录》记载:初一日,光绪帝谒仪銮殿,问慈禧皇太后安。初二日,奉皇太后御勤政殿,日本使臣觐见。初六日,御紫光阁,赐达赖喇嘛宴。初九日,奉慈禧皇太后幸颐年殿,侍晚膳。初十日,慈禧皇太后生日,光绪率百官至仪銮殿行庆贺礼。幸颐年殿,侍太后晚膳。十一至十六日,均幸颐年殿,侍候皇太后晚膳。十七至十九日,无记录。到了二十日,光绪皇帝病情突变。史官写道:"上不豫。"二十一日,史官直书:"上遘病大渐,酉刻,龙驭上宾!"

光绪之死，引起中外广泛猜测。对于光绪死因的猜测，主要有四种观点：其一，正史、档案记载，属于正常死亡，死于结核病。其二，野史、笔记，称袁世凯所害。其三，有关回忆录等认为，被慈禧太后毒死。其四，有关研究著作推测，是李莲英所杀。

据第一历史档案馆所藏《光绪三十四年大行皇帝升遐档头本》记载："奴才李长喜等谨奏：二十一日（十月），全顺、忠勋请得皇上六脉已绝，于酉正二刻三分，驾崩。"酉正二刻三分，时间十分精确，正是晚上六点三十三分。从光绪二十四年八月初四日光绪皇帝被囚禁于中南海瀛台，至光绪三十四年十月二十一日去世，光绪皇帝被囚整整十年（一八九八年九月十九日至一九〇八年十一月十四日）。朱金甫、周文泉先生分析清宫医案，认为光绪皇帝是正常死亡：光绪身患痨病，病入膏肓，脏腑皆已坏死，最后，心力衰竭而亡。

《光绪皇帝医案》记载光绪最后日子的药方是御医张仲元、全顺开具的。当时，光绪左部脉息沉弦，右寸关沉滑，有时晕眩，手足觉凉，脊背微疼，鼻息觉干，食后消化不快，步履无力。御医开具药方，柔肝、清肺、调脾，试图挽救皇帝的性命：次生地三钱，生杭芍二钱，霜桑叶二钱，菊花二钱，川贝母二钱研，炒枳壳一钱五分，溏瓜蒌三钱，钩藤三钱，苍耳子一钱研，川续断一钱五分，炒谷芽三钱。《光绪帝脉案》称：光绪三十四年，皇帝的病情更加恶化，御医记录的脉案，皇帝之病，真正是病入膏肓，危在旦夕！

何兰德是美国传教士，他亲眼目睹了晚清最后的没落。他在《慈禧与光绪》一书中，专列"光绪帝和慈禧太后之死"一节，这样写道："十一月十三日（光绪三十四年十月二十日），外国的外交代表从以庆亲王为首的外务部这一正常渠道，收到慈禧太后的以下诏书……醇亲王载沣，授为摄政王。……醇亲王载

梁鼎芬崇陵种树照

沣之子溥仪，着在宫内教养，并在上书房读书。……十四日上午，从皇上本人那里，来了以下诏书：苏、浙江各督抚，先后保送陈秉钧、曹元恒、吕用宾、周景涛、杜钟骏、施焕、张鹏年等来京诊视，唯所服方药迄未见效。近复阴阳两亏，标本兼病，胸满胃逆，腰腿酸痛，饮食减少，转动则气壅咳嗽，益以麻冷发热等症。夜不能寐，精神困惫，实难支持。朕心殊深焦急，着各省将军督抚，遴选精通医学之人，无论有无官职，迅速保送来京，听候传诊。如能奏效，当予以不次之赏，其原保之将军督抚并一体加恩。为此，特谕知之。"

逊帝溥仪在《我的前半生》中提出了两种说法："有一种传说，是西太后自知病将不起，她不甘心死在光绪帝前面，所以，下了毒手。……我还听见一个叫李长安的老太监说起光绪之死的疑案,照他说,光绪在死的前一天还是好好的,只是因为用了一剂药就坏了。后来,才知道,这剂药是袁世凯使人送来的。"

启功教授是雍正第五子和亲王弘昼的八代孙,他在《启功口述历史》一书中说:"我曾祖遇到的最值得一提的,是这样一件事:他在任礼部尚书时,正赶上西太后和光绪皇帝先后驾崩。作为主管礼仪、祭祀之事的最高官员,在西太后临终前,要昼夜守候在她下榻的乐寿堂外。……就在宣布西太后临死前,我曾祖父看见一个太监,端着一个盖碗,从乐寿堂出来。出于职责,就问这个太监,端的是什么?太监答道:'是老佛爷赏给万岁爷的塌拉。'塌拉,在满语中是酸奶的意思。当时,光绪被软禁在中南海的瀛台,之前,也从没听说过他有什么急症大病,隆裕皇后也始终在慈禧这边忙活。但送后不久,就由隆裕皇后的太监小德张(张兰德)向太医院正堂宣布,光绪皇帝驾崩了。"

光绪皇帝临终前的一个月,一直是御医屈桂庭为他精心看护、调理和医治。得到光绪皇帝的死讯,屈桂庭御医不敢相信这会是真的,皇帝一直身体很好,怎么会死得如此凄惨?御医屈桂庭在日记中写下了他一个月的诊断和亲眼所见:"余诊视一月有余,药力有效。至十月十八日,余复进三海,在瀛台看光绪病。是日,帝忽患肚痛,在床上乱滚,向我大叫肚子痛得不得了!时中医俱去,左右只余、内侍一二人。盖太后亦患重病,宫廷无主,乱如散沙。帝所居地更为孤寂,无人管事。余见帝此时病状:夜不能睡、便结、心急跳、神衰、面黑、舌黄黑,而最可异者,则频呼肚痛——此系与前病绝少关系者!此为余进宫视帝病最后一次。未几,即闻皇帝驾崩矣!"

贾英华在《末代皇帝的非常人生》中说:"仔细分析起来,在光绪皇帝和慈禧太后病重期间,能够自由出入宫禁,且可运作操刀下毒者,只有大太监李莲英。因为，谋害光绪皇帝和慈禧太后的人，除了必须异常熟悉宫廷内外情况，又要握有权柄，也必定与光绪皇帝和慈禧太后极其熟悉，且同时取得两人信任。那么，具备如此条件者，则非李莲英莫属。……根据末代太监孙耀庭的观点，当时，李莲英在宫中实际是一人之下、万人之上，是独得慈禧太后信任的人。孙耀庭亦认为，害死光绪皇帝，继而又暗害了慈禧太后的，显然是同一个凶手。毋庸置疑，疑点最大的便是李莲英，只有他才具此独特条件，其他人绝无可能。

二〇〇八年十一月二日，北京举行"光绪皇帝死因报告会"，由中央电视台、清西陵文管处、中国原子能科学院和北京市公安局法医鉴定中心等单位专家组成研究小组，用了五年时间，通过科学技术手段，分析光绪皇帝头发、遗骨，以及衣物等等，经过严谨的检测、研究，得出结论：光绪皇帝死于砷（砒霜）中毒。方案采用中子活化法，测定光绪皇帝两缕头发，发现砷含量高达两千四百零四微克，超出正常人含量零点一四微克的一万七千倍。测定同葬光绪崇陵的隆裕皇后头发，光绪皇帝的砷含量仍然高出二百六十倍。检测光绪皇帝遗骨，砷含量达一千二百六十九微克；光绪衣物，砷含量达两千四百三十九微克。

从有关档案记录、史料、光绪皇帝医案，以及皇室日记、王公大臣书信等记载上看，光绪皇帝应该是非正常死亡，这是可以确定的。光绪皇帝去世之前半个月，一直正常起居，随同慈禧太后接待使臣、大臣，侍候晚宴。十月二十一日，光绪皇帝突然驾崩，死于砒霜中毒，这已属无疑。至于施毒者是谁？是慈禧太后、袁世凯，还是他人，没有任何档案、史料佐证，只能靠合理推测了。按照常理分析，执政数十年的帝国统治者慈禧精通权术，长于谋略，她心思细密，考虑周详，即使临终之际，依然十分冷静地安排后事，在这种情况下，她身边的任何近侍、权臣都不敢轻举妄动，更不会轻易下手。汉高祖吕后是如此，唐高宗武则天也是如此。

事实上，慈禧太后在临终之际，一直很有效地控制着整个王朝，并且，她也一直在十分冷静地安排后事。正是在这种情形下，谋划、毒死光绪皇帝，发布一道又一道懿旨，安排皇帝的接班人，所有这些，应都是慈禧太后策划、授意和精心安排。也就是说，弥留之际，慈禧太后依然大权在握，毒死光绪皇帝，可能是慈禧太后长期深思熟虑之后做出的决定。当时，袁世凯的势力是非常有限的，他还没有能力完全控制宫廷，更不可能控制李莲英。李莲英追随慈禧太后数十年，深知太后的谋略和手段。在慈禧太后头脑清醒、依然控制朝局之时，李莲英断不敢贸然行动，毒死光绪帝，更不可能杀害慈禧。弑主、杀后，这是千古骂名的恶事，对他没有任何益处，他不会去做。

临终前的冷静安排

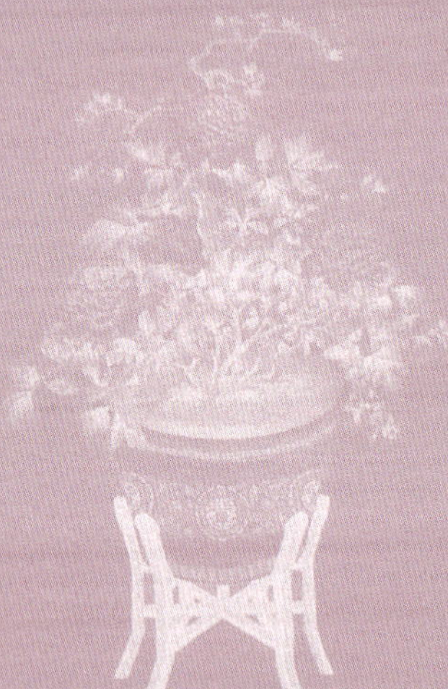

南望紫禁城

紫禁城西北角楼

慈禧披珠正面坐照

慈禧生前最后一张照片（传）

临终前的冷静安排

光绪三十四年（一九〇八年），十月初十日，慈禧七十四岁大寿。她白天庆寿，晚上在西苑颐年殿看戏，然后回到仪鸾殿就寝。她知道，上天留给自己的日子已经不多。经过审慎考虑，她决定召见军机大臣世续和她十分看重的军机大臣张之洞。

张之洞是直隶南皮人，字孝达，号香涛，晚号抱冰，人称香帅。其父张锳，官至贵州贵筑知县、兴义知府。他出生于贵州，自幼聪颖异于常人，由名儒教授学业，八岁时就读完《四书》《五经》，十岁善做诗文。后来，师从韩超、胡林翼研经读史。十三岁时，中秀才。十六岁应顺天乡试，中举人第一，名动京城。其后，结婚、父死，赴山东、河南，入山东巡抚文煜、河南巡抚张之万幕府。同治二年（一八六三年），二十六岁时，张之洞入京会试，考中进士，二十八岁的慈禧太后将他列名前三甲，中一甲第三名，授探花，随后授翰林院编修。做了四年闲散京官之后，张之洞历任浙江乡试副考官、湖北学政、四川乡试副考官、四川学政，学官生涯历时十年，在湖北创立经心学院，在四川创办尊经学院。他极力整顿科场积弊，编撰《辀轩语》《书目答问》，作为士子读书和科考的指导书，影响巨大，广纳大批门生，成为他的幕府重要成员。

清光绪二年（一八七六年），张之洞奉调回京做官，历庶吉士、司经局洗马、翰林院侍讲学士、内阁学士兼礼部侍郎。此时，洋务运动正如火如荼，朝廷之中出现了一个新的知识分子团队，称为清流派，他们以军机大臣李鸿藻为首领，品评时事，纠弹得失，抨击洋务派。李鸿藻是直隶高阳人，张之洞是其地缘老乡，遇事敢言，性情相投，张之洞自然成为清流中的一员；直隶丰润人张佩纶也是一位直言敢谏之人，人称青牛角。李鸿藻十分器重张之洞、张佩纶，这三位直隶英才，人称直隶三杰。清流之中，还有两位直言敢谏的翰林人物：黄体芳、宝廷，他们四人连成一气，封事直言，弹劾大政，时称翰林四谏。慈禧太后大权独揽之后，有意开放言路，一方面是点缀中兴，一方面据此又可压制风头正盛的洋务派，翰林四谏正是在慈禧太后的恩宠下脱颖而出的。

光绪十五年（一八八九年），慈禧太后调任张之洞为湖广总督，负责督办芦汉铁路南段。到任之后，张之洞在慈禧太后的支持下，更加大张旗鼓地开展洋务活动：创办汉阳铁厂、湖北枪炮厂、大冶铁厂，组建江南自强军。汉阳铁厂是张之洞在慈禧太后的支持下，一手建立起来的。他奏请清廷拨出巨款，在汉阳大别山下，建造铁厂。历时三年，占地一千亩的铁厂开炉炼铁。为了确保原料充足，张之洞先后奏请获准开采大冶铁矿、王三石煤矿、马鞍山煤矿。汉阳铁厂，是近代中国工业发展的里程碑，在当时的亚洲也处于领先地位。西方人士惊呼："汉阳铁厂之崛起于中国，大有振衣千仞、一览众山之势！……呜呼，中国醒矣！"

光绪三十三年（一九〇七年），是张之洞一生政治生涯的重要转折点。任封疆大吏二十余年的张之洞，在垂暮之年，竟然蒙慈禧太后特旨宣召，入阁拜相，进入他一生之中仕途的巅峰。事实上，这次张之洞奉旨入京，是老谋深算的慈禧太后又一次权力平衡的巧妙安排。当时的政局十分复杂，各派势力争权夺利，此消彼长。庆亲王和手握军权的袁世凯联手，提出设立责任内阁，想以此控制朝政。慈禧太后支持军机大臣瞿鸿禨，搁置了责任内阁之议，逼使袁世凯辞去各项职务。瞿氏电召岑春煊进京，想自己取代庆亲王，由岑代替袁世凯。不料，庆亲王和袁世凯棋高一着，先行下手：暗中指示御史恽毓鼎弹劾瞿鸿禨暗通报馆，

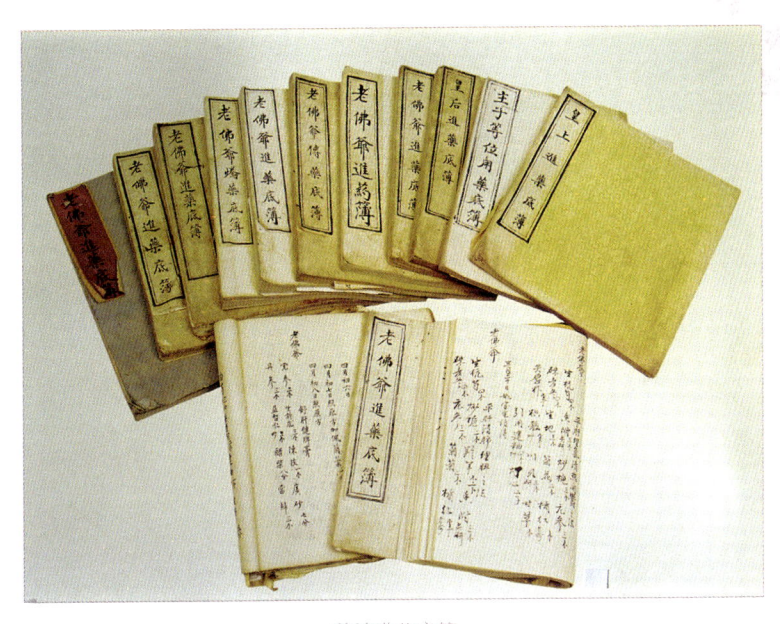

慈禧进药底簿

主使言官,勾结外援,分布党羽!这是慈禧太后之大忌,对此她绝不能容忍。结果,瞿鸿禨被罢免回籍,岑春煊退隐上海。庆亲王大喜,袁世凯也洋洋得意。

政局凶险,慈禧十分冷静,她不会让袁世凯进一步得势。瞿鸿禨开缺几天后,慈禧考虑起用一位资深望重的大臣制约袁世凯,控制袁世凯势力的膨胀。这样,资历、声望远在袁世凯之上的张之洞,就成为慈禧太后牌局中最合适的人选。慈禧太后经过慎重考虑,授予湖广总督张之洞协办大学士。这是一个重要信号,是地方督抚进入中央核心机构的开始。张之洞的姐夫是吏部尚书,他当然知道慈禧太后的深意,当时就表示:请开去底缺,来京当差。于是,都中传闻,张之洞指日入阁。慈禧太后很关注张之洞,时常在宫中夸奖张之洞,她曾说:"还是张某好,有老成持重之见!"京城传闻张之洞入阁拜相,由是不胫而走。

光绪三十三年七月初二日(一九○七年八月十日),慈禧太后颁旨,令七十高龄的张之洞入京:"著迅速来京陛见,有面询事件。"几天前,张之洞请病假,奏折和附片送达御案,获得了慈禧太后的批准:"奉到朱批,赏假二十日,假满迅速来京!"当时,老成持重的张之洞奉到这份懿旨,心里已经有底了。他决定先行观望,并不急于进京,他致电军机处:"正上紧医调,并清理经手要政,约于本月二十日,当可启程。如能早行,即当力疾北上,不敢拘定假期。"张之洞暂缓进京,意在探听虚实,想察看一下慈禧太后究竟是否考虑让自己入阁。这时,张之洞的姐夫鹿传霖密告:"从大学士世续处探得实情,太后微露召公入枢之意。"接着,这位姐夫建议张之洞选择湖广总督的继承人:"鄙见宜择替人,如举不避亲,浙抚当可遵守成规,请密筹备。"

张之洞和袁世凯互相通报情况,表达好感,他们背后的较量却在激烈上演。庆亲王是首席军机大臣,一生只有一好,就是贪财。这时,颇受慈禧太后宠信的梁鼎芬,是张之洞的亲信要人,秉承张之洞之旨意,正在一疏一片地上疏慈禧太后,弹劾庆亲王和袁世凯,提出:预备立宪,应当以庆亲王有极优养廉为第一要义,建议清廷每月加庆亲王养廉银三万两,由度支部发给!梁鼎芬笔锋一转,指向袁世凯,认为袁氏不学无术,靠投机钻营、勾结亲王起家,心怀奸诈,植党营私,肆意妄为,结党揽权:"袁世凯之权力,遂为我朝二百余年满汉疆臣所未有!……如此之人,乃令狼抗朝列,虎步京师,臣实忧之!"上海《神州日报》称:"日前,鄂省梁臬司给政府来一封奏,说庆亲王和袁大军机狼狈为奸,毫无廉耻。东西各国,无以亲王为总理大臣之例,袁军机掌握兵权,不宜入内阁。"张之洞看到梁氏奏章,表面上不以为然,其实内心十分欢喜。他在同僚面前表示:梁鼎芬不知大体,其举有类疯癫!同时,张之洞奏请慈禧太后,称赞梁鼎芬学术纯正,勤劳最著,拟请赏加二品衔。慈禧点头,当即颁旨对梁鼎芬奖赏晋官。

七月二十七日（九月四日），慈禧正式任命张之洞为军机大臣、体仁阁大学士兼管学部，兼任督办粤汉铁路大臣。张之洞长舒一口气，十余年来一直企盼的仕途通达，官阶更进一步，也就是入阁拜相的心愿，终于实现。张之洞本来打算八月初三日，过完自己七十大寿生日之后，再动身进京。可是，鹿传霖致电催促："太迟不相宜，最好到京称觞，万望速来。"鹿吏部尚书，担心时间太久，煮熟的鸭子飞了。张之洞的幕府邹履和进京，密访肃亲王善耆和陆军部尚书铁良，亲王和尚书也都期望张之洞尽早入京。八月初二日（九月九日），张之洞交卸湖广总督大印，立即启程。壮心不已的他感念慈禧太后的知遇之恩，带着几个智囊幕僚，登上了北去的火车，而第二天就是他七十大寿的生日。张之洞日夜兼程，初五日抵达北京，居住在紫禁城北部的什刹海白米斜街。

稍事安顿后，八月初七日，慈禧太后第一次宣召张之洞。七十二岁的慈禧太后看着白发苍苍的张之洞，想起故去了六年的知心大臣李鸿章，感慨不已，唏嘘落泪。安静下来后，慈禧征询张之洞，对时局有何看法，张之洞看着已显疲惫和老态的慈禧太后，思虑片刻，回答："立宪实行，愈速愈妙。预备两字，实在误国！"慈禧太后问他："为什么要从速立宪？"张之洞回答："如此，可以平息留学生排满风潮。"慈禧又问："出洋学生，排满闹得凶，如何得了？"张答："只须速行立宪，此等风潮自然平息。现在日日言预备，遥遥无期，臣恐革命党为患尚小，现在日法协约、日俄协约，大局甚是可危，各国均视中国之能否实行立宪以定政策。臣愚以为，万万不能不速立宪者，此也！"接着，张之洞又建议慈禧立即开设议院。慈禧看着盈盈白发的张之洞，有点发愣，随后苦笑一下，似乎明白过来。慈禧最终没有同意从速立宪，但是，六天后，她颁发上谕，正式设立议院基础的咨政院，上谕称："立宪政体，取决公论，上下议院，实为行政之本。"

宫中麝香

慈禧太后下令，将两年前五大臣出洋考察政治时设立的考察政治馆，改称宪政编查馆，编译东西洋各国宪法，以为借镜之资。宪政编查馆，是宪政的枢纽机构，由军机大臣充任。慈禧任命六位军机大臣任宪政编查馆大臣，他们是：军机大臣和硕亲王奕劻，军机大臣上学习行走和硕醇亲王载沣，军机大臣文渊阁大学士世续，军机大臣体仁阁大学士张之洞，军机大臣协办大学士鹿传霖，军机大臣外务部尚书袁世凯。张之洞入京后，一直忙于宪政。可是，他也知道，一向雷厉风行的慈禧太后，如今眼光飘忽，行动迟缓，似乎来日无多。

果真，不久慈禧的身体就衰弱下去。此时，重病中的太后召两位大臣入内，她直截了当地咨询："如果皇上走了，谁当立？"世续回答："国有长君，社稷之福。"意思是，不如干脆径立载沣。载沣是醇亲王之子，时年二十五岁。慈禧太后摇摇头，她有她的考虑："所言极是。然，不为穆宗立后，终无以对死者。

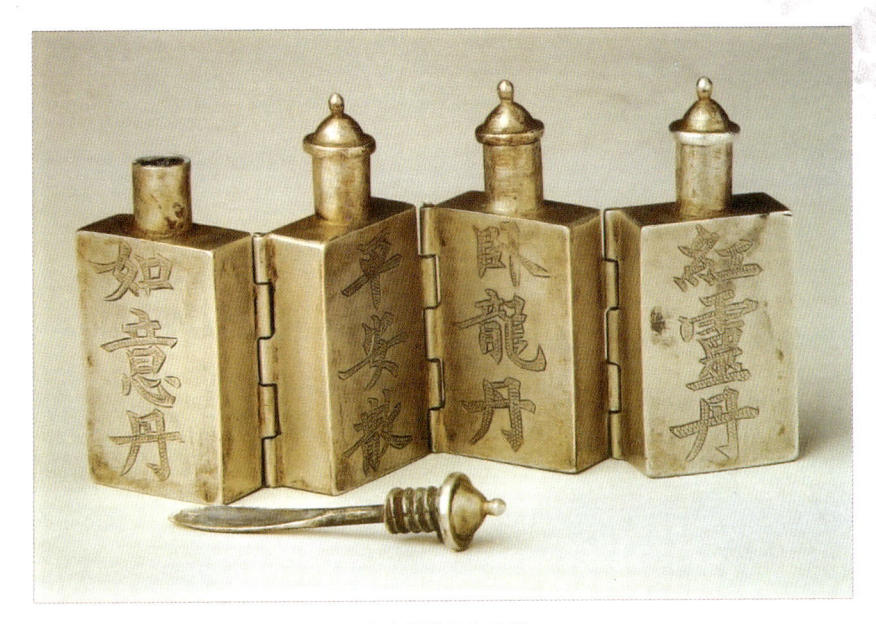

宫中银质四连药瓶

今立溥仪，仍令载沣主持国政，是公义私情，两无所憾也。"

张之洞明白，慈禧太后已经决定了的事情，绝不会改变，也无法改变。他沉吟片刻，直截了当地说："然则，宜正其名。"慈禧笑了笑，小声问："此事，古有之乎？"张之洞向前一步，恭敬地回答："回太后，前明有监国，国初有摄政王，皆可援以为例。"慈禧听后表示："好，可两用之。"张之洞紧盯一句，问道："载沣，为监国摄政王？"慈禧太后点点头，肯定地说："是。"这一决定，本应该征求庆亲王奕劻的意见，但奕劻此时正前往东陵。达赖喇嘛曾建议：从京城送佛像到东陵，可以驱邪祈福，慈禧于是命庆亲王送佛前往。庆亲王奉旨前往东陵，待回京之后，大事已经确定，奕劻也只有表示同意。

光绪三十四年十月二十日（一九〇八年十一月十三日），慈禧太后在颐和园度过万寿节第十天，突发急性痢疾。抱病在床的她经过深思熟虑，将事先准备好的三道重要懿旨，从仪鸾殿先后发布：

第一道懿旨，是命醇亲王之子溥仪在上书房读书："上不豫。谕内阁：朕钦奉慈禧端佑康颐昭豫庄诚寿恭钦献崇熙皇太后懿旨，醇亲王载沣之子溥仪，著在宫内教养，并在上书房读书。"

第二道懿旨，是授予醇亲王为摄政王："朕钦奉皇太后懿旨：醇亲王载沣，授为摄政王。"

第三道懿旨，明确在朝堂之上，摄政王载沣排位在诸王之前："谕军机大臣等：朝会大典、常朝班次，摄政王著在诸王之前。"

光绪三十四年十月二十一日（一九〇八年十一月十四日），光绪皇帝在中南海瀛台涵元殿去世。

慈禧太后躺在仪鸾殿里，抱病又接连发布了三道懿旨：

第一道懿旨："钦奉慈禧端佑康颐昭豫庄诚寿恭钦献崇熙皇太后懿旨，摄政王载沣之子溥仪，著入承大统为嗣皇帝。"

第二道懿旨："钦奉皇太后懿旨：前因穆宗毅皇帝未有储贰，曾于同治十三年十二月初五日降旨，大行皇帝生有皇子，即承祧穆宗毅皇帝为嗣。现在，大行皇帝龙驭上宾，亦未有储贰。不得已，以摄政王载沣之子溥仪，承继毅皇帝为嗣，并兼承大行皇帝之祧。"

第三道懿旨："钦奉皇太后懿旨：现值时事多艰，嗣皇帝尚在冲龄，正宜专心典学。著摄政王载沣为监国。所有军国政事，悉秉承予之训示，裁度施行。俟嗣皇帝年岁渐长，学业有成，再由嗣皇帝亲裁政事。"

很显然，这三道懿旨是慈禧太后事先准备好的。也就是说，临终时的慈禧缠绵病榻，但依旧非常冷静，从容不迫地安排着自己身后的皇朝大事。三道懿

张之洞像

旨发出后，慈禧就光绪皇帝的丧事，再发一道懿旨，明确指示由礼亲王负责："世铎、魁斌、那彦图、载泽、那桐、袁世凯、溥良、继禄、增崇，恭办丧礼。"礼亲王世铎领衔，九人主持光绪丧礼，他们是睿亲王魁斌、喀尔喀亲王那彦图、度支部尚书载泽、大学士那桐、外务部尚书袁世凯、礼部尚书溥良、内务府大臣继禄、内务府大臣增崇。接着，病重的慈禧接连发布懿旨，指示光绪丧礼的具体事宜："三年之丧"，"母后皇后应尊为皇太后"，"溥仪避讳"，以及各省将军、督抚大臣人等，"不必奏请来京叩谒梓宫"等。

随后，慈禧挣扎着，来到理政之地的勤政殿，召见奉旨入宫的监国摄政王载沣和即将登基的小皇帝溥仪。她有气无力，勉强斜倚在卧榻之上，外面是层层帷帐。监国摄政王载沣一身朝服，抱着小皇帝溥仪入内。慈禧毫无血色，面目狰狞，突然出现在帷帐后面，从卧榻上伸出一双煞白的手，想抱一下自己扶立的皇帝溥仪。小皇帝看到慈禧太后面无血色的衰老的脸，感到十分惊恐，浑身颤抖，立即号啕大哭起来。

慈禧感到心烦，嘱咐给孩子拿个糖葫芦带出去玩儿，就摆摆手躺下了。这是她和自己扶立的新君第一次也是最后一次见面。随后，慈禧回到仪鸾殿后自己的寝宫福昌殿。大事已经安妥，她躺在床上，命若游丝，奄奄一息。

光绪三十四年十月二十二日（一九〇八年十一月十五日），慈禧病势危笃。生命即将结束的时候，她发布了一生之中最后两道懿旨：

朕钦奉慈禧端佑康颐昭豫庄诚寿恭钦献崇熙皇太后懿旨：现命摄政王载沣监国，所有应行礼节，著内阁各部院会议具奏。

第一道懿旨，再次明确，摄政王载沣监国，内阁等部院大臣必须表态拥护。

钦奉皇太后懿旨：昨经降旨，特命摄政王为监国。所有军国政事，悉秉予之训示，裁度施行。现予病势危笃，恐将不起，嗣后军国政事，均由摄政王裁定。遇有重大事件，必须请皇太后懿旨。由摄政王随时面请施行。

第二道懿旨，再次明确，所有军国政事，由监国摄政王裁定；遇重大事件时，必请隆裕皇太后懿旨。

撒手人寰

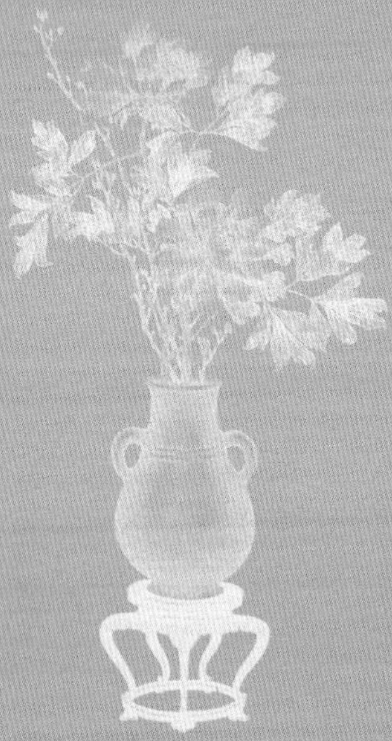

慈禧出殡

慈禧出殡

慈禧出殡

慈禧出殡

慈禧出殯

宣统元年（一九〇九年）中元节，东华门外祭奠慈禧，准备焚烧法船

《皇太后起居底簿》在光绪三十四年十月十五日对慈禧最后的生命历程做了如下记载：

十月十五日，皇太后夜寐，时醒时睡。早膳，进半碗膳。午正歇觉，未进药，肝肺气道时作串疼。皇太后晚膳，进半碗粥。戌刻，进药。夜寐，时醒时睡。十六日，早膳，进粥半碗，熬白菜半碗。胃经尚有燥热，肝肺气道串疼，咳嗽甚重，不能安卧，症势稍轻。午初一刻，歇觉。午正二刻，醒，咳嗽顿引胁下串疼见轻，诸症渐减。晚膳，进煮饽饽二个，熬白菜半碗，粥半碗，甚觉有味。夜寐，时睡时醒。十七日，丑初二刻，进药，肝肺气道仍觉串疼，时作咳嗽。大关防三次，小关防勤。早膳，进粥半碗。日间，时睡时醒，肝肺气道仍觉串疼，时作咳嗽。小关防尚勤。晚膳，进粥半碗，豆汁半碗，绿豆汤少许，熬白菜少半碗。十八日，夜寐时睡时醒，咳嗽顿引胁下作疼，有时关晕。早膳，进粥半碗。小关防尚勤。晚膳，进粥半碗。夜寐，时睡时醒。时作咳嗽，顿引胁下作疼。小关防尚勤。二十日，夜寐时睡时醒，时作咳嗽，顿引胁下作疼。口干而渴。丑正，进药。

现代医生分析这些记录，认为："此为临终前一周之西太后起居底簿，有如护理记录。自此项记载可知，西太后当时主要症状，为时作咳嗽，顿引胁下作痛，不能安卧，时睡时醒，而小关防尚勤，食量少，似亦支持光绪三十四年有关医案所见之以符合老年支气管肺炎而病故之分析。"

光绪三十四年上半年，御医对于慈禧太后的医疗，侧重在调肝和胃，以四君加白蔻、灯芯、羚羊调胃清肝，日常则用清淡之品，包括梅花、玫瑰、荷梗、竹茹、灯芯、鸭梨、银花、连翘、合欢皮、焦三仙、厚朴花等。慈禧几乎每天食用人参一至二钱。六月份开始，慈禧头晕耳鸣，欠冲和之气，病情渐渐加重。临终前十天，出现身疲力软、恶寒发热、口燥舌干之象。十月二十二日，慈禧气虚痰生，精神委顿，舌短口干，势甚危笃。御医张仲元开具一剂益气生津方，想妙手回春："老米一两，人参须五分，麦冬二钱，鲜石斛二钱，水煎温服。"随后，御医张仲元、戴家瑜请脉，发现慈禧脉息欲绝，气短痰壅，势将脱败！于是，立即用生脉饮抢救，以尽血忱："人参一钱五分，麦冬三钱，五味子一钱五分。水煎灌服。"

这是慈禧太后一生中所用的最后一剂药方，然而，此时已是百药无效，群医束手，无力回天。

临终之前，慈禧太后气如游丝，看着一脸惊恐的御前太监和侍女，突然挣扎着，抬起头来，盯着窗外，一字一顿地说："此后，女人不可与闻国政。此与本朝家法相违，必须严加限制。尤须严防，不得令太监擅权。明末之事，可为殷鉴！"

说罢，咳嗽不止。侍女手忙脚乱，赶紧送上以人参、麦冬为主的益气生津代茶饮。然而，汤汁全部从慈禧口中流出。御医张仲元、戴家瑜立即上前，跪伏号脉，此时，慈禧太后六脉已绝，在仪鸾殿后的福昌殿驾鹤西去，命归黄泉。时间是光绪三十四年十月二十二日未正三刻（下午一时四十五分）。

内廷

  慈禧的这句临终遗言，在《清史稿·后妃传》中没有记载。最早披露此事并广泛传播的人，据称是慈禧太后晚年相识的伯克豪斯，他在慈禧太后去世两年后的一九一〇年九月，出版了《慈禧外传》，将慈禧的最后遗言公之于世，引起了极大的轰动。如果他的记载属实的话，那么，我们可以推测晚年慈禧内心的感受。

  她对自己的一生肯定做了回顾，感到有很多遗憾，深知作为女性执政有很多力不能及之处。

  她内心清楚，女性在处理政务特别是裁决军国大事方面有着性别的局限。女性受自身性格的局限、视野的局限以及社会风俗的局限，无法做到像康熙、乾隆大帝那样与大臣进行直接、自如的交流，可以对宫外的一切获取直接的印象，甚至亲披战袍出征。她本人只是不得已才在政治上霸得一位，如果不争不

紫禁城角楼黄昏

紫禁城西北角楼黄昏

霸只能死无葬身之地。她当然也知道流传甚广的叶赫那拉氏家族祖宗的遗言。作为大清帝国的统治者，慈禧自负、坚定，充满智慧，在她的铁腕统治下，大清王朝的精英人物都心甘情愿地拜倒在她的面前，特别是曾国藩、李鸿章、袁世凯三人，都属羊，都是精力旺盛，充满魄力、智慧和勇敢之臣。可是，隆裕皇后即使成为太后，大权在握，也不会明白政务，大清王朝如在她手中很难支撑。百年之后，这个内忧外患，千疮百孔的帝国，还是需要能臣辅佐。

作家鸥盟研究宫廷有年，在分析慈禧太后的临终遗言时，得出这样的看法：

首先，慈禧认为自己的一生是一个特例，是她超人的个性、智慧，无与伦比的机智果敢造就了一个传奇式的人生。作为执政者，最得意时候自认为不仅女人做不到她这一步，男人同样做不到！咸丰在位时她就明显感觉这位皇帝夫君的能力在她之下，做太后之后，她又能将公认为咸丰"奕"字辈兄弟中最有能力的恭䜣亲王完全掌控。所以，慈禧虽然爱美、会享受生活，但绝不认为自己是一个普通女人，她让光绪称她为"亲爸爸"，说明她虽在生活上做足女人功夫，但在政治上她要当一个男人，比男人还男人的强者。慈禧不是一个现代意义上的女权主义者，她争的是自己的权利，从未替妇女争过什么权利，她只代表她自己，不代表占人类二分之一的女性。严格来说，她内心看不起女性同类，而且事实上她也发现，没有哪一个女人能够像她那样出类拔萃，绝对没有人能顶替她的角色。故而临终谕令"女人不得执政"，就是担心她愚蠢的同类盲目模仿她，把政治搞得一塌糊涂，最后归罪于她这个"始作俑者"。

再者，慈禧对中国传统意识还是颇存敬畏之心。中国是一个男权社会，尤其政治上绝对是男人的舞台。中国历代关于反对与防止女人干政的训令多多，慈禧知之甚详。从内心来讲她也认为这些训令是有道理的，是不能推翻的。其

中南海北岸

慈禧太后寝宫西苑仪鸾殿今貌

协和门

实早在她一千多年前的武则天在政治上做得比她更彻底，正式称帝，但在临终时，做出的最后诏令是"去帝号，称则天大圣皇后。"

中国人都是有神论者，她怕到了阴间无法面见李唐王朝的列祖列宗，不敢以则天皇帝的身份"驾鹤西行"，临死重新披上皇后的外衣，留一座无字的碑文。慈禧太明白武则天的心思，临死她也要在面见清朝列祖列宗时，有一个比较好的交代。所以严禁后来的女性效法她。所以，她临终之时，否定了女性执政的合理性。

皇帝去世，称为驾崩、升遐、宾天。入葬之前，称为大行皇帝。在紫禁城中，大行皇帝最后停留之地，明代时停放在武英殿北的仁智殿，俗称白虎殿；清代，则停放在后宫正殿之乾清宫。据档案记载，从顺治皇帝到光绪皇帝，每位皇帝的梓宫都安放在乾清宫。光绪皇帝在瀛台去世时，隆裕皇后和内殿总管尹义忠等人守候在皇帝身边。隆裕含泪，亲自为刚刚辞世的丈夫光绪皇帝穿上绣绘龙袍的寿衣。然后，让太监将大行皇帝的遗体抬上吉祥轿，由瀛台进西华门，抬至乾清宫入殓。清制规定，太后去世，梓宫停放在慈宁宫，并在那里设立灵堂，举行丧礼。慈禧太后在仪鸾殿宾天后，遗命在皇极殿治丧。于是，慈禧的梓宫由中南海仪鸾殿进西华门，安放于皇极殿。

信修明在《老太监的回忆》中称："光绪于十月二十日宾天，皇后亲为穿衣。皇帝死后，照例要口含一珠。皇后命内殿总管尹义忠，开库找珠子。其珠甚小，皇后欲用皇上冠上之珠。……于是，将自己冠上的大明珠取下，纳入皇上口中。光绪宾天后，搭在吉祥轿上，由西华门送到乾清宫入殓，即将梓宫停在宫内。慈禧皇太后在当月二十一日宾天，也是皇后亲自为她穿的衣服。搭在吉祥轿上，先送往寿康宫入殓，再将梓宫停在宁寿宫大殿。后，开皇极殿（宫之前殿），办理丧礼。"

光绪三十四年十月二十一日（一九〇八年十一月十四日）太阳落山的酉正二刻三分（晚上六时三十三分），光绪皇帝崩逝于中南海瀛台之涵元殿，终年三十八岁；十九个半小时后，十月二十二日（一九〇八年十一月十五日）未正三刻（下午一时四十五分），慈禧太后逝世于中南海之仪鸾殿，终年七十四岁。二十小时之内，光绪皇帝和慈禧皇太后相继去世，朝野哀动，天下震惊。这真是大清历史，也是中国历史上颇为奇特的一幕。

按照清制规定，大行皇帝在乾清宫大殓后，就要正式颁布遗诏。大学士手捧大行皇帝遗诏，嗣皇帝在乾清宫檐下，跪接遗诏，恭敬地安放在黄案上。然后，大学士恭捧遗诏，沿着乾清宫中阶走出，嗣皇帝跪送，前往天安门。仪卫官接过遗诏，托在云盘上，从官举着黄盖护送云盘出午门。午门外停放着龙亭，遗诏放入龙亭中，銮仪卫校尉抬着龙亭，过端门，登上天安门城楼。在天安门

金发佛塔

城楼上，宣诏官庄严宣读诏书。金水桥南北，百官跪听。随后，诏书由一只金凤衔着，金凤高二尺一寸五，立于三尺四寸宽的镀金云朵之上，从天安门城垛口缓缓降下。

慈禧太后去世后，清廷发布了慈禧太后生前事先拟好的遗诏：

> 予以薄德，祗承文宗显皇帝（咸丰）册命，备位宫闱。迨穆宗毅皇帝冲龄嗣统，适当寇乱未平，讨伐方殷之际。时则发捻交讧，回苗交扰，海疆多故，民生凋敝，满目疮痍。予与孝贞显皇后同心抚训，夙夜忧劳。秉承文宗显皇帝遗谟，策励内外臣工及各路统兵大臣，指授机宜，勤求治理，任贤纳谏，救灾恤民。遂得仰承天庥，削平大难，转危为安。及穆宗毅皇帝即世，今大行皇帝入嗣大统，时事愈艰，民生愈困。内忧外患，纷至沓

来，不得不再行训政。前年，宣布预备立宪诏书，本年颁示预备立宪年限，万机待理，心力俱惮。

幸予体心素强，尚可支拄。不期本年夏秋以来，时有不适。政务殷繁，无从静摄。眠食失宜，迁延日久，精力渐惫，犹未敢一日暇逸。本月二十一日，复遭大行皇帝之丧，悲从中来，不能自克，以致病势增剧，遂至弥留。回念五十年来，忧患迭经，兢业之心，无时或释。今举行新政，渐有端倪。嗣皇帝方在冲龄，正资启迪。摄政王及内外诸臣，尚其协力翊赞，固我邦基。嗣皇帝以国事为重，尤宜勉节哀思，孜孜典学。他日光大前谟，有厚望焉。丧服二十七而除，布告天下，咸使闻知。

李莲英的消失

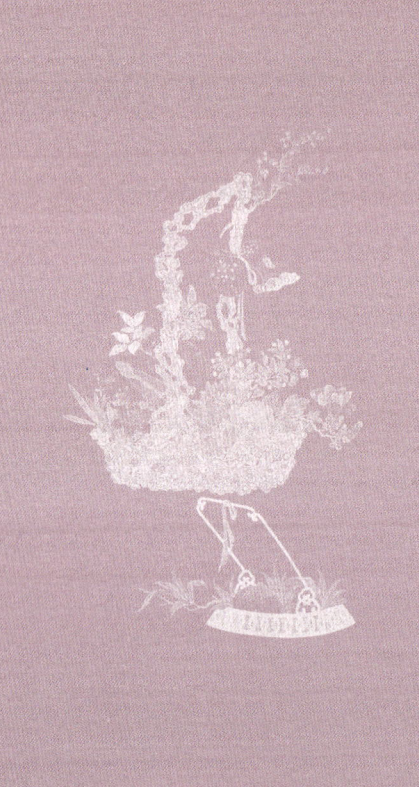

慈禧扮观音照。右为李莲英，左为四格格

慈禧扮观音照（与根正家藏同底版）

李莲英的消失

李莲英是河间府大城县李家村人，李家村位于子牙河畔，距离北京大约三百里。这是一个十分贫穷的地方，也是中国最出太监的地方之一。通常说，过了子牙河，就是河间府，那是出老公（太监）之处，清宫里的太监，十之八九都出自距离北京二三百里的范围之内。李莲英兄弟五人：李国泰、李英泰、李宝泰、李升泰、李世泰。李莲英就是老二李英泰进宫后改的名，他还把小名"机灵"倒过来，谐音灵杰，作为他的字。李莲英早年在白云观入了道，道号乐元。他过继了老四的二子李德福。他还有两个妹妹，大的稳重、小的乖巧，因李莲英得太后的喜爱，他的小妹也得以入宫侍候太后，并嫁给了内务府郎中白来增。李莲英的家人、身边的人，无人不佩服称赞他。他的最大特点就是善解人意，心细如丝。

慈禧自从李莲英进入她的生活之后，对李依赖倍加：他梳头手艺一流，堪称京师之中第一人；他机灵过人、体贴入微，无人能比。光绪十四年，慈禧钦命七王爷奕譞视察北洋海军，李莲英为副使——太监任钦差大臣，这是大清历史上的第一次，更何况是视察军队。但一生谨慎的李莲英，将太后赏赐的二品顶戴换成了清制规定的四品，不住特为他预备的副使船舍，不和任何官员接触，白天只站在七王爷身边，恭敬地侍候七王爷和大臣李鸿章，晚上还主动要侍候七王爷洗脚。他这样，感动得奕譞连连摆手。一趟差事回来，奕譞、李鸿章都向慈禧赞许李莲英。慈禧听后乐不可支，喜滋滋地说："没白心疼他！"

慈禧太后生于道光十五年十月初十日，李莲英生于道光二十八年十月十七日，年岁上相差十三岁，生日则是晚七天。光绪十四年，李莲英钦差回京，完满地完成了任务，慈禧十分高兴。慈禧自己过了生日之后，就记着给李莲英过四十岁生日。她特地赏赐御膳：让寿膳房预备，多少桌子都行。但李莲英只请了一桌老太监、同辈好友和几个徒弟，悄悄地低调过了这个重要的生日。

慈禧太后看戏，请李莲英并坐。进膳，凡是好吃、稀有和李莲英爱吃的，她都要给李留着。慈禧喜爱之物，都爱赏赐给这位令她安逸舒适的大总管，如此，她也就可以清静养心，美容养颜了。太监信修明回忆："慈禧之宠幸宦官，人皆知有李莲英和安德海，尚不知有王俊如。安被杀，王亦被杀。安以骄姿取祸，王以卖官杀身。唯独李莲英谨慎，终保其身，并得帝后特恩。太后宫掌案太监一职，在总管首领之下，其官不大，然而，其职甚重。凡是太后的饮食医药衣服起居，皆由掌案者负责。……安德海死后，李莲英继任掌案太监。李以前车之鉴，终身不敢骄矜。他常对侍者说：'主人是个老虎，我受恩深重，不可一刻失慎。天恩愈大，性命愈险，吾人不可不慎……'李莲英能保其终身，只依靠一个慎字。"

办完慈禧太后的丧礼之后，李莲英就消失了。当时，隆裕太后苦留李莲英，但他去意已决，于是，隆裕恩准李莲英"带俸退休"。名义上，李莲英的家是在慈禧赏赐的西苑门外胡同一处单独宅院。实际上，他秘密居住在护国寺旁边的棉花胡同一处宅院内，终日闭门谢客。然而，不久，他就死于非命，身首异处。谁是杀害李莲英的凶手？有人推测是袁世凯，有人则推测是刚刚得势的二品总管大太监小德张。

据北京文史研究馆研究员颜仪民先生说，他曾和当年九门提督江朝宗的儿子江宝仓一起,听他讲述,慈禧太后去世不久,李莲英确实死于非命:李莲英出宫后,居住在护国寺棉花胡同,与世隔绝。有一天,李莲英突然接到一张请帖,发帖人是袁世凯信任的提督江朝宗,邀请李去什刹海会贤堂一起吃饭。李莲英经过反复权衡,最后决定准时赴宴。宴会很丰盛,江朝宗也很恭敬。盛宴之后,李莲英立即匆忙回家。没想到,在回家路上,李莲英就被人暗杀。当夜,李莲英家人寻找他,在后海草丛之中,只找到了李莲英的头颅。

李莲英墓原为宫中总管太监苏德墓,位于北京西郊恩济庄,新中国成立后为七一中学,现为北京二十一世纪学校。据太监信修明记载:苏德是慈禧太后的宠信太监,曾在辛酉政变中为慈禧向恭亲王传递重要秘信而立下奇功,慈禧太后回銮北京以后,赏赐宅子,破例提拔他为督领侍,成为总管太监。苏德十分聪明,急流勇退,辞职居家。不料,在家中发现了大量康熙青铜大钱,以及一大窖白银。苏德将大量银钱秘密收藏好,拿出千余两白银,进宫

李莲英照

见慈禧，跪奏："奴才在宅内，刨出一小缸银，约一千余两。唯恐命薄担不起，今抬上来进上，请老佛爷赏收。"慈禧太后大笑，说："苏老牙子，银子赏你这个老猴儿吧！"苏德笑说："谢老佛爷天恩！"于是，把千余两白银抬回了家。几天后，有人上奏，告发苏德刨得窖金。慈禧笑着说：已经赏赐给苏德了。因此，苏德大富。京北上地村苏姓，清末时犹称富豪。

信修明记载：苏德暴富，在恩济庄太监公墓，就选择了一处风水吉地，建造了一座规模较大的私人墓地。墓地较为豪华，非常坚固，在这片公墓之中当推第一墓地。建好墓地后，苏德又购买了一份旧的功勋石坊石碑，精雕细刻，作为墓表。御史获知苏德建造豪华墓地，立即上奏，参劾太监苏德造墓违制。苏德第一时间获得信息，一夜之间，就将豪华、违制建筑拆毁埋之。调查人员前来调查，查无实据，不了了之。苏德心有余悸，死后不敢葬于此地。这处墓地，搁置多年，无人敢用。宣统三年，李莲英病故，隆裕皇太后降懿旨，将苏德墓地赏给李莲英。晚清变乱，北京郊外大量墓地被盗被毁，唯独李莲英墓完好无损，人称李莲英有福。

一九六六年夏，"文化大革命"兴起，破四旧运动席卷全国。据参与其事的赵广志先生口述，研究李莲英墓的佟洵整理，在《近代京华史迹》上发表了《李莲英墓挖掘经过》："七八月份，校文革主任带几个红卫兵，命令我们挖李莲英坟。进入墓中，发现李莲英棺材早已离开了棺床。我们把棺材打开，里面还有一层棺材，原来是一椁，没有一颗钉子，是合金的。椁内躺着一个人，盖着被子，没有被翻动过。从脚处摸起，先摸到一个珠子，又摸到一副眼镜，一个烟袋，一串念珠，一个鼻烟碟，一个扳指。看来，李莲英没有一具完整的尸骸，椁中安葬的不过是李莲英的一颗头颅。我把他捧出来一看，只见他的颧骨很高，嘴

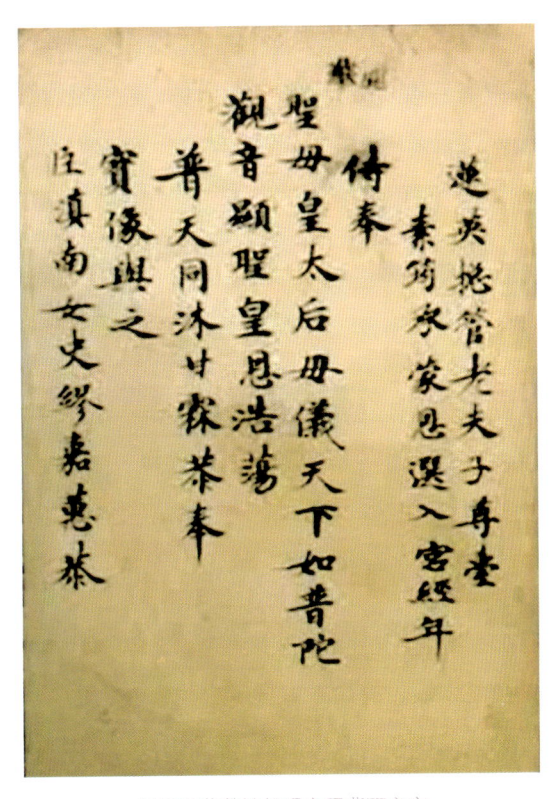

根正家藏慈禧扮观音照背面文字

部略有前突。我以前看见过李莲英的照片，是这个样子。据说，李莲英的头颅后来被人踢着玩，滚进了厕所。有人捞起来，将这颗头颅埋了，至今不知何处。"

根正先生家中有一张慈禧扮观音照，画面上慈禧太后扮观音，大总管李莲英扮韦驮菩萨，四格格扮善财童子。令人惊奇的是，这张照片背后，有一段慈禧太后的御用画师缪嘉惠（素筠）的亲笔手书："莲英总管老夫子尊台：素筠承蒙恩选入宫经年，侍奉圣母皇太后母仪天下，如普陀观音显圣，皇恩浩荡，普天同沐甘霖，恭奉宝像与之。臣滇南女史缪嘉惠恭。"慈禧太后喜爱画画，一直苦于没有一个合乎心意的女画师。于是，慈禧下令，让各地总督、巡抚推荐。

各地推荐了多人，最后有六人入选。缪嘉惠父亲是四川高官，丈夫去世，擅长绘画，性情温和，很合乎慈禧太后的条件。但是，最后谁能入选，取决于大总管李莲英。缪嘉惠的哥哥全力运作，厚贿李莲英。慈禧太后面试时，关键时刻，由李莲英举荐，缪氏轻松入选。

根正根据其祖父的讲述回忆："缪嘉惠入宫，得力于李莲英。慈禧太后去世后，御用画师缪嘉惠按例出宫。缪氏感激李莲英当年举荐之厚恩，一直想回报他。缪氏知道，李莲英和慈禧太后一起照了一些相，但身为太监，李莲英没有得到一张，李莲英最大的心愿，一定是能够得到一张他和慈禧太后的合影。于是，太后御前女画师缪嘉惠利用职务之便，拿了一张被慈禧废弃的《慈禧扮观音照》，出宫之前，打算将这张珍贵的合影照，送给恩人李莲英。没承想，慈禧太后丧事办完后，李莲英就失踪了，根本见不到。临出宫前，缪嘉惠就将这张照片，送给隆裕皇太后，委托太后将照片转交给李莲英。爷爷是隆裕皇太后的胞弟，隆裕是爷爷的二姐。慈禧太后去世，爷爷担心隆裕皇太后，就时常入宫看望她。有一天，临别时，隆裕皇太后记起了缪氏的委托，就将这张照片亲手交给爷爷，让他转交给李莲英。爷爷知道，李莲英住在护国寺的棉花胡同。这是慈禧太后丧事后不久，爷爷受二姐隆裕皇太后委托，就亲自前往棉花胡同，看望李莲英，送去这张照片。没想到，李莲英的看门人哭着说：'大总管走了，走一周了！'爷爷十分震惊，这张照片，就带回来了。"

据根正的说法，李莲英是在慈禧太后丧事不久，死于非命的。十分凑巧的是，故宫博物院图书馆收藏了一张同样的照片，应该是在同一地点、几乎是同时拍摄的。但是，两张照片，有明显的不同。故宫收藏的照片是经过选择以后认定的好的照片，是慈禧太后喜欢的正片，特点有五：一是慈禧太后表情严肃，但

李莲英墓现状

略为温和；二是李莲英闭嘴、挺立，双手做捧剑状；三是四格格表情肃穆，双手合十，手挂拂尘；四是画面为中景，三人面前的荷花完整，纤毫毕现；五是背景竹林画面完整，阳光透过竹叶洒照下来，富于立体感。根正先生家收藏的照片，同样特点有五：一是慈禧太后表情严肃，有点苦相，没有一丝温和之色；二是李莲英闭嘴、低眉，左手做合十状，右手单手持金刚杵；三是四格格表情淡薄，双手捧书；四是画面为近景，三人面前的荷花太突出，画面较凌乱，不太完整；五是背景竹林、山石突显，画面不完整，没有纵深感，没有阳光照射。

这张照片，拍摄时间是光绪二十九年（一九〇三年），拍摄地点不是颐和园，而应该是西苑三海。据内务府档案记载，光绪二十九年："七月十六日，海里照相，乘平船，不要篷。四格格扮善财，穿莲花衣，着下屋绷。莲英扮韦驮，想着带韦驮盔、行头。三姑娘、五姑娘扮撑船仙女，带渔家罩，穿素白蛇衣服，想着带行头，红绿亦可。船上，桨要两个。着花园预备带竹叶之竹竿十数根。着三顺预备，于初八日要齐，呈览。"档案记载内容，和这张照片许多地方相符。海里，是宫里人的称谓，特指西苑三海。七月十五日，是中元节，又称鬼节，宫中举行盛大的法事活动。七月十六日，正是中元节的第二天，慈禧太后选择这一天游湖、照相。所以，必须在初八日之前，将一切预备周全。

观音是救苦救难之神，普度众生，法力无边，是人世间慈悲救世的化身。慈禧太后自称是观音的化身，救苦救难。她朱笔抄写过《心经》，封面内的观音像，就是她的自画像。韦驮又称韦驮天，是印度婆罗门的天神，后来，被佛教吸收为护法诸天之一，和另一护法天神韦天并称。他姓韦名琨，是南方增长天王手下八大神将之一，是护法四大天王手下三十二神将之首。其形象为童子面，身披甲胄，手持金刚杵，人称韦驮菩萨。李莲英是大总管，由他扮演护法韦驮，合乎慈禧太后的心意。善财，又称善财童子，他和龙女一起，为观音菩萨的胁持。庆亲王奕劻的四女儿四格格，扮演的是善财童子，并不是龙女。

普陀峪归宿

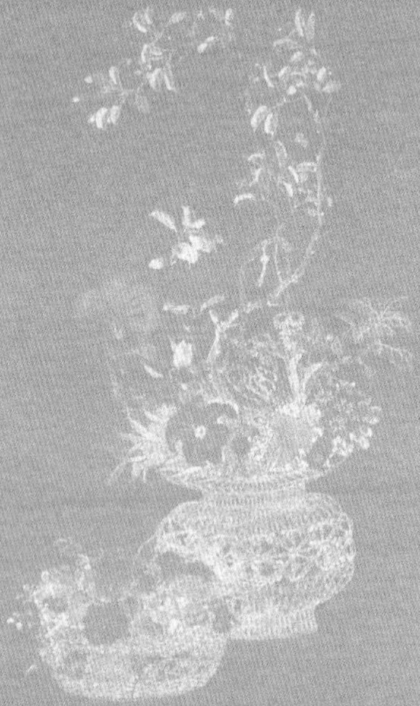

大清國當今聖母皇太后萬歲萬歲萬萬歲

慈禧簪花披珠戴戒指側面坐照

慈禧定东陵隆恩殿

慈禧定东陵隆恩殿梁柱及天花

慈禧定东陵地宫

慈禧定东陵地宫宝床金棺

慈禧定东陵地宫烫样（侧面）

普陀裕归宿

太后、皇帝的陵寝，称为万年吉地。按照惯例，皇太后和皇帝的陵寝，都要在陵寝主人去世前选定和营建。慈禧太后主持朝政以后，就决定为两宫太后选择陵址，因为太平天国战乱，加之咸丰皇帝的定陵正在兴建，就无暇顾及。同治五年（一八六六年），咸丰皇帝已经入葬定陵，太平天国起义被彻底平定，大清王朝在慈禧太后的操纵下进入了相对稳定时期，出现了中兴气象。这时，慈禧太后开始筹划自己的后事，派大学士周祖培、理藩院左侍郎英元、都察院左都御史全庆为相度大臣，前往清东陵选择太后的万年吉地。

清东陵位于河北遵化马兰峪西边的昌瑞山，这是满清入关以后在关内营建的第一座皇家陵园。满清先后建有三座皇家陵园，盛京三陵、东陵、西陵，东陵是三座帝陵之中最大的一座。昌瑞山帝陵是极佳的风水宝地，建造北京都城时，明代皇帝曾召集勘舆大师们察看风水，打算选择这里作为皇帝陵址。东陵北起雾灵山，南抵天台。雾灵山雾气氤氲，可谓东陵太祖山，山脉逶迤南伸，直至昌瑞山，正是后龙之正脉，风水之大源。东陵隐藏在昌瑞山中，占地两千五百平方公里，北为后龙，南为前圈，群山环绕，高峰林立，众水盘绕，正是风水上所称的藏风蓄水之风水宝地。

《昌瑞山万年统志》称："昌瑞山，原名丰台岭。一峰擂笏，万岭回环。北天幛于雾灵，南屏列于燕壁。含华毓秀，来数千里长白之源；凤舞龙蟠，结亿万年灵区之兆。且其间百川旋绕，势尽朝宗。四境森严，象皆拱卫。实为天生福地。……昌瑞山佳气团结,郁郁葱葱。巍峨数百仞,玉陛金阙。垣合紫微,嘉祥迭见,屡产灵芝。是故出乎山之类,拔乎山之萃,而不可与众山为伍者。至于前后左右诸山并诸水等,皆所以为此山之带砺而朝拱乎!《清朝文献通考》称:山脉自太行来,重岗迭阜,凤翥龙蟠,嵯峨数百仞。前有金星峰,后有分水岭,诸山耸峙环抱。左有鲇鱼关、马兰峪,右有宽佃峪、黄花山。千山万壑,朝宗回拱。左右两水分流浃绕,俱汇于龙虎峪,崇龙巩固,为国家亿万年钟祥福地!"

清东陵这处万年钟祥福地有五座皇帝陵寝,四座皇太后皇后陵寝,五座妃园陵寝。五座皇帝陵寝是:顺治皇帝孝陵、康熙皇帝景陵、乾隆皇帝裕陵、咸丰皇帝定陵、同治皇帝惠陵。四座皇太后皇后陵是:昭西陵、孝东陵、普祥峪定东陵(慈安太后陵)、普陀峪定东陵(慈禧太后陵)。五座妃园寝是:康熙景陵皇贵妃园寝、康熙景陵妃园寝、乾隆裕陵妃园寝、咸丰定陵妃园寝、同治惠陵妃园寝。在此之外,有亲王、郡王、公主、保姆等园寝共计多达三十余座。满清二百七十余年间,这里葬有皇帝、后妃人等一百五十余人,包括五位皇帝,十五位皇太后、皇后,十四位皇贵妃,三十六位贵妃、妃等。

清东陵的第一座皇帝陵是顺治孝陵,陵址是在顺治八年由顺治皇帝亲自选定的,由康熙皇帝兴建。礼亲王在《啸亭杂录》中写道:"章皇(顺治皇帝)尝校猎遵化,至今孝陵处,停辔四顾,曰:'此山王气葱郁非常,可以为朕寿宫!'因自取佩韘(古代射箭时,戴在右手大拇指上以钩弦的用具,用象骨做成,又称抉,俗称扳指。)掷之,谕侍臣曰:'韘落处定为佳穴,即可因以起工。'后有善青乌者,视丘惊曰:'虽命我辈足遍海内求之,不克得此吉壤也!所以,奠我国家万年之业也!'"康熙六年时,辅政大臣苏克萨哈提出,想看守孝陵。

慈禧太后陵龙凤阶石：凤在上，龙在下

康熙皇帝不明其意，派人询问。苏克萨哈说："世祖章皇帝（顺治皇帝）选择吉地时，曾降谕：'朕万岁后，尔等大臣之墓，亦葬陵寝近地为善！'我即叩谢：'若得此，幸甚。'卜阅陵地，非我一人侍从，曾有索尼、遏必隆和我等三人一齐叩谢。"乾隆皇帝写诗称赞："松柏守宫阙，星辰侍礼仪；鼎湖亲卜吉，昌瑞万年基！"

清咸丰皇帝的定陵位于遵化东陵内的平安峪，是东陵中最西边的一座帝陵。两宫皇太后是咸丰皇帝的后妃，她们的陵寝，自然建在定陵两侧。定陵西边是一条大河，不能建陵。定陵东边山水极佳，有普陀山、平顶山、羊肠峪、顺水峪四处风水佳地和定陵的平安峪一脉相承。同治五年，太平天国起义基本平息，慈禧太后开始着手筹划自己的后事，派遣大学士周祖培、理藩院侍郎英元和左都御史全庆为相度大臣，前往东陵，选定两宫皇太后万年吉地。相度大臣们察看山形、地势，选择了平顶山和普陀峪。

同治六年，慈禧太后派遣恭亲王为相度大臣，带着精通风水的勘舆大师和相关部门大臣一同前往，这些大臣包括：军机章京江人境，内务府员外郎宽惠、松瑞，礼部主事张元益，刑部主事高士龙。察看风水之后，他们上书慈禧太后，认为普陀峪和平顶山都是上吉之地：

> 普陀山山势尊严，由昌瑞山来龙，至凤台山过峡起，金星圆顶，开面落脉，结咽束气，顿挫而下，结成突穴。左右护砂环绕，界水分明，堂局严密，唇气纤徐。内水宜出丁未方，立壬山丙向兼子午分金，前面平安岭为玉案，案外金水大山为芙蓉帐。上吉之地！平顶山，山势秀丽，由普陀山分支，过峡顿起。土星平顶，开面落脉，结咽束气。曲折而下，结成窝穴。左右护砂回环，界水分明，堂局整齐，唇毡平坦。内水宜出丁未方，立壬山丙向兼子午分金，前面平安岭为天财案，案外金水大山为芙蓉帐。上吉之地。

同治十二年三月初九日，同治皇帝陪同两宫皇太后前往定陵，祭奠咸丰皇帝。咸丰皇帝此时去世已经十二年，慈禧太后此行，是向去世的丈夫交代，她已经将他们的儿子抚养长大，载淳必将成为一个有为的皇帝。隆重的祭祀活动之后，同治帝奉懿旨陪同两宫皇太后察看定陵的平顶山和即将动工的两宫太后陵寝之地的普陀山。这里风景优美，地势雄杰秀丽，山川苍翠环抱，确实是上

定东陵慈禧陵双凤戏龙栏板

佳福地。慈禧感觉十分满意,决定将这里赏赐名字。三月十五日,慈禧太后赏赐平顶山为普祥峪,赏赐普陀山为普陀峪。三月十九日,慈禧正式决定,在普祥峪建造慈安太后万年吉地,在普陀峪建造慈禧太后万年吉地。

万年吉地确定后,慈禧任命惇亲王、协办大学士全庆、总管内务府大臣春佑和工部侍郎荣禄为慈安太后万年吉地承修大臣,任命醇亲王、左都御史英元、吏部侍郎魁龄、总管内务府大臣明善为慈禧太后万年吉地承修大臣。承修大臣立即行动,撒灰线,定陵穴。他们发现,这两处陵穴穴位南北相错,不在一条平行线上。承修大臣奏请慈禧太后之后确定,普祥峪下移一丈五,普陀峪上移七尺四，两陵穴位方才平行。动工之后，他们发现两陵吉地地势低洼，到处是水坑，这是造陵之大忌。承修大臣奏请慈禧太后之后确定，起运优质客土，填充吉地，客土必须土质洁净，颜色纯正，土壤细腻，没有沙土。皇太后陵寝的规制，依慈禧太后吩咐，总体仿照孝圣皇后泰东陵，陵寝门楼和神道碑亭仿制孝庄皇后昭西陵，地宫仿照慕陵。

同治十二年八月二十日午时（一八七三年十月十一日中午十二时），两宫太后陵寝正式破土动工，历时六年，于光绪五年六月修建完成。两座皇太后陵寝，同时动工，同时兴建，同时完成，陵寝建筑雄伟，规制相同，风水极佳，这在中国和世界历史上都是绝无仅有的。慈安太后普祥峪定东陵和慈禧太后菩陀峪定东陵都是坐北朝南，东西并列，中间隔着一道山沟，东太后慈安太后之陵在西边，西太后慈禧太后之陵在东边。人们都认为东边陵址风水更好，慈禧太后出于私心，霸占了东边。其实，这是误解了慈禧太后。按照中国丧葬制度规定，主葬位和后妃葬位，是根据亲疏远近来确定的。慈安太后是皇后，当然比慈禧太后地位高，和咸丰皇帝更近些。咸丰皇帝定陵在西边，两宫皇太后陵都在定陵东边，这样，慈安太后陵自然就在西边，慈禧太后陵自然就在东边。

慈禧太后是一位很懂得享受的女人，生前享受荣华富贵，死后也要极尽奢侈。咸丰、同治、光绪时期，大清面临着内外交困的严重局面，可是，慈禧太后念念不忘营建宫殿，扩建三海，大修颐和园来享受美好的生活。光绪七年，慈安太后去世，慈禧太后大权独揽，她开始动了心思，不再满意两宫太后的陵寝一致。大清财政稍微宽裕后，慈禧太后就决定，重修普陀峪陵寝。陵寝工程完成后第十六年，也就是光绪皇帝亲政之后、中日甲午战争刚刚惨败一年之后的光绪二十一年，慈禧命令拆除普陀峪陵寝全部建筑工程，完全重修。这次重修慈禧太后陵寝，前后历时长达十三年，费银六十余万两。这次重修的起因是，光绪二十一年八月十四日，守陵大臣溥龄、马兰镇总兵文瑞等联名上奏，普陀峪万年吉地出现漏雨现象，请求派人查勘。光绪皇帝派军机大臣、礼部侍郎刚毅前往，查勘属实，拟定维修方案，光绪皇帝准备同意按照维修方案进行小规模修复。这时，慈禧太后亲自出面，任命庆亲王奕劻和兵部尚书荣禄为承修大臣，全面重修普陀峪万年吉地。

乾隆裕陵堪称一绝，可以说是中国历史上最为豪华的地宫。整座地宫是九券四门，最绝妙之处在于，墙壁、券顶以及石门之上，满雕各式各样的文字和图案。进门门垛、墙壁和石门背面，浮雕着梵文、藏文佛经、咒语，显得十分肃穆。据清宫档案记载，裕陵地宫，浮雕梵文六百四十七字，藏文两万九千四百六十四字。门洞两壁，是四大天王。石门上，是八大菩萨。券顶上，是宝塔、五方佛、二十四佛。平水墙壁上，是猴子、宝珠、五欲供。金券、明堂券之月光石上，雕刻着轮、螺、伞、盖、花、罐、鱼、肠八宝图。地宫石门下角，被孙殿英盗墓时凿下一大块，石门被炸裂成三段。

乾隆裕陵地宫是最为精美的；而普陀峪慈禧陵，也是清代最为奢华的陵寝之一。它的奢华体现在以下三点：其一，木料名贵。隆恩殿、东西配殿，除斗拱使用楠木，全部用名贵的黄花梨。其二，彩画奇特。清代陵寝，通常是木件披麻挂灰做地仗，然后上绘旋子彩画。慈禧陵三殿彩画，新颖奇特，不披麻挂灰做地仗，而是保留木质本色，磨细、打光、罩漆，不用旋子彩画，采用和玺彩画，直接沥粉贴金。其三，雕砖扫金。清代陵寝殿宇墙壁，通常是下肩干摆，上身灰砌，抹灰，外皮提刷红浆，内皮提刷黄浆。慈禧陵三殿，外壁干摆到顶，内壁下肩干摆。上身陡砌方砖，墙壁中心，雕刻"五福捧寿"，四角是万字纹

两陵间马槽沟（左为孝贞显皇后陵，右为孝钦显皇后陵）

和绶带纹，边框是回纹、珠子纹和缠枝莲纹，寓意"福寿绵长"。

皇宫太和殿钻金盘龙立柱和皇帝陵的钻金沥粉立柱，都是沥粉扫金，而重修后的普陀峪慈禧太后陵三殿，建造了六十四根柱子，全部是木植本色，罩以亮漆，上盘镀金铜龙，柱子下脚是镶铜镀金寿山福海和吉祥八宝。玉石栏杆，上雕云凤升龙图案，江崖海水之上，是龙凤呈祥图。

清代帝后陵寝大殿、月台非常庄严，围以青白石栏杆，栏杆的柱头之上，雕刻游龙、飞凤，其他地方没有图案。重修后的慈禧太后陵大殿和月台四周围以青白石栏杆，柱头上雕刻云龙云凤，柱身内外各雕一条升龙，龙身下面是海水江崖，形成立面的龙凤呈祥图；栏板内外，雕刻精美，是横面的龙凤呈祥图；抱鼓石上，雕刻云凤，做展翅飞翔之状，云凤下面是一条云龙，仰望天空中的

定东陵慈安、慈禧二陵交界处

云凤。最为引人注目的是，月坛前的丹陛石，龙凤图案十分精美：凤在上，龙在下，龙、凤的嘴、唇、冠、眼、腿、尾、须各个部位都极其精致，栩栩如生。东陵研究专家徐广源先生描述："在重修时，此块丹陛石也被废弃，采用高浮雕加透雕的手法，重新雕刻了一块。虽然图案一样，仍凤在上，龙在下，但工艺比先前那块更胜一筹。"

普陀峪慈禧太后陵有豪华的地宫，地宫之中有金井，金井内存放着大批珍宝。金井是一座陵墓的墓穴，可以说是这座陵墓的核心，一直被说得神乎其神。通常，墓主人要把自己一生之中最为喜爱的东西放入金井内，以求息壤，镇墓驱邪，供自己在来世享受。

据《大行太皇太后升遐记事档》记载，先后有六批珍宝入藏慈禧定东陵，主要包括：金枣花扁镯一对，绿玉福寿三多佩一件，红碧镶子母绿别子一件，红碧长寿佩一件，正珠手串一盘，黄碧葡萄鼠佩一件，红碧葫芦蝠佩一件，绿玉佛手别子一件，红碧双喜佩一件，白玉灵芝小如意一柄，白玉透雕夔龙转心璧佩一件，红碧一件，金镶万寿执壶一件（上镶正珠、米珠一千零六十八颗），金镶珠石无疆执壶一件（上镶小红宝石二十二块，东珠、米珠七百五十八颗），金镶真石玉枕金盘二件（各盘上镶东珠八颗，杯耳上镶东珠两颗），金镶珠杯盘二对（各盘上镶东珠八颗，杯耳上镶东珠两颗），雕通玉如意一对，金佛一尊（上镶珍珠二百六十九颗），玉佛一尊，正珠念珠二盘，五等正珠念珠一盘，雕珊瑚圆寿字念珠二盘（每盘珠一百零八颗），珊瑚念珠一盘，玉寿星一尊。

慈禧太后陵中的六批珍宝，都是慈禧太后的心爱之物，任何人都不许触碰。这些珍宝中，只有一件被慈禧太后拿出金井，它就是光绪十六年第三批放入的珍珠手串。光绪二十四年（一八九八年）闰三月初五日，内务府官员奉慈禧太后懿旨来到东陵，在守陵大臣的陪同下，从慈禧太后陵地宫金井之中，取走了八年前放入的珍珠手串。他们将手串装入宫中精致的锦匣内，用黄包袱包好，贴上封条、印花，由马兰镇千总两人带领十名绿营兵，专程护送至皇宫，交给太后。沿途官员派地方官兵，严密保护，一路畅通无阻。这件珍珠手串，有十八颗硕大正珠，大小一致，色泽相同，晶莹剔透，十分珍贵。如此硕大的正珠，在世上极其稀有。更为特别的是，手串上有红碧佛头塔，绿玉双喜字背云，以及两个茄珠坠角和四颗小正珠。慈禧太后非常喜爱这件珍珠手串，不知为何，一定要让人从地宫中取出。这件珍宝，后来不知下落。

李莲英是慈禧太后生前最知心的人，也是慈禧太后临终前将后事完全托付的人。李莲英目睹了慈禧太后去世的全过程，也参加了慈禧太后的入殓、下葬。他的侄儿李菅舟也知道这些细节，特地写了一本相当于李莲英日记的史料笔记《爱月轩笔记》，其中详细记录了慈禧太后陵墓的随葬品：

慈禧太后遗体入殓之前，在棺材底下铺设一层厚约七寸的金丝镶珠宝锦褥，上缀米珠一万零五百颗，六厘珠一千二百颗，一分珠五百颗，三分珠三百零四颗，八分珠一百颗，碧玺、白玉二百零三块，红宝石、蓝宝石八十五块，祖母绿两块。金丝锦褥之上，铺设绣花丝褥一层，丝褥上铺五分重圆珠一层，上镶珍珠两千四百颗。重圆珍珠之上，铺设绣佛串珠薄褥一层，薄褥上缀二分珠一千三百二十颗。

遗体的头顶部，放置着一件翠荷叶，重二十二两半。这是一件稀世之宝，是由粤海道的官员精心搜集、精致制作、郑重进献的。全部荷叶是绿色的，叶脉毕现，也全都是天然生成的。尸体的脚下部，放了一朵碧玺莲花，粉红色，晶莹剔透，重三十六两八钱。这么重的翠叶、莲花，是世间十分罕见之物，寓意是头枕翠叶，步步生莲，早日升入西方极乐世界。

慈禧尸身上穿一件金丝串珠彩绣礼服，外面罩一件绣花串珠褂，两件衣服上，缀镶小珠四千五百颗，中珠一千颗，大珠四百二十颗，大小宝石一千一百三十五块。慈禧太后胸前，佩戴三挂朝珠，其中，两挂为东珠，一挂为红宝石。慈禧生前喜爱美容，她还戴有十八子珠镜等活计，上缀珍珠八百颗，宝石三十五块。

慈禧头戴珠冠，冠上缀一颗硕大的珠子，大如鸡蛋，重约四两。据说，这是从国外进口而来，世间十分稀有。她的两只手臂上，摆放着十八尊蚌佛。除此之外，各种珍珠九练缠绕着慈禧太后的全身。在她的枕边、身边，放着金佛、玉佛、翠佛、红宝石佛，共计二十七尊。金佛每尊重八两，翠佛、玉佛每尊重六两，红宝石佛每尊重三两半。棺材周围，散放着四十八尊白玉番佛。每尊白玉番佛，高不到两寸，佛身、佛足都是白色，佛尊的鞋子是黄色，身披红色佛衣，手持一枝红莲花。

慈禧的脚下放置着翡翠西瓜两个，翡翠甜瓜四个。翡翠西瓜，都是青皮红瓤，黑丝白籽。翡翠甜瓜，两个是青皮，白籽，黄瓤，两个是白皮，黄籽，粉瓤，全部都是天然长成的，没有一点人工加工、装饰、涂抹。在她的脚周围，还放有翡翠桃子十个，青皮，粉红色桃尖；黄宝石李子一百个，红宝石杏、黄宝石杏六十个，红宝石枣四十个。

慈禧身体的旁边，放置了两棵翡翠白菜，白菜叶子是绿色的，白菜心是白色的，绿白相间，十分逼真。特别诱人的是，在白菜菜心上，落着一只碧绿的蝈蝈，白色菜心和碧绿蝈蝈相映生辉，格外醒目。绿色的菜叶上，落着两只马蜂，黄色的，蜂头、蜂身、蜂尾，纤毫毕现，栩栩如生。最为奇怪的是，这些白菜、蝈蝈、马蜂等等都是在一块完整的玉料上雕刻而成的，都是天然颜色，没有任何人为加工的痕迹。

慈禧身体左侧，放着一支玉藕，玉藕分成三节，藕本色上天然带有灰色的污泥，看上去和真的一样。尤其迷人的是，玉藕上长着绿色的荷叶和粉色的莲花，藕、荷、莲浑然一体，分外鲜活，几可乱真。玉藕的旁边，还有一个黑荸荠，漆黑色的，放着幽光，极其夺目。她身体的右侧，放置着一颗红色的珊瑚树，树上面盘绕着一棵樱桃树，青根，绿叶，红果，珊瑚枝上落着一只翠鸟。

慈禧尸身上覆盖着一条陀罗尼经被，经被上是织金丝织成的汉字经文一万七千余字和大量的佛像、佛塔、宝文及十二章纹等，都是用捻金线织金丝精心编织而成。经文、图案、花纹清晰可见，经被十分整齐，没有丝毫走样。陀罗尼经被是明黄缎子精心制作而成的，长二百八十厘米，宽二百七十四厘米。经被中心是一座造型如北海白塔的喇嘛塔，塔高一百四十厘米，塔顶上楷书四字：慈航普度。塔身两侧，是飘浮的佛幡，左幡上书：光明善证菩提果。右幡上书：安静香鼎功德林。塔的正中，上下排列着五个印章，一个方形，一个三角形，三个圆形。印文为汉文篆书文字，分别是：十地圆通、宝境灵光、普照大千、广仁驱邪宝印、正德通缘佛赠之宝。白塔周围，有流云、蝙蝠和皇帝专用的十二章纹图案。被上塔身经文为回环《金刚经》，一千七百余字。其余部分也有经文，分别是《高王观世音经》《摩诃般若波罗蜜多心经》。经被四周是四层花边。最内层是第一层，是万字、团寿字、蝙蝠形图案，寓意万寿万福。第二层是汉字佛经，每字一厘米见方，三百一十行字，一层共有汉字一万七千八百余字。第三层是图案，由团佛、莲花组成。第四层同第一层，仍然是万福万寿花边。值得一提的是，这些图案、文字、花边等等，都由捻金丝织成，精致细腻，纯正整齐，清晰端庄。

慈禧太后棺椁所有空隙之处，遍洒珍珠、宝石，包括红宝石、蓝宝石两千二百块，三分珠两千二百颗，六分珠一千颗，八分大珠五百颗。慈禧尸体的最上面，再覆盖一条串珠被，十分稀有和珍贵，上缀二分珍珠六千颗。

据说，慈禧太后的尸体入殓时，正要盖棺，一位公主赶来，送上了一批稀世珍宝为慈禧太后陪葬。入殓大臣和近侍将串珠被子掀开，放入了这最后一批珍宝：它们是一套玉八骏，一套玉十八罗汉。八匹骏马，每匹高不到两寸，造型各异，毛色不同。十八罗汉姿态万千，表情复杂，呼之欲出。

令人惊奇的是，清宫留存下来的档案所记录的慈禧太后陵寝的随葬品，与《爱月轩笔记》所记录的大相径庭，且没有共同之处，主要包括：

绿玉、茶晶、玛瑙、白玉皮等烟壶；

正珠、东珠、龙头、金镶正珠等软镯；

浑金镶白钻石、洋金镶珠口带别针等小表；

正珠、绿玉、红碧玺、珊瑚圆寿字等念珠；

珊瑚鱼、绿玉透雕活环、白玉透雕活环葫芦等佩；

钻石、红碧玺、白钻石、黄宝石、大正珠等帽花；

大正珠、正珠、珊瑚、红碧玺、紫碧玺、绿玉莲子等手串；

白玉羚羊、白玉鱼蚌珠、洋金镶白钻石宝桃式大蚌珠等别子；

红碧玺、金镶钻石、绿玉穿珠菊花、金镶各色珠石万代福寿等冠口；

红碧玺、红宝石、绿宝石、红钻石、绿钻石、子母绿、绿玉珊瑚等镏子；

汉玉珞、白玉猫、黄玉杵、汉玉针、雕绿玉、汉玉仙人、汉玉洗器等扳指；

正珠、东珠、绿玉、红碧玺、珊瑚寿字、珊瑚喜字、珊瑚螭虎、龙眼菩提等朝珠；

珊瑚绿玉金镶红白钻石等蝙蝠，金镶红白钻石蜻蜓，金镶白钻石蜂，金珠翠玉等佛手簪；

茄珠、绿玉、蚌珠、蓝宝石、紫宝石、红碧玺、子母绿、大小正珠、绿玉镶红碧玺等抱头莲；

绿玉、金镶藤、绿玉兜兜、正珠挂钮、金镶正珠、金镶珠石、白钻石葫芦、金镶各色真石、金镶各色真石珠、金镶红碧玺正珠、镀金点翠穿珠珊瑚龙头、白玉镶各色真石福寿镯等等。

盗墓谜案

定东陵出土的慈禧太后龙袍

一九二八年，清东陵发生了震惊世界的盗窃大案，直接领导和参与这场大案的罪魁祸首是众所周知的军阀孙殿英。孙殿英乃河南永城县人，名魁元，号殿英，一脸麻子，人称孙大麻子。孙氏一生有三大好：好钱、嗜赌、贩毒，做过土匪，倒卖军火，什么坏事都干。当兵之后，很快发迹，成为一支军队的首领。后来，投降日本，当了汉奸。日本投降后，由蒋介石收编，孙成为国民党军的一个纵队司令。改编以后，为国民革命军第十二军军长。一九二八年七月，孙殿英率领他的军队驻守河北蓟县马神桥。这里地理位置独特，距离山清水秀的清东陵只有二十余里。孙殿英听说东陵埋藏着大量奇珍异宝，早就对其垂涎三尺，开始悄悄移防陵区，积极策划盗窃皇帝陵墓。驻防在清东陵的是奉军第二十八军一个连，负责这里守卫的是马福田团长，马团长是东陵人，早就知道这里埋藏着珍宝。这位土匪出身的马团长，一直想盗窃东陵。马团长驻防这里后，即召集当地土匪头子王绍义秘密策划盗陵之事。

孙殿英得知马福田团长的盗墓计划后，立即行动。他命令所部八师师长谭温江马上率领一个旅围攻马福田。七月二日，两军在马兰峪展开激战，马福田寡不敌众，仓皇逃走。谭师长率得胜之师进驻马兰峪，布防东陵，并宣布进行军事演习，全面戒严，封锁消息，任何人都不许出入陵区。孙殿英知道，清帝陵墓之中，慈禧太后陵和乾隆皇帝陵内珍宝古玩最多，也最珍贵，于是决定盗窃这两座陵墓。谭温江用了七天七夜的时间打开了慈禧太后陵墓，将陵墓内外的珍宝洗劫一空。同时，孙殿英部下第七旅旅长韩大宝奉命率领一个团、一个工兵营、一个迫击炮连，从陵区西边苇子峪山口进入陵区，盗掘了乾隆皇帝裕陵，也将陵墓内外珍宝掠夺一空。陵墓地宫很深，盗匪们起初一直没有找到地宫入口。后来，他们找到村里一位熟悉陵寝结构的老人，指出了地宫的位置，盗匪们最终挖通了地宫。孙殿英十分兴奋，七月九日、十日特地从马神桥移驻马兰峪陵区，坐镇指挥。十一日，孙殿英从马神桥司令部调来二十辆军车，将盗窃的陵墓珍宝全部拉走。

清东陵守护大臣毓彭得知东陵被盗，吓得半死，不敢待在东陵陵区，而是悄悄溜回了北京。一个月后，东陵盗窃大案被新闻媒介披露，举世震惊。被赶出紫禁城的清逊帝溥仪，此时正寄居于天津张园。他从报纸上得知东陵被盗，怒发冲冠，悲愤交集，发誓："不报此仇，誓不为爱新觉罗后裔！"溥仪多次致电国民政府主席、国民军总司令蒋介石和北平军区司令阎锡山，强烈要求他们严惩盗陵犯，追回陵墓珍宝。随后经过精心挑选，溥仪组成详查筹办东陵被盗善后事宜小组，由皇室和满清大臣组成，包括辅国公载泽、总管内务府大臣宝熙、内阁学士耆龄、侍郎陈毅。后来，又增加了皇室成员公恒熙、贝子和将军溥侗等人。一九二八年八月十八日，善后事宜小组一行七十余人，乘坐十辆小汽车、六辆大汽车，从天津前往东陵，详细查看两座陵墓的盗窃情况。

关于这段历史细节，参与其事的清皇室和满清旧臣多人，包括内阁学士耆龄、总管内务府大臣宝熙、侍郎陈毅和徐榕生等人，都从不同角度写下了亲身的经历，留下了珍贵的史料，诸如《耆龄日记》《宝熙日记》《东陵日记》《东陵记事诗》《东陵于役日记》等。这些史料虽然个别细节略有出入，但综合考察，

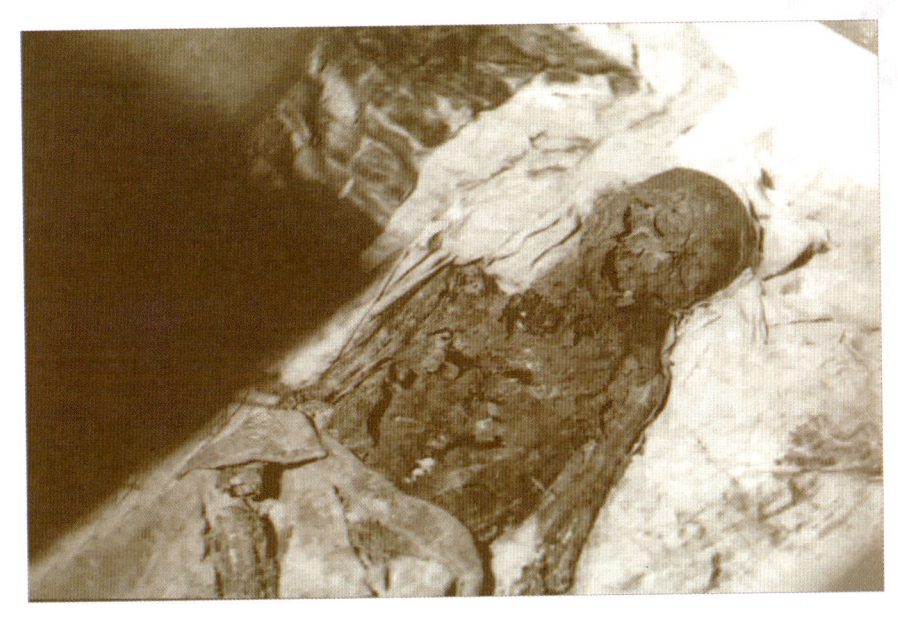

慈禧遗骸

可以清楚地看到当时的真实情形。

一九二八年八月十八日七时，他们分别从天津张园和北平骑河楼宗人府第二工厂出发，第二天午后到达东陵，居住在裕大圈前员外郎和仲平寓所。他们在景陵陵寝门内，捡得韩大保、柴云升名片各一张，上书：河南人，孙殿英部下。守陵人纷纷赶来，交上在裕陵门外拾得的肋骨一根、膝骨一块、脚骨一块；在慈禧太后陵外捡得的绣花佛字龙袍一件、慈禧太后御名香册一叶。龙袍上的珍珠，已全部被拆去。

乾隆皇帝裕陵和慈禧太后定东陵被盗后，陵墓盗口已经被守陵人封好。辅国公载泽等人心情沉重。八月二十四日，善后事宜小组打开慈禧太后陵盗口，发现地宫内很干爽，没有进水。载泽等人进入慈禧太后陵，查看盗窃情况。地宫内遍地狼藉，被褥、衣服随处都是，散发着腐烂的味道。宝床下，斜倚着慈禧太后的金漆外椁。金漆椁盖仰面扔在地宫的西北角，慈禧的尸体俯身卧在椁盖上，脸朝下，头朝北，脚朝南。慈禧尸体青黑色的头发披散着，显然是在入殓时精心打理过，经过如此盗窃破坏，竟然散而不乱，头发的根部还扎着一根红头绳，完好无损。慈禧尸身上身赤裸，皮肉紧贴在骨头上。尸体明显可见斑痕数点，如拳头大小，呈青褐色。最为扎眼的是，慈禧左手反搭在后背上，惨不忍睹。天气炎热，地宫内十分潮湿，慈禧的尸体发霉，已经长出了一寸左右的白毛。她的下身穿着绸裤，一只脚赤裸，另一只脚穿着白绫袜子。

善后小组众人目睹此情此景，悲愤填膺，泪流满面。内阁学士耆龄命随行旗人妇差用宫里带来的黄缎褥将慈禧太后的尸体裹好束紧，慢慢翻身，由俯卧变成仰卧。只见慈禧面无血色，灰白发暗，双目无珠，颧骨高耸，嘴部裂开，嘴唇下有明显刀痕。慈禧口中原本有一颗大珠，这显然是盗匪们为获宝撬开她的嘴部时所伤。旗人妇差们表情严肃，奉命立即将慈禧太后的金漆外椁、朱漆内棺恢复旧位，摆正放好，将棺材内外擦拭干净。然后，她们一齐动手，将宫里的黄缎褥铺设在如意板上，尸体放在上面，抬进朱漆内棺，再将黄缎被子盖在尸体上面。载泽十分悲痛，流着眼泪，将慈禧太后赏赐的两件遗念衣物黄袍、马褂盖在黄缎被子上。接着，他们将拾到的慈禧太后旧物，包括慈禧太后生前掉的牙齿、剪下了指甲，用宫里的黄缎包袱包好，放在黄缎被子上；又将拾到的十五颗珍珠，锤碎，压成粉末，撒在慈禧太后入殓的石床上，表达奉安之意。棺盖重新盖上，以漆封口，涂上金色。慈禧太后的劫后遗体，再次得以安息。地宫中，还有陪葬的陀罗尼经被、荷花褥子、枕头以及部分衣物，散落一地，善后小组也将其重新清理、摆放。刻写慈禧太后谥号的檀香木印香宝和香册依然还在，他们用黄缎子重新包好，分别放入金券内左右石座上。众人关闭好第一道石门，将地宫的隧道填罢，墁好地面石。慈禧太后尸体的重新装殓，至此完成。

一九八四年，国家文物局对慈禧太后陵寝进行了重新清理。清东陵文物管理处原研究室主任徐广源先生曾参与了慈禧太后陵的清理工作，他写道："一九八四年初，国家文物局与清东陵文物保管所共同组成了一个清理慈禧内棺小组，对慈禧尸体进行了防腐处理。这个小组有十几个人，笔者是这个小组的成员之一。小组的每个成员，都有严格的分工，有录像的，有照相的，有记录的，有量尺寸的……笔者专门负责清理棺内，因此，有幸亲眼目睹了这位主宰中国四十八年之久的中国封建社会统治者。慈禧尸体头北脚南，仰卧棺内。头微偏左，上身裸露着，下身穿着裤子。皮贴在骨头上，已成干尸，但又与一般干尸不同，十分糟脆，局部多有裂口，如同干牛粪一样。尸体上盖着一件黄缎被，一件黄袍，一件马褂。在身旁，看到了一个黄绸子包，打开一看，里面有一颗牙齿，两节指甲。对慈禧的尸体和棺内进行防腐处理后，又将揭开的衣、被，按原顺序、原样，盖在尸身上。盖上棺盖，套上外椁，清理完毕。所以说，慈禧的尸体如今仍完整地躺在棺内。通过这次清理知道，一九二八年重殓后，无人再进入地宫打开内棺。也就是说，棺内目前仍保留着重殓时的原状。"

东陵盗窃大案曝光以后，国民政府面临巨大压力。孙殿英第十二军属于第六军团，军团长徐源泉急电孙殿英："魁元弟，接上峰急令，因有军务火速商讨，务于是日晚赶到军团部。十万火急，切切。"孙殿英闻讯，立即带着部分珠宝，赶到北平第六军团司令部。他将一对小金佛和各色珍珠彩凤进献给徐源泉，徐氏自然十分高兴。这时，何成浚刚刚就任国民革命军第六军团司令。国民革命军事委员会给何司令发来急电，追查盗窃犯："查第六军团司令何成浚治军不严，致使部下有扰民情节,外界又哄传盗陵之说。该司令应予申饬。如不克日整肃,将以军法究治。"何成浚立即通知侦缉队长马玉山,命他在打磨厂古董商店布控,严密跟踪谭温江、孙殿英等人,务必人赃俱获。谭温江带着小妾先到廊坊、天津等地销赃,后潜入北京。他让其弟谭荣九与琉璃厂尊古斋老板黄百川洽谈,侦缉队几次抓人都没有成功。八月四日,马玉山在中国饭店将正在洗澡的谭温江抓获。当夜,路透社发出了一条电讯:"掘盗乾隆等坟墓案,据有关人士称,共发十三棺,其珍宝价值三四千万元。今已将褚玉璞旧部改编军队中拘获少年军官一人。该军官供述一切,谓褚将守陵之兵逐走,然后,费两星期时间,始觅见棺木。乾隆墓中有子母西瓜一枚,慈禧墓中有大钻石一粒,价值甚巨。各物均在天津出售,此事由阎锡山闻后乃下令彻查!"

孙殿英用珠宝打点了第六军团长徐源泉、何成浚,用金佛和大量珍宝孝敬了阎锡山,送给孔祥熙、宋蔼龄夫妇的是慈禧太后陵墓内的翡翠白菜,并将乾隆皇帝伽楠香朝珠和慈禧太后陵内的一对绿玉镯送呈蒋介石夫妇。国民政府重用东陵大盗孙殿英,任命孙为第十二军军长兼河北大名镇守使。后来,中原大战中,孙殿英随同阎锡山一起反蒋,大败而逃。蒋介石不计前嫌,依旧收编他,任命他为第四十一军军长。戴笠得知孙殿英盗陵大有收获,特地约见,孙不敢怠慢,特送上乾隆皇帝御用的两颗大朝珠作为见面礼,戴笠自然为其指点迷津。孙殿英感慨不已:"我孙魁元一生无真正的知己,也没有真正走上正道。只是遇到了戴雨农(戴笠)才得到了知己,才把我引上正道。"

一九三八年夏,在戴笠的引见下,孙殿英获得了蒋介石的召见。蒋介石和宋美龄夫妇在国民政府军事委员会武汉行营接见了孙殿英和戴笠。孙殿英回忆:"那次我到武汉,得雨农弟的保引,亲自谒见了蒋委员长。委员长叫我坐,我

现代中国第一盗陵贼孙殿英

不坐，一直叫了四五次，我才坐下半边屁股，表示这是见了皇帝，不敢正坐而视。委员长开口向我说：'你的情形，戴科长向我说明白了，你好好地为国出力，我已手令何部长扩编你的部队为一个整编军的番号。'当我听到扩编为一个军的番号，立即站起来谢恩。又经过几次叫我坐，我才坐下去问了一句，'今后还有啥要指示的？'委员长瞪着眼睛把我从头到脚瞧了一遍，然后才慢吞吞地说出：'老殿，你很能干，有作为，就是过去的历史不太清白。趁抗日救国之机，好好洗刷一番。以后不要乱来，有困难找我！'此语一出，可把我吓出了一身冷汗，我立即又站起来倒身便拜。我说：'我过去没有找到亲爹亲娘，这次雨农引我找到了亲爹亲娘，走上了正道，从此，忠心不二。委员长要我生就生,要我死就死!……'第二天,见了何部长,果然发了陆军新编第五军军长的任命状。"

孙殿英向蒋介石行贿的事实是肯定的。一九四三年春天,孙曾夸耀自己的行贿经历:"乾隆陵和慈禧陵都是用炸药炸开的。乾隆的墓修得堂皇极了,棺材里的尸体已化了,只留下头发和辫子。陪葬的珠宝不少,最宝贵的是颈项上的一串朝珠,有一百零八颗,听说是代表十八罗汉,都是无价之宝。其中,最大的两颗朱红的,我在天津与雨农(戴笠)见面时,送给他作了见面礼。还有一柄九龙宝剑,有九条金龙嵌在剑背上,剑面上嵌着宝石。我托雨农代我赠给委员长(蒋介石)和何部长(何应钦)了。究竟雨农怎样处理的,由于怕崩皇陵案重发,不敢声张。慈禧太后的墓崩开后,墓堂不及乾隆的大,但陪葬的宝物就多得记不清了,从头到脚,一身穿挂都是宝石,量一量大约有五升之多。慈禧的枕头是一个翡翠西瓜,托雨农代我赠给了宋子文院长了。她嘴里含的一颗夜明珠,分开是两块,合拢是一个圆球;分开透明无光,合拢透出一道绿色的寒光,夜间在百步之内可照见头发!听说,这个宝贝可使尸体不化,难怪慈禧的棺材劈开后,老佛爷慈禧好像在睡觉一样,只是见了风,脸上才发黑,衣服也有些上不得手了。我将这颗夜明珠托雨农代我赠给了蒋夫人(宋美龄)。宋氏兄妹收到我的宝物之后,引起了孔祥熙部长夫妇的眼红。接到雨农的电告后,我选了两件朝靴上的宝石送去,才算了事。那把九龙宝剑,究竟是赠给了蒋委员长还是何部长,到于今还不明白。"

戴笠曾让北平民政局局长马汉三护送龙泉宝剑(九龙宝剑)给蒋介石,可是,马汉三没有送出,却在张家口被日本人逮捕,他将此剑献给了日本指挥官田中隆吉。这把宝剑,后来收藏在金璧辉(川岛芳子)家中。一九四五年十月十一日，川岛芳子被捕，在她居住的东四牌楼九条胡同三十四号房后地窖发现了这把宝剑的下落。马汉三将这把宝剑一并十余箱从东陵盗窃犯手中截获的古董书画、金银财宝等都交给了戴笠。马汉三对戴恨之入骨，一直在策划暗杀戴笠。一九四六年三月十六日，戴笠的飞机在南京江宁板桥镇上空爆炸，机上十三人和十余箱东陵宝物燃烧殆尽。不久，当地县长送呈了两件飞机幸存遗物：一是宋代雕羊脂白龙杯，一是五尺长的龙泉宝剑。

附录一 慈禧的养颜和美容

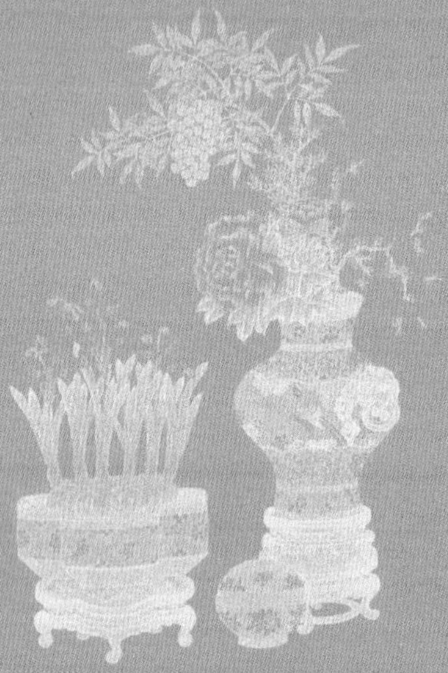

珐琅描金喜字把镜

后妃用品：象牙雕花镜奁

镶珠宝石青绒凤冠

金镶珠宝帽顶

储秀宫内室

慈禧朱笔《般若波罗蜜多心经》（部分）

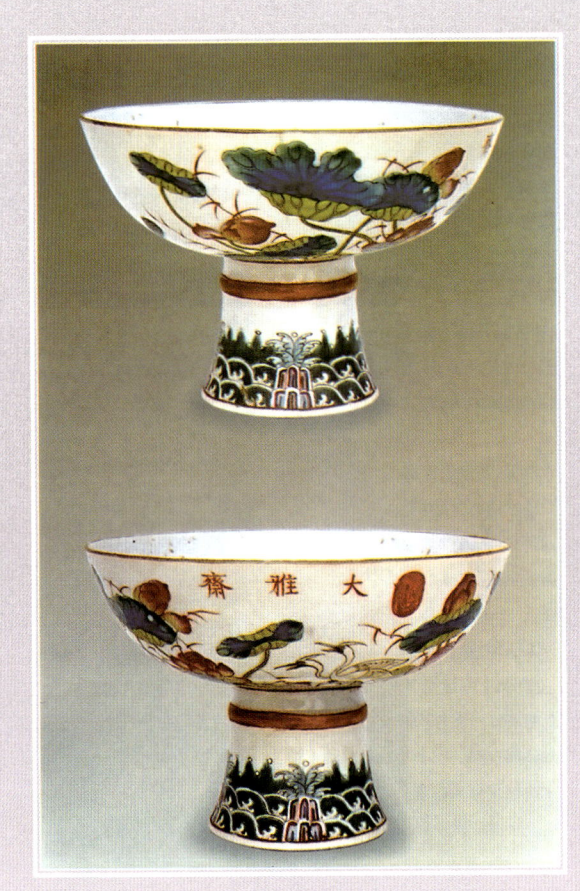

大雅斋瓷器

大雅斋瓷器画样

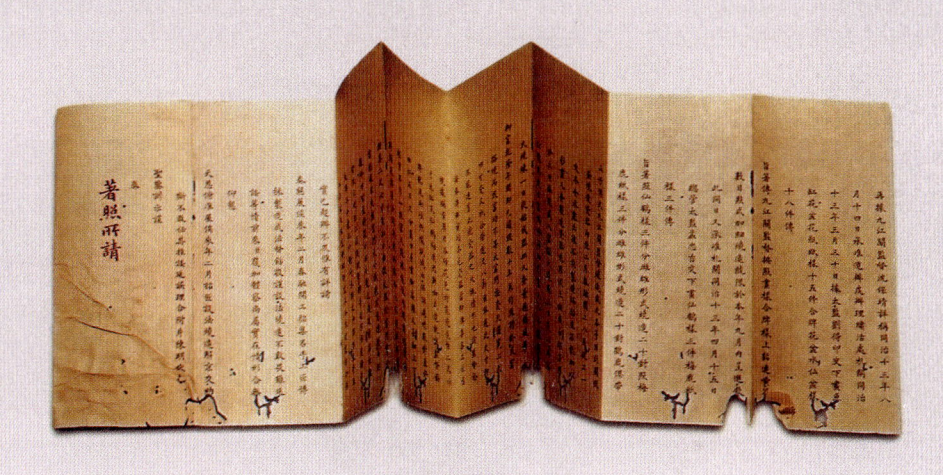

有关大雅斋瓷器烧造的奏折

玛瑙光素杯

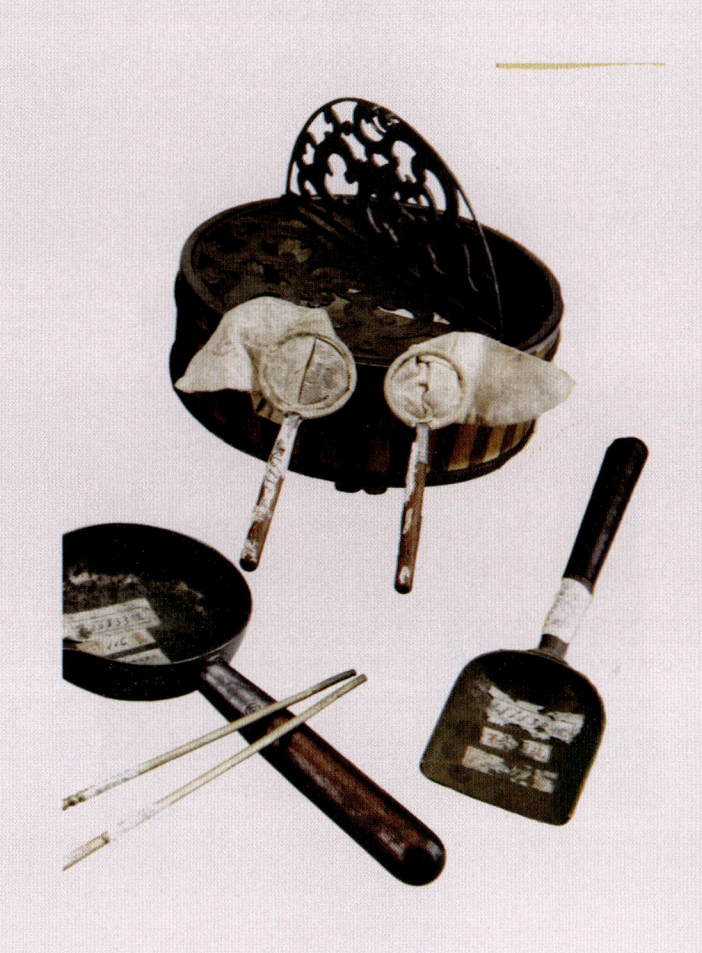

宫廷茶具一套

宫廷茶炉

附录一 慈禧的养颜和美容

美容

晚清时期，慈禧太后临御天下，执政长达四十八年之久。人们都知道，慈禧太后是位铁腕统治者。然而，她毕竟是女人，像其他女人一样，慈禧同样醉心于养颜、美容。在美容方面，她和别的女人没有什么不同，慈禧太后喜爱涂脂、抹粉、内用药补、食补，外用化妆品，比如珍珠粉。所不同的是，慈禧喜欢自己动手制作化妆品，特别钟爱天然植物化妆品。植物化妆品在中国有着悠久的历史。早在春秋时期，植物化妆品就已经出现，史书中有相关记载。《神农本草经》是秦汉时期产生的药物性著作，书中就有药物美容的记载。当时，桑蚕业较为发达。书中写道：白僵蚕，"灭黑黜，令人面色好"。白芷，"长肌肤，润泽颜色，可做面脂"。

养颜、美容，是历代女性关注的永恒话题。历代宫廷之中，爱美的后妃们特别注重养颜、美容。如唐代女皇武则天，常用益母草润泽皮肤，使肌肤长期保持细嫩如玉。《本草拾遗》称：益母草，"入面药，令人光泽，治粉刺"。益母草的采摘是十分讲究的，必须在每年五月初五日采摘，要全棵益母草，不能沾土，否则无效。经过暴晒后，研细、过筛，加入适量水、面粉，调和成团，捏成鸡蛋大小，晒干。置黄泥炉子，分三层，底层铺炭，中层放益母草药，上层再盖一层炭，点火，炼制；大火三十分钟，文火一昼夜。炼制时，切忌火力过猛，不然，药丸变成黄黑色，无效。取出药丸，色白、细腻者，为上品药。凉透，研细、过筛，再研细，瓷瓶装好备用。研细时，所用锤以玉锤最佳，鹿角锤次之。每三百克益母草药，加滑石三十克、胭脂三十克调匀，每天早晚适

朱 砂

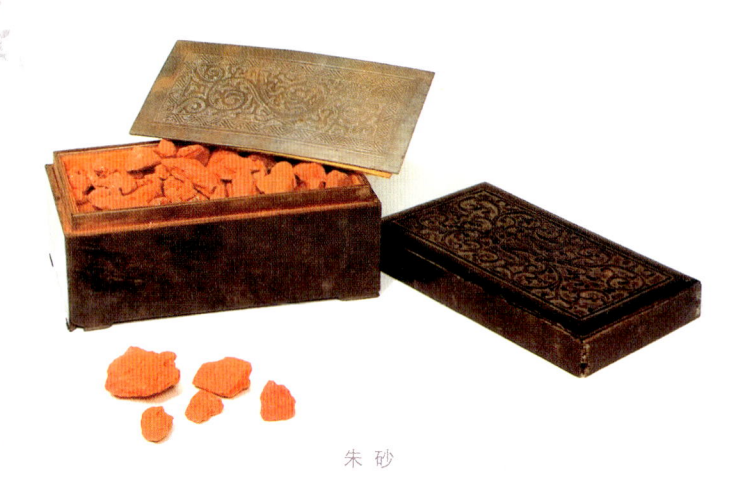

画珐琅福寿纹面盆

量擦洗面部、手脚，润肤极佳。

正是在益母草药丸的基础上，武则天发明了一种美容秘方，称为神仙玉女粉。这一秘方，成为历代宫廷之中女性们乐此不疲的养颜美容秘器。此方，唐时称为益母草留颜方。《外台秘要》记载："则天大圣皇后，炼益母草留颜方。"《御药院方》称，此方"治奸黯，退皱皮，令人皮肤光泽"。武则天长期使用此方，直到八十余岁高龄，依旧容颜姣好，充满活力。《新唐书》称：武则天"虽春秋高，善自涂泽，虽左右不悟其衰！"

武则天生有一女，即太平公主，容颜姣美。太平公主非常爱美，喜欢用桃花和乌鸡血养颜美容。桃花，很早就成为美容佳品。《神农本草经》称：桃花，"令人好颜色"。《名医别录》记载：桃花，"悦泽人面"。乌鸡是滋补佳品，也是美容佳品。《本草拾遗》称："其血走肝、肾，血分，治皮肤疾，滋养肌肤。"太平公主在此基础上，发明了一种美容秘方，称为太平公主桃花方：每年阴历三月初三日，取桃花，阴干，研末；七月初七日，取乌鸡血，调和。每天涂于面部、耳朵等处。

慈禧太后最钟爱的美容之物是珍珠，其养颜美容秘方之一，就是每天使用自己发明的珍珠粉。《开宝本草》说："珍珠涂面，令人润泽，好颜色；涂手足，去皮肤逆胪。"（逆胪，就是皮肤粗糙，起倒刺。）珍珠研粉，十分讲究：选择品质上乘的珍珠，洗净；用布包好；加豆腐，加水，一起煮两小时；取出，洗净，捣碎；再加少许水，缓慢研磨，直到指粘如无时，干燥即可。

藏红花

玛瑙质后妃用按摩器

研成细末后，用鸡蛋清调匀，即可使用。慈禧太后只要有空，每天晚膳后，以温水洗面，涂抹珍珠粉；睡觉前，清水洗净，然后涂上忍冬花水。由于慈禧太后长年使用这一养颜美容妙方，使得她始终保持皮肤滋润，肌肤柔滑白嫩，富于弹性。这一秘方是慈禧太后直到晚年仍然保持容颜不老、青春永驻的秘密所在。有一次，慈禧对侍从在侧的女官德龄说："珍珠粉这东西很好，能够帮我留驻青春。它的功效主要是在皮肤上显露，可使皮肤永远柔嫩，富有光泽！"

美发

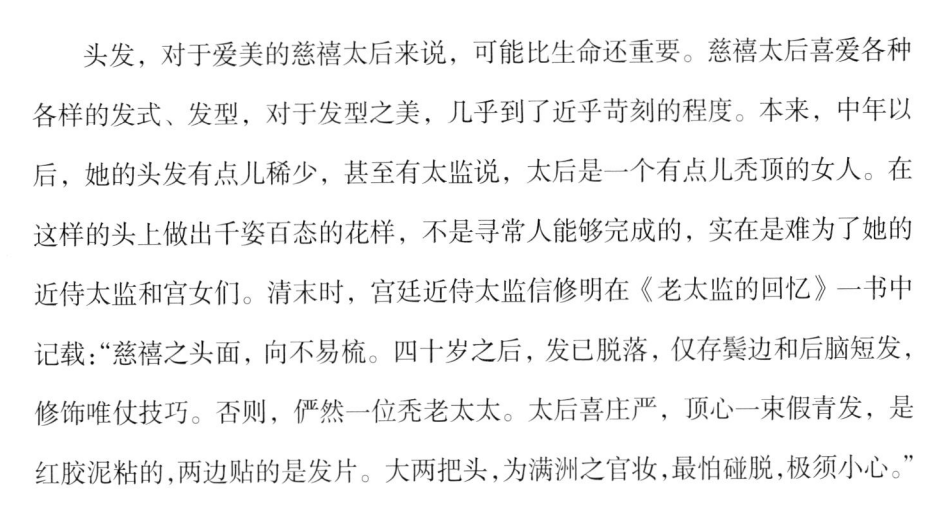

　　头发，对于爱美的慈禧太后来说，可能比生命还重要。慈禧太后喜爱各种各样的发式、发型，对于发型之美，几乎到了近乎苛刻的程度。本来，中年以后，她的头发有点儿稀少，甚至有太监说，太后是一个有点儿秃顶的女人。在这样的头上做出千姿百态的花样，不是寻常人能够完成的，实在是难为了她的近侍太监和宫女们。清末时，宫廷近侍太监信修明在《老太监的回忆》一书中记载："慈禧之头面，向不易梳。四十岁之后，发已脱落，仅存鬓边和后脑短发，修饰唯仗技巧。否则，俨然一位秃老太太。太后喜庄严，顶心一束假青发，是红胶泥粘的，两边贴的是发片。大两把头，为满洲之官妆，最怕碰脱，极须小心。"

　　慈禧太后常为掉了一根头发而怏怏不快，甚至发怒。每当此时，她身边的宫女、太监们就极度惶恐。这时，李莲英出现了。李莲英聪明乖巧，特别懂得太后的痛苦，惜发如金。他双手极为灵巧，梳理头发轻松流畅，有条不紊，前后左右，收束有序，放而不乱。令慈禧最为惊奇的是，李莲英不仅能梳出许多全新的、变化莫测的发型，而且还能做到不梳断一根头发，不脱落一根头发！

　　李莲英手脚麻利，人极勤快，非常用心，知道如何保养慈禧太后的每一根头发。据史料记载，每天，只要慈禧太后有空闲，他都会为太后一日三梳头；每次梳头，细梳、勤梳、精梳，交替进行。交替轮流梳头时，他选用不同质地的梳子，以象牙梳和黄杨木梳为主，各种梳子大小、粗细、疏密不同，使用时用力也不同。李莲英能够接替安德海任职太后宫掌案太监，进而成为二品之职的大总管，原因正是在此。

据史料记载，刚入宫时，慈禧太后头发乌黑，非常健康。她的头发发质一直很好，保养得不错。执政以后，内忧外患，肠胃不和，慈禧开始大量脱发。注重仪容的慈禧太后寻找秘方，千方百计地保养头发。她保养头发的秘方之一，是宫廷乌发不落方："光绪年十月十二日，上交令发不落方二料，榧子三个，核桃两个，侧柏叶一两，共捣烂，泡雪水中，梳头。"榧子丁平，有杀虫、润燥之功。核桃，又称胡桃，它和扁桃、腰果、榛子并称四大干果，味道美，营养价值极高，富含蛋白质、脂肪、碳水化合物及微量元素，有润肤、补脑和黑须发之功效，多吃利便，去五痔。

慈禧太后保养头发的第二个秘诀是：护发养发秘方。中医认为：肾和血液，都与头发密切相关，肾好、血和，则头发乌黑发亮，富于光泽。相反，肾衰、血虚，则头发干枯，没有光泽，容易脱落。中国传统医学说：胆合膀胱，上荣毛发，风气则焦燥，汁竭则枯也。中国名医曾经说："若血盛，则荣于头发，故须发美。若气血衰弱，经脉虚竭，不能荣润，故须发脱落。"慈禧太后的头发对于她来说是一个心病，对于御医和全国的医生来说，也是一块心病，更是一座压得人们喘不出气来的大山。慈禧太后的头发是油性的，属于溢脂性脱发，不好医治。她又爱吃油脂性的食物，头上经常亮光光的。所以，到四十岁左右，她的头发就非常稀疏。

面对慈禧太后头发的难题，御医千方百计寻找和配制秘方，养发和护发。慈禧向全国发布诏书，征集名医，为自己治疗脱发和保养头发。汪守正、马文植、李德立等人医术甚高，成为慈禧太后的专用御医。他们每天轮流值班，为太后号脉，他们发觉，慈禧太后脉息两寸虚弱，两关弦滑。针对这些症状，御

附录一 慈禧的养颜和美容

宫中黄杨木梳子

医们经过会诊，决定以温补固肾饮进行治疗，以温肾补血；然后，再加赤石脂、禹余粮汤和四神丸，以健脾壮肾，固精养发。后来，御医以补脾固肾饮、延龄益寿丹、长春益寿丹等秘方调理慈禧太后的肾脏功能，进而养发护发，恢复太后头发昔日的光泽。

延龄益寿丹主要包括茯神、远志、当归、党参、杭白芍、野白术等药，是宫中女性保健养生秘方。长春益寿丹主要包括天冬、山药、牛膝、杜仲、人参、木香、五味子、覆盆子等药，以蜂蜜调成桐子大小的药丸，初服五十丸，一个月后服六十丸，一百天后服八十丸，能补肾气，滋养头发。据《寿亲养老新书》记载：当年，有一位宣徽使，在终南山路边遇见一位村姑模样的妇人，看上去只有十六岁左右,却站在那里,手持棍子,杖责一位年约百岁的老人!宣徽使怒火中烧,立即下车,责问她:"一个二八丽人,怎么能如此无礼,杖责长者?"妇女回答说:"这是我的长子!适才责打他,是因为他不听话。家里有一种仙药,能延年益寿,青春不老,很有神效,可他就是不肯服用。你看,他如今老态龙钟,须发如霜,弯腰驼背,成什么样子,所以责打他!"宣徽使大惊,立即恭敬地请求妇人赏赐秘方。妇人答应了他,给了他秘方和药物。宣徽使喜出望外,将秘方带回家中,定名为神仙训老丸。他说:常服神仙训老丸,能固肾养发。

史书记载:常服延年益寿丸,气力倍常,齿落再生,发白再黑,颜貌如婴儿。这味长春益寿丹是在神仙训老丸、还少丹的基础上,对药味加以调整,增入了人参、巴戟、天麦冬等补心、益肾、壮筋骨、补阴阳诸药,对于治疗女性体衰、腰酸、面容不泽、头发干燥等具有较好疗效。慈禧太后每天早晨空腹,以淡盐汤送服。清光绪六年,慈禧太后四十六岁。她感觉特别不好,时常心虚气短,头晕腹泻;而且头发也开始大量脱落,仅有的头发也较为干枯,没有光泽。据清宫档案记载,这年江苏巡抚关炳元推荐了一位精通女科和内外诸科的大夫马文植。马文植是中医世家出身,医学造诣很深。他给慈禧太后号脉,确诊太后之病是因五脏皆虚,积劳、积郁所致。马文植参照历代医方,结合慈禧太后的身体状况,开具药方。因慈禧太后此时居住在长春宫,所以,此方命名为长春益寿丹,于光绪六年二月初五日进呈慈禧太后服用。据说,这一秘方是马文植等御医从神仙训老丸、杨氏还少丹、五子衍宗丸诸方之中,选取精华,结合慈禧太后的身体状况,加减药量、药材,组成三十二味中药,精制而成。从六月到九月,她的身体大为好转,皮肤也开始滑润,头发色黑、柔顺,富于光泽。

银镀金嵌珠双龙点翠头簪

慈禧对此非常高兴，就亲笔御书了两幅字："福""务存精要"。让近侍们制成两块匾，送给神医马文植。御医们千方百计维护和保养慈禧太后的油性头发，其中，最有效的一个秘方，就是菊花散和抿头方。菊花散很清香，有一种幽凉的感觉。慈禧很喜欢这种香味，在连续使用这种菊花散之后，油性头发大为改观。慈禧也常喝菊花茶。菊花散是用九种药草精制而成，将药材研成粗渣，加入浆水，煮沸之后，去掉渣子，用汤药洗头。抿头方是以八味中药制成：将菊花、牙皂、薄荷、荆穗、香白芷、白僵蚕、藿香叶、零陵香八种中药，加水煮沸，凉凉之后，加入冰片。梳头的时候，就用此水抿头发。慈禧开始并没有太在意这种抿头水，经过一年的试用之后，发觉头皮就像盐碱地变成了一片沃土，头发也变得柔软和充满光泽。

为了进一步巩固成果，御医们在抿头方的基础上，根据太后头发的实际状况，去掉菊花、冰片、牙皂三味药，加进当归、侧柏叶二味药，形成一个新的秘方。这些中药，都是滋养头发、改良发质之良药，具有除垢、清洁、清香、滋润之功效，对于气血两亏、肾衰内郁之人有很好的疗效。使用一年之后，慈禧的发质发生了明显的变化，太后喜不自胜。

随着年龄的增长，慈禧的面容、皮肤和头发，多次出现病变，也多次反复。御医们用加味六君子汤、益气养荣汤、五芝地仙金髓丸等进行调理和滋养，使其身体转好，皮肤白嫩，头发也能保持较好的状态。据《老佛爷用药底档》记载，慈禧太后经常使用抿头水，收到了可喜的效果。自光绪五年至光绪三十年，慈禧太后从四十五岁到七十岁，她经常使用这种抿头水，加上其他的养颜美容良方，古稀之年的老太后依旧容颜不老，精神十足，富有健康女性的朝气和活力。

光绪三十一年七月初五日，御医进献香发散，慈禧也十分喜欢，宫人称之为老佛爷香发散：零陵草一两，辛夷五钱，玫瑰花五钱，檀香六钱，川锦纹四钱，甘草四钱，粉丹皮四钱，山柰三钱，公丁香三钱，细辛三钱，苏合油三钱，白芷三两。共为研末，用苏合油拌匀，晾干。再研细面。用时，掺匀，发上篦去。方上称："发有油腻，勿用水洗。将药掺上，一篦即净。久用，发落重生，至老不白。"这味宫廷香发散，药物多为性温芳香之品，从药性上说，具有通窍、避秽、香发，以及养发、护发、预防白发之功效。

美饰

清宫之中,爱美的后妃们总是想尽办法装饰自己,打扮自己,让自己更加年轻,富于魅力。后妃们的冠服上,按照等级,通常会装饰各种金银珠宝。《大清会典》记载,后妃朝冠、金约、耳饰、朝珠等等,后妃的各种装饰珠宝,有所不同。朝冠上,有金凤、东珠、珍珠、珊瑚、猫眼石等。皇太后、皇后朝冠,冬用熏貂,夏用青绒。皇后冬朝冠,顶三层,贯东珠各一,翟尾垂珠,珍珠有三百零二颗,分成五行,每行大珍珠一颗。金约上,饰珍珠、青金石、绿松石等,珍珠共三百二十四颗,五行,每行大珍珠八颗。朝珠三盘,珊瑚二盘,东珠一盘,佛头记念、背云大小坠,饰以各种大小珠宝。

满清宫廷之中流行两把头,把头发分成两把,用扁方分开。清宫中的扁方,有金、银、玉、翠等不同质地,形式多样,造型各有不同。当然,有整玉、整翠的,也有金镶玉、银镀金、金錾花的。清末时,两把头以青缎唱主角,装饰在头上,与真头发连接。慈禧太后很遵守礼服制度,在正式场合,衣着装饰方面总是十分合体,穿朝服、朝冠,穿龙褂、龙袍。休闲之时,慈禧太后衣着、面饰方面较为随意,常用玉质扁方,插银镀金蝴蝶簪,戴双龙戏珠镯,还有一点不同的

二龙戏珠翠条

是，慈禧太后爱美，很喜欢戴花。

美国女画家卡尔先后为慈禧太后画了四幅油画。其中，第一幅画像是慈禧太后的经典装束：她身穿精绣紫色牡丹花寿字黄袍，脖围寿字丝巾，袍、巾上镶嵌珍珠无数。头饰两把头，一边饰玉蝴蝶，一边插鲜花，垂一挂璎珞。双手戴玉镯，右手戴红宝石戒指和金指套，左手戴戒指和玉护甲。画像上方题八个黄字：大清国慈禧皇太后。右下方是画家亲笔签名："凯特·卡尔，一九〇四年。"在慈禧太后的坚持下，宫廷画师在画上方左右各钤一朱印："宁寿宫""慈禧皇太后之宝。"宫人称卡尔女士为克姑娘，给慈禧太后画像四张，其中一张送美国"圣路易斯"市参赛，现收藏于美国国家博物馆。

金镶红宝石簪

美食

女官何荣回忆："老太后吃饭,每次一百二十几样菜,外带时鲜,就是把这些菜都摆上来,老太后随意挑选,今天爱吃这个,明天也许爱吃那个,根本不能让其他的人猜透了她准定吃某个菜。老太后也故意这样做,今天爱吃的菜,明天也许绝对不吃,过一段时间,再吃这个菜。这叫作天意难测,让谁也摸不准老太后的脾气。负责给慈禧太后做饭的是寿膳房,大约有三百号人,一百多个炉子,炉子都编了号,规矩非常严格。每个炉子三个人,一个掌勺,一个配菜,一个打杂。打杂的对送来的各种菜,先进行择、选、挑、洗、刷之后,内务府专门负责太后饮食的笔帖式一一检查,合格之后方才交给配菜人进行配菜。配菜的进行割、切、剁、片,将各种菜和各种调料备好,笔帖式再进行仔细检查,再按照膳谱配方,检查一遍,合格之后,交给掌勺之人,准备传膳。传膳一声令下,掌勺人依照上菜次序,听从总提调指挥和安排,开火做菜,一一按照顺序上呈。在这期间,内务府的官员,寿膳房之总管、提调,一双眼睛,都紧盯着每一道菜。碗筷、盘碟,都是宫里特别精致的用品,太后通常用银制的,防止人下毒,据说,银具一遇毒就能变成黑色。

"慈禧太后用膳,地点较为固定。她居住在储秀宫时,用膳之地就是体和殿东二间。外间由南向北,摆两个圆桌,中间一个膳桌。慈禧太后坐东向西,一言不发。上菜的人,手脚麻利,从体和殿的南门一道接一道地上。太后用餐时,有四个精选出来的体面太监侍立在太后的身边,另有一个老太监侍立一旁,专

宫中餐具：青玉柄金羹匙、青玉镶金箸、金镶木柄果叉、金胎珐琅柄鞘刀、铜镀金胎掐丝珐琅万寿无疆盘

门给她布菜。菜摆齐了，侍膳老太监叫喊一声：'膳齐！'太后就座，看哪一样菜，侍膳老太监立即会准确无误地把这个菜，往太后身边挪，用羹匙舀进太后的菜碟里。太后尝过后，夸奖说：这个菜不错。侍膳太监会再舀一匙，放进太后的碟里。然后，这道菜就会被撤下，不会再舀第三匙。如果太后坚持，舀了第三匙，站在太后身边的四个太监，职责之一是执行家法，为首的一个就要叫喊一声：撤！这道菜，十天半月的，就不会再露面了。"

女官何荣儿在《回忆录》中这样记述慈禧太后春节传膳的情景："太后无论在什么地方吃饭，都是要摆三桌菜：天一桌在最东边，地一桌在最西边，人一桌在最中间，这人一桌就是老太后独占的。传膳令一下，外面廊下的四个老太监，穿着公服，戴着顶戴，排队鱼贯而入，毕恭毕敬地顺着台阶上来，进入宫门之后，向上跪安，然后在四角站好。这四个老太监，是先朝有功之人，人称四金刚。宫门外上菜的太监，从宫门口到寿膳房，不多不少，整整五百个，人称五百罗汉。菜上齐了，司礼的太监叫喊：'膳齐！'太后从屋里出来，皇帝、皇后陪伴着，一一入座。四个太监齐整整地向太后请安，门外五百罗汉齐声高喊：'老佛爷，万寿无疆！'外面，万字头的鞭炮，燃放起来。整个进膳期间，鞭炮不许停歇。西长街的响堂，响起鞭子声，抽得噼啪乱响。这样热热闹闹，主要是为增加喜庆气氛。

"太后进膳，皇帝、皇后侍膳，一个在东，一个在西。太后珍贵自己的身体，喜欢饮酒，每天都饮，一杯酒饮三次。每次，皇帝执壶，皇后把盏，双双地给太后进酒祝福。太后进膳，菜分为三大类。第一类是吉祥菜，像寿比南山、吉祥如意、江山一统等等，都是寿膳房的厨师取的，什么好听，就叫什么。第二类是贡品菜，如熊掌、龙虾、鹿脯之类。第三类是例菜，是寿膳房厨师们按照季节菜谱做的菜。老太后迷信，皇帝也很知趣，先布吉祥菜，祝福老太后万寿无疆，祝老太后吉祥如意。皇帝布一道菜，皇后念一道菜名，像念喜歌一样，配合得很好。

"还有一个重要的节目，就是皇帝故意在一个菜里舀第三匙。站在太后身边的老太监高声叫喊：'撤！'老太后把乌木镶银的筷子一停，皇帝手里拿着匙子一愣，皇后赶紧低下头。侍候过先朝皇帝的老太监，代祖宗执行家法，很严肃地说：'太

均瓷碗

御用燕窝

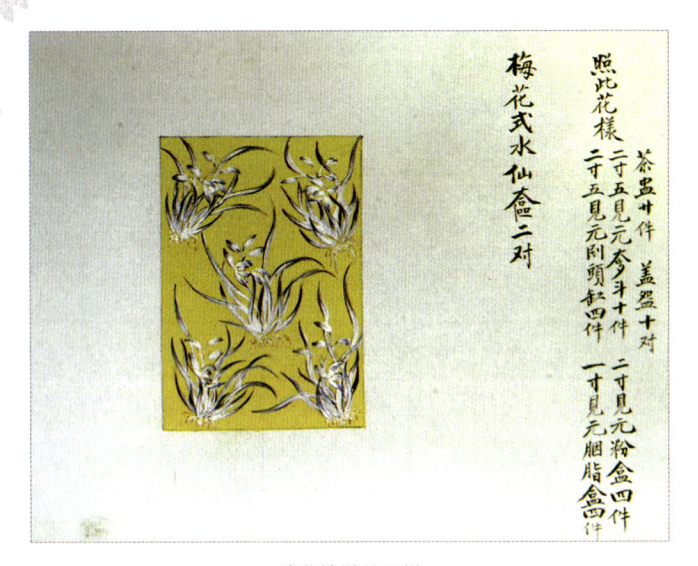

清黄地墩兰图样

后、皇帝,任何时候,不能疏忽大意,不能随意吃喝,要严格遵守老祖宗传下来的家法!'堂上堂下,十分肃穆,鸦雀无声。最后一道菜,非常珍贵,礼仪也非常隆重。总管大太监李莲英和另两桌上菜的大太监,双膝下跪,把这道菜捧在头顶上,李莲英的孔雀翎子,在菜边乱晃。侍膳太监张福恭敬地接过菜,打开,递给皇帝,皇帝将其亲手摆放在太后面前。这是一盘隔年的煮冻饺子,满人称为煮饽饽,是清帝老祖宗在进关前过年的传统食品,意思是子孙兴旺发达。吃完饭后,太后吩咐,挑几样好菜,赏四个老太监。李莲英恭敬接旨,领四个老太监跪安退下。太后吩咐:'把今天的年菜,按照品级,分给大家。'李莲英带着那五百罗汉,高声谢恩:'谢老佛爷赏!'"

满族发迹于中国东北部的白山黑水之间,他们是从游牧生活经过长时期的汉化以后,才进入中原的,并依靠其强悍的八旗铁骑,建立了清王朝,统治一个幅员辽阔、人口众的大帝国。清宫一直保留着他们游牧生活的肉食爱好。每

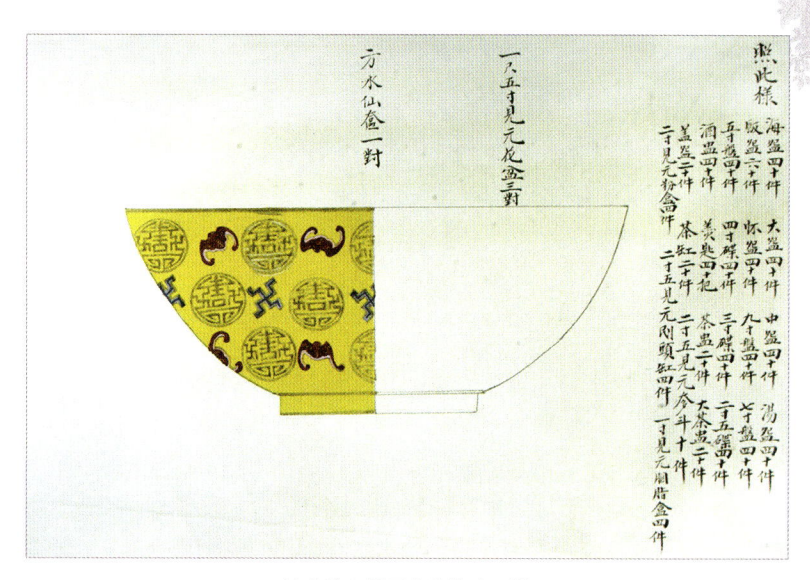

照此样
海碗四十件 大碗四十件 汤碗四十件
中碗四十件 饭碗六十件 怀碗四十件
九寸盘四十件 七寸盘四十件 五寸碟四十件
四寸碟四十件 三寸碟四十件
酒盅四十件 黄酒盅把
黄匙二十件 茶盅二十件
盖碗二十件 大茶盅二十件
二寸五见元盒四十件
二寸五见元剔刷缸四件
一寸见元圆胭脂盒四件

一尺五寸见元花盘三对

方水仙盆一对

清黄地红蝠团寿纹海碗图样

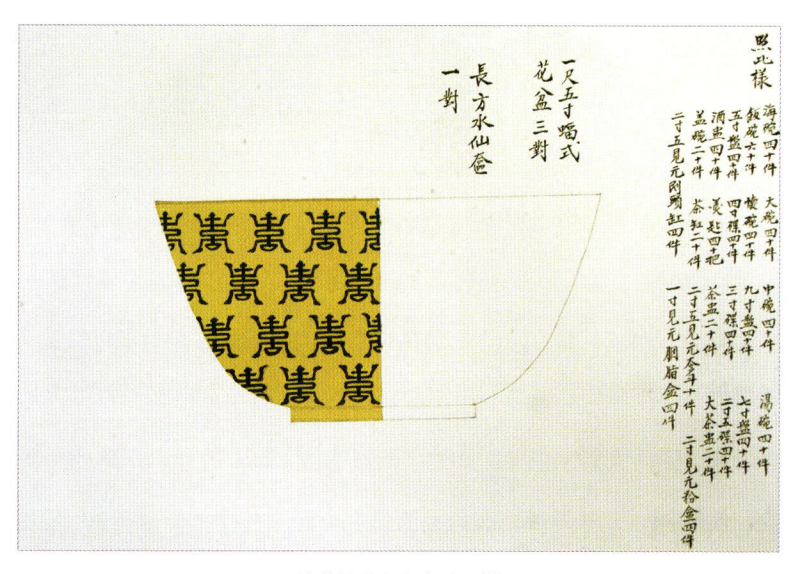

照此样
海碗四十件 大碗四十件 汤碗四十件
中碗四十件 饭碗六十件 怀碗四十件
九寸盘四十件 七寸盘四十件 五寸碟四十件
四寸碟四十件 三寸碟四十件
酒盅四十件 黄酒盅把
黄匙二十件 茶盅二十件
盖碗二十件 大茶盅二十件
二寸五见元盒四十件
二寸五见元剔刷缸四件
一寸见元圆胭脂盒四件
二寸五见元粉盒四件

一尺五寸烛式花盆三对

长方水仙盆一对

清黄地蓝寿字海碗图样

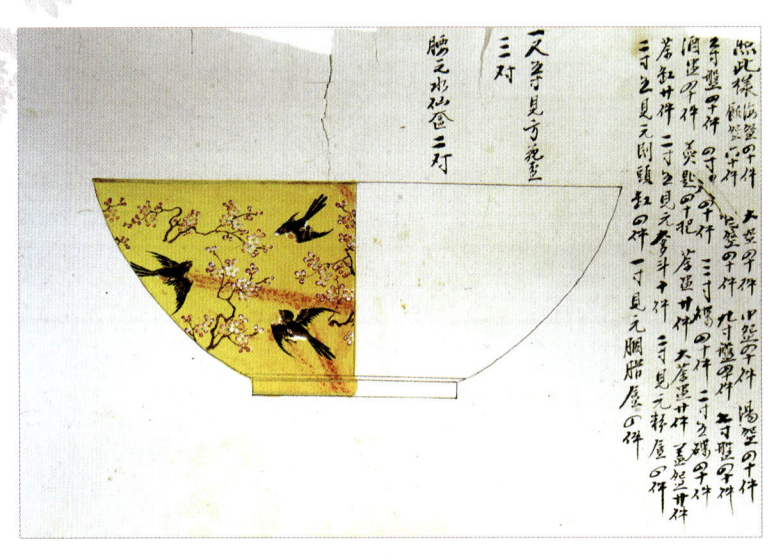

清黄地梅花春燕海碗图样

年,东北三省都要向清宫进献最好的山珍野味:肉类——牛、羊、猪、鹿、狍、獐、熊、鸡、鸭、鹅等;鱼类——鲤鱼、鲫鱼、鳟鱼、白鱼、扁花鱼、细鳞鱼、鲟鳇鱼、赭鲈鱼等;野菜——青笋、冬笋、小根菜、山韭菜、山药、松菇等。

咸丰十一年十月初十日,是慈禧太后的二十七岁生日。这是咸丰皇帝去世后过的第一个生日,也是北狩热河之后回到皇宫过的第一个生日。这个生日,慈禧太后心情复杂,她不想做什么隆重的寿宴,只是想静静地平安地在回味中度过。太后的万寿节,是宫里的三大节日之一,御膳房照例做了丰盛的寿宴:大碗四品菜——福字锅烧鸭子,寿字燕窝白鸭丝,万字燕窝红白鸭子,年字燕窝什锦氽丝。四品大菜,正好四个大字恭贺圣寿:福寿万年。中碗四品菜——烩鸭腰,熘鲜虾,三鲜鸽蛋,燕窝肥鸡丝。瓷碟六品菜——果子酱,碎熘鸡,口蘑炒鸡片,熘野鸭丸子,肉丝炒翅子,燕窝炒熏鸡丝。火锅二品——羊肉炖豆腐,炉鸭炖白菜。片盘二品——挂炉猪,挂炉鸭子。饽饽四品——百寿桃,

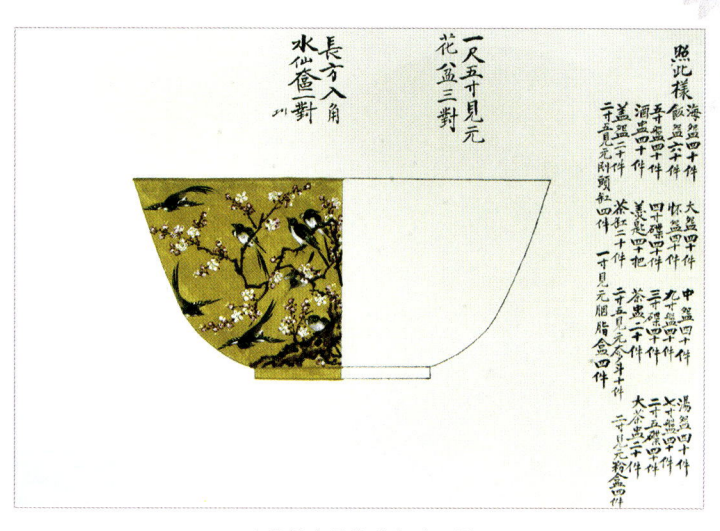

清黄地喜鹊梅花海碗图样

五蝠捧寿桃，苜蓿糕寿意，白糖油糕寿意。银碟四品——果子粥，老米膳，鸡丝面，燕窝鸭条汤。

慈禧太后仔细端详大碗四品的福寿万年，去年生日的时候，皇帝特地和自己一起过的，在那样艰苦的日子，还特地做了这一道大碗四品菜。她没动一筷子，皇帝也没动，两人极欢喜地仔细端详。先帝最爱吃的是烩鸭腰和熘野鸭丸子。慈禧太后一点点地吃，细细地品尝。她在心里感叹，真的是好长时间没有这样清净地吃一顿美餐了。皇帝最喜欢吃什么？太后最喜欢吃什么？这个问题，谁也无法回答。因为，外人不知道，厨师们也不知道，侍候皇帝、太后的宫女、太监们知道也不敢说。宫廷之中，大小事务，都要记录，唯独这皇帝、太后所好之膳食，没有一丝一毫的记载，这是宫廷里的第一大禁忌。清宫还有一个严格的规矩，是皇家传下来的严格家法：吃菜，不许过三匙。

美酒

清代造酒业十分发达，许多名酒闻名遐迩。但是，清康熙皇帝鉴于历朝历代酒误政事，特地写了一篇《酒戒》和戒酒御制诗，并刻写于元宫遗留下来的黑玉酒瓮上。从此以后，清帝的膳桌上，不许摆放酒具，清宫之中，也没有太多的美酒，而且终清一代，没有一位嗜酒的皇帝。不过，康熙皇帝的子孙们，并没有完全执行康熙对于饮酒的戒令，他们也喜欢饮酒，只是有些节制罢了。清宫用酒，主要有：竹叶青、玉泉酒、葡萄酒、屠苏酒、雄黄酒、苦露酒、乳酒。乾隆皇帝认为，酒是百药之长，医食同源，酒食同源，食酒药同用。酒的功效很多，能够通血、散湿、暖胃、养气，还能温肠胃、御风寒、壮阳气、止腰痛、杀百毒。

谁能想到慈禧太后喜欢酒？不过，慈禧太后喜欢酒，不是贪杯，而是出于养颜美容。慈禧太后喜爱喝的酒，是乳酒、龟龄酒、莲花酒、玉泉酒、夜合枝酒、如意长生酒等。乳酒，是清宫内的上品美酒，是用牛乳、马乳精制而成的蒸馏酒。蒙古人喜欢喝这种，清宫的太后、皇后们也喜爱喝这种酒。《本草纲目》说：乳酒，始于元代。清宫规定，张家口外马群总管、盛京养什牧牛群，每年交乳酒两千八百八十七斤，蒙古每年进贡乳酒九瓶。光禄寺每年进呈入宫的乳酒是一百六十瓶，每瓶十三点八斤，共两千两百零八斤。康熙皇帝喜欢喝乳酒，也常赏赐给大臣喝。慈禧太后讲究乳补，也喜爱喝这种美酒，觉得这种酒很滋养肌肤。玉泉酒，是清宫帝后们常饮的白酒之一，是以玉泉山之玉泉水精酿而成。

清宫皇室，历来很重视酒的药用价值，都喜爱这种具有药用价值的玉泉美酒。据说，玉泉酒通常在春秋两季由光禄寺酿酤署酿造，配料包括：糯米、酒曲、花椒、酵母、芝麻、箬竹叶。乾隆皇帝喜欢喝玉泉酒，每天晚膳之时，经常饮这种美酒。千叟宴时，乾隆吩咐，上玉泉酒，一次就喝了四百斤。嘉庆一次寿庆，酒宴之上，共喝了玉泉酒三百四十斤！慈禧太后极喜爱玉泉酒，每天内膳房用玉泉酒一点四斤。据统计，光绪十年，共用玉泉酒八千零八十斤！

夜合枝，就是合欢树枝，其叶夜晚闭合，因此得名。《本草图经》说：合欢，夜合也。《本草衍义补遗》记载：合欢，补阴有捷功，长肌肉，续筋骨。清宫酿造的夜合枝酒，包括：黑豆五升，糯米五升，姜活五钱，防风二两，柏枝五两，槐枝五两，桑枝五两，石榴枝五两，夜合枝五两，细鞠菊斤半。用水五斗煎五枝，取二斗五升浸米，将豆蒸熟，入菊，与防风、姜活像酿酒一样，封三七二十一日，压出汁，就是美味可口的夜合枝酒。慈禧太后几乎每天都饮这种酒，光绪皇帝也常饮这种夜合枝酒。

年过五十以后，慈禧太后感觉自己需要调理和滋补。光绪十三年九月十四日，太监大总管李莲英奉旨前往同仁堂，获得如意长生药酒：鲜木瓜泡酒十斤，史国公酒四十斤，五加皮酒六十斤，外兑木瓜酒一百斤，合一处，蒸淋入缸内，数年之后，饮用。这种酒，木瓜丝和木瓜酒，意在平肝和胃，

西周兽面纹青铜壶

清雍正珐琅彩红碗

舒筋止渴，改善消化和吸收功能。史国公酒和五加皮酒，旨在强筋壮骨、护肾添精，养血通和。这些都是养颜美容的良药，也是强健身体的滋补品。从五十多岁直到七十多岁，慈禧太后一直不断地喝这种美酒，这也是保健美容的秘诀之一。御医们还特别为慈禧太后研制了一种专门供她饮用的泡酒方：小茴香二钱、鲜木瓜六钱，桑寄生一两，石菖蒲一窝，九月菊一窝，烧酒三斤，泡七日。每天，慈禧太后早服一杯。此酒补肾清心，长饮会健肾健脾，化饮消食，有除烦舒心之功。

美茶

慈禧太后喜欢喝茶，爱喝六安瓜片、普洱、龙井。她喝茶，喜欢细细地品，用于健康、保健和美容。清宫之中，留存有不少慈禧太后茶饮秘方，包括：老佛爷清热理气代茶饮、老佛爷清热化湿代茶饮、老佛爷清热养阴代茶饮、老佛爷清热止嗽代茶饮等。清热理气代茶饮，包括：橘红一点五钱，炒枳壳一点五钱，甘菊三钱，炒谷芽三钱，霜桑叶三钱，羚羊角五分，鲜芦根两枝。水煎，温服。可以清上焦实热，理气健肾解胃，煎汤或者代茶饮均可。清热化湿代茶饮，较之理气代茶饮，多了广皮一点五钱，云茯苓四钱。也是水煎，温服，能够清热、渗湿、和血。清热养阴代茶饮，多了带心麦冬三钱，此方主要功效是在滋阴清热。清热止嗽代茶饮，增加了：酒芩一钱，生地一点五钱，枇杷叶二钱。也是水煎，温服。此方能够清肺、止嗽、化热、健肾，有增强体魄、养颜美容之功。

明代大医学家李时珍在《本草纲目》中说：观茶味之美恶，饮味之甘渴，皆系于水、火烹饪之得失，即可推矣。清代养生学家孟英先生说：人可以一日无谷，不可以一日无水，水为食精。乾隆皇帝十分讲究用水，他品出北京香山玉泉山的泉水最佳，称为天下第一泉，从此以后，就只喝这天下第一泉，不仅在北京是如此，出巡、狩猎、六下江南，他都是只喝这天下第一泉。从此，玉泉山的泉水，成为皇帝的御用水。

清宫每年每月定时派专人到玉泉山取泉水，用的是宫里的专用水车，车上插着黄色的小旗，因系御用之物，一路之上，凡黄色小旗所到之处，通行无阻。

黄绫人参茶膏瓷罐

史官记载说：若大内饮水，则专取之玉泉山也。慈禧太后饮茶方面，很讲究用水，也是追随乾隆皇帝，只喝天下第一泉的玉泉水。慈禧太后很喜爱天下第一泉的玉泉水，认为这是养颜保健的圣水。每天清晨，都有专用水车，车上插着宫里专用的小黄旗，从宫门出发，前往玉泉山取水，供太后、皇帝、后妃们专用。

慈禧太后一生爱美，也很懂得保健，用各种方法养颜美容，因此，她的皮肤一直保养得很好，人也看上去十分高贵，直到七十多岁的古稀之年，依旧皮肤白皙，头发富于弹性和光泽，连各国大使夫人也惊叹不已。慈禧太后的风姿，斯莫克尔在《中国：永盛不衰的帝国》中写道：那些有幸觐见过慈禧的人，这样描述她：身材高大笔挺，长相也不错，颇有帝王之气度和风范。从她的长相，一眼就可以看出，她是满族人。她长着一双鹰眼，声音中带着不可动摇的权威和绝对的威严。

美国人德赫兰在《一个美国人眼中的晚清宫廷》一书中，描述了一九〇二年年近七十岁的慈禧的模样：抬眼望去，只见慈禧端坐在高高的朝堂之上，左

附录二 慈禧的养颜和美容

菱角湾茶

普洱茶

箬竹叶茶

雨前龙井茶

垂帘听政
慈禧真相

一六二

紫漆描勾莲皮茶筒

紫檀竹编茶簏

清光绪银镀金洋錾透花茶船

桦木手提茶具格

清乾隆朱漆菊瓣式盖碗

清光绪粉彩红龙彩凤盖碗

附录二 溥仪及其家眷

面是皇帝和跪在地上的文武大臣们。那些尊贵的格格们，先是不停地给她行礼，然后跪倒在地上。我们忘记了几天前聚会时大家义愤填膺的神情，一个个都被慈禧太后威严的仪表和这种庄严的场面深深震慑，都按照觐见皇后的礼节，给她行了三次大礼。这位端坐在朝堂之上的容貌威严的女人，全身都透露着一种帝王之气，全世界三分之一人口的命运，都掌握在她一个人的手中。那双睿智的眼睛，仿佛把这些公使夫人们的心思，一眼看穿。她只需一眼，就可以把她眼前的人一一看透。对这一点，她自己好像也颇为得意。

外国人的有些描述，显然失真，那是因为，他们不知道走入仕途的文人们，在奏章和撰写诗歌之时的语言，是否是他们真实感情的流露。外国人常常把应景之作与现实生活混为一谈，他们分不清哪一种状态是文人们的真实状态。但从他们的描述中，可以看到一个真实的慈禧太后，一个充满女人味的气质非凡的人物，一个保养得很好、风度翩翩的、气势逼人的美丽女人。他们这样写道：在晚清的诗歌中，文人们经常歌颂慈禧太后。他们说太后是神，她对臣民的恩情，犹如无尽的大海。文人们说她靠着无畏的勇气，从一个地位卑微的秀女，成为执掌国家社稷的太后，是她挽救了大清王朝。

专为慈禧太后画像的美国女画家卡尔女士，这样描述这位不可一世的太后：太后全体各部位，极为相称。面貌之佳，适与其柔荑之手、苗条之体、黑漆之发，相得益彰。盖太后广额丰颐，明眸隆准，眉目如画，樱口又适称其鼻。下颌虽极广阔，而不带有一毫顽强态度。耳官平整，牙齿洁白如编贝。嫣然一笑，姿态横生，令人自然欣悦。予若不知其已臻六十九岁之大寿，平心揣之，当为一四十许之美妇人。太后精神焕发，神采照人。可知其平日居气养体之安适，绝非寻常人所及。加以明玉满身，珠翠盈头，其一副绚丽庄严之态度，真非笔墨所能形容也！

清同治黄地粉彩竹丛纹盅　　　　　　　清同治黄地蓝寿字纹杯

清同治黄地蓝寿字纹盖碗　　　　　　清同治黄地蓝寿字纹渣斗

醇亲王奕譞、叶赫那拉氏夫妇合照

载沣朝服照

大婚后的溥仪与婉容

文绣着朝服立照

婉容着朝服立照

一九〇八年十二月，溥仪以"承继同治，兼祧光绪"的名分入宫登基，为宣统皇帝

婉容半身照

婉容坐照

文绣旗装照

溥仪、溥杰、润麒在钦安殿后汉白玉石栏旁

溥仪与溥杰、润麒在养心门东侧影壁前

溥仪在养心殿前看怀表

溥仪、婉容与润麒、铁格格、韫媖、韫龢、韫颖在御花园钦安殿东墙外

婉容、文绣与溥仪弟妹合照

婉容、文绣、唐石霞在紫禁城澄瑞亭中

婉容与润麒、铁格格、韫媖、韫龢、韫颖在御花园养心斋前

手持相机的婉容

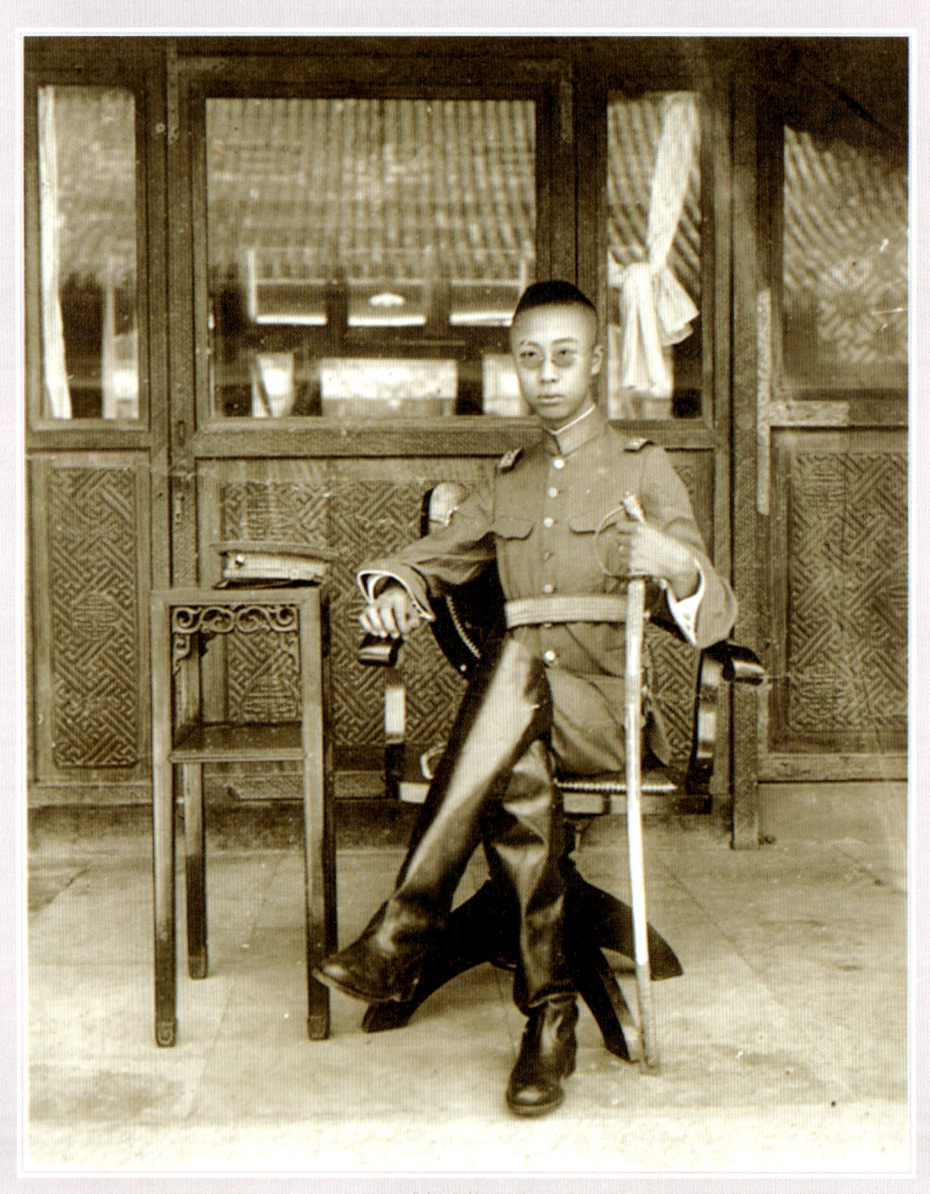

溥仪戎装坐照

年仅十二岁的溥仪第二次登基为"大清皇帝"

复辟后的溥仪坐在乾清宫宝座上

逊帝溥仪立照

出宫后的溥仪夫妇在北京公使馆

溥仪半身照

溥仪（中坐者）与弟妹们在天津张园。后排左起：二妹韫龢、二弟溥杰、三妹韫颖；前排左起：六妹韫娱、四妹韫娴、四弟溥任、五妹韫馨、七妹韫欢

出宫后的溥仪

溥仪在张园

溥仪在静园

溥仪在静园

溥仪在静园

溥仪在静园

溥仪、婉容在静园

婉容在静园

溥仪西装全身坐照

天津时期的溥仪夫妇

一、溥仪

溥仪，字浩然，英文名亨利。生于光绪三十二年正月十四日（一九〇六年二月七日），属马。三岁时，奉慈禧太后懿旨登上皇帝宝座，年号宣统，意思是宣扬、弘化皇帝统绪。他在位三年，是中国少有的幼年登基、幼年逊位的皇帝，人称清逊帝；去世于一九六七年，终年六十一岁。溥仪是清末代皇帝，也是中国历史上帝制时代的最后一位皇帝。

有人认为，择立溥仪为皇帝，是慈禧太后病危期间的仓促决定。其实不然，慈禧太后是一位考虑周全、深谋远虑的政治家。她很早就开始选择皇位继承人。早在光绪帝变法失败被囚后，慈禧就着手确定皇帝的人选问题，她考虑废黜光绪，另立新帝。但迫于各方压力，慈禧废立皇帝之举不了了之。

戊戌变法失败，慈禧太后在中南海瀛台软禁了光绪皇帝。两年后，历史进入二十世纪，曾在戊戌政变中立下大功的荣禄青云直上，成为慈禧最为得力的辅臣。一九〇二年，慈禧将荣禄的女儿指婚给光绪之弟载沣。当时，宫中人就私下猜测慈禧的用意。

一九〇三年，入宫为慈禧画像的美国画家卡尔女士在《慈禧写照记》中说：荣禄夫人膝下有一个女儿，抚养成人，已经嫁与光绪之弟醇贤亲王为妻，若能生出一个男孩，则将来入继光绪之大统，亦未可知。果然，两年后，这对夫妻生下一个儿子，即是溥仪。

光绪三十四年十月二十日（一九〇八年十一月十三日），也即光绪帝死前一天，慈禧太后吩咐将载沣长子溥仪抱入宫中。这天傍晚，幼年溥仪被抱到慈禧太后卧病的中南海西苑仪銮殿（今怀仁堂）。病危的慈禧太后面无血色，靠在悬挂着重帏的卧榻上。她伸出双手想要抱一下溥仪，而三岁的溥仪被这张丑陋的面孔吓得号啕大哭。二十一日（十四日），光绪皇帝去世。二十二日（十五日），慈禧太后也咽下了最后一口气。

宣统元年十一月初九日（一九〇八年十二月二日），末代皇帝溥仪在养心殿举行了隆重的登基大典，年号宣统。清史上，有数位皇帝是幼年、少年即位，但是，三岁登基，溥仪却是唯一的一位。太和殿的登基大典在小皇帝的哭声中开始，也在小皇帝的哭声中结束。

宣统三年十二月二十五日（一九一二年二月十二日），隆裕太后率六岁的皇帝溥仪在养心殿正式发布了清室退位诏书："今全国人民心理，多倾向共和，南中各省，既倡议于前，北方诸将，亦主张于后。人心所向，天命可知。予亦何忍因一姓之尊荣，拂兆民之好恶。是用外观大势，内审舆情，特率皇帝将统治权，公诸全国，定为共和立宪国体，近慰海内厌乱望治之心，远协古圣天下为公之义。……予与皇帝得以退处宽闲，优游岁月，长受国民之优礼，亲见郅治告成，岂不懿欤！"

这是清王朝颁发的最后一道诏书。清亡后，宣统皇帝溥仪依然生活在紫禁城北部，保留尊号，保留侍卫、宫女和太监，依旧过着小朝廷生活，长达十三年之久。

二、家庭

道光皇帝第四子咸丰皇帝仅一子载淳，即同治皇帝。同治帝无子，由醇亲王奕𫍯之子载湉即位,即光绪帝。光绪无子,由溥仪即位。溥仪的曾祖父是道光皇帝,他的祖父奕𫍯是道光皇帝的第七子,是咸丰皇帝的第七弟。溥仪的父亲载沣是奕𫍯第五子(醇亲王第二子即光绪帝)。慈禧太后懿旨,将自己的养女,也即权臣荣禄之女瓜尔佳氏指配给载沣为嫡福晋。

嫡福晋瓜尔佳氏,名幼兰,光绪二十八年(一九〇二年)与载沣完婚,生二子一女:长子溥仪,光绪三十二年(一九〇六年)生;次子溥杰,光绪三十三年(一九〇七年)生;长女韫英,宣统元年(一九〇九年)生,十八岁去世。

侧福晋邓佳氏,生二子六女:三子溥倛,民国四年(一九一五年)生,早殇;四子溥任,民国七年(一九一八年)生;二女韫龢,宣统三年(一九一一年)生;三女韫颖,民国二年(一九一三年)生;四女韫娴,民国三年(一九一四年)生;五女韫馨,民国六年(一九一七年)生;六女韫娱,民国八年(一九一九年)生;七女韫欢,民国十年(一九二一年)生。

三、后妃

溥仪刚过十五周岁时,宫里的老太妃们为他张罗婚事。她们将溥仪之父醇亲王载沣请到宫中几次商议,并召集了十位王公讨论此事。据溥仪回忆,从开始议婚到最后成婚,前后历时近两年。最后,溥仪选定同岁的婉容为皇后,文绣为妃。一九二二年三月十一日,发布宫廷消息的《宫门抄》便出通告:荣源之女郭布罗氏(婉容)立为皇后,额尔德特氏(文绣)为淑妃。这一结果,令汉族忠臣大失所望,他们希望皇帝能迎娶总统徐世昌的女儿。

清廷任命了四名婚礼大臣,贝勒载涛为总办,帝师朱益藩和内务府大臣绍英、耆龄为副办。随后，成立了大婚礼筹备处。清室变卖宫廷珍宝，筹措大婚费用。报纸一经披露，舆论哗然。最后，只好改用抵押，用四十多箱金银器皿作抵押向英国汇丰银行筹借经费。民国政府财政部发送给清室一封致歉信，表示特意从关税款中拨出十万元为溥仪筹办大婚，其中两万元算是民国的贺礼。

十月二十一日，举行纳彩礼，以礼亲王诚坤、睿亲王中铨任纳采正、副使。礼亲王骑马在前，睿亲王手中持节，一行人从乾清宫出发，彩礼队列的末尾是全身染成红色的四十只绵羊。纳采队伍在人们的嬉笑声中直奔帽儿胡同荣公府，皇后之父荣源被封为承恩公。十二月一日，大婚典礼举行。溥仪身着袍褂来到乾清宫。满蒙王公和遗老们齐集宫内。庆亲王载振与郑亲王昭煦任正、副使，带领大队迎亲人马前往荣公府。新郎溥仪派人把一柄如意放在凤舆中。二十四人抬着大凤舆涂金的轿子顶端，正中一只大金凤。队列中有一座银顶黄缎轿和三辆银顶黄缎旧式马车，并未坐人，它们是备皇后日后私人使用。满人的婚礼不同于汉人，都是在夜间举行。皇后入宫的时间定于一日凌晨四时。

溥仪这样回忆他的洞房之夜："行过'合卺礼'，吃过了'子孙饽饽'，进入这间一片暗红色（坤宁宫洞房）的屋子里，我觉得很憋气。新娘子坐在炕上，低着头，我在旁边看了一会，只觉着眼前一片红：红帐子、红褥子、红衣、红裙、红花朵、红脸蛋……好像一摊溶化了的红蜡烛。我感到很不自在，坐也不是，站也不是，我觉得还是养心殿好，便开开门，回来了。我回到养心殿，一眼看见了裱在墙壁上的宣统朝全国各地大臣的名单，那个问题又来了：我有了一后一妃，成了人了，和以前有什么不同呢？被孤零地扔在坤宁宫的婉容是什么心情？那个不满十四岁的文绣在想些什么？我连想也没有想到这些。我想的只是：如果不是革命，我就开始亲政了……我要恢复我的祖业！"

附录三 慈禧大事年表

慈禧大事年表

年号	公历	相关人物	慈禧年龄	事迹		
嘉庆十六年十一月十一日	一八一一年	曾国藩出生,属羊	曾国藩大慈禧太后两轮,二人都属羊	曾国藩四十岁时开始编练湘军,受到重用,慈禧对他有知遇之恩	曾国藩卒于同治十一年(一八七二年)二月初四日,终年六十二岁	嘉庆十六年秋,彗星出现在西北天际。钦天监进奏:将嘉庆十八年闰八月改为次年二月。两年后,白莲教起义爆发
道光三年正月初五日	一八二三年	李鸿章出生,属羊	李鸿章大慈禧太后一轮,二人都属羊	李鸿章三十八岁时奉旨编练淮军,开始受到重用。四十五岁任直隶总督,在任长达二十五年	李鸿章卒于一九〇一年十一月七日,终年七十八岁	道光初年是多事之秋。李鸿章出生前后,旱、涝泛滥。道光四年,淮河决堤。两江总督、南河总督、漕运总督一起查办
道光十一年六月初九日	一八三一年	咸丰帝奕詝出生于圆明园,道光帝四子,属兔	慈禧太后丈夫,大慈禧四岁	奕詝十九岁即位,在位十一年,内忧外患:太平天国起义;英法联军入侵,火烧圆明园	奕詝一生纵欲,卒于咸丰十一年(一八六一年)七月十七日,终年三十岁	道光帝是清代最节俭的皇帝,他的套裤、衣服破了,打补丁后接着穿。然而,道光年间,大清王朝危局已现
道光十二年十一月二十一日丑时	一八三二年	恭亲王奕訢出生于紫禁城西六宫之启祥宫,道光帝六子,属龙	奕訢大慈禧太后三岁,一生与慈禧合作中斗争	奕訢二十九岁时与二十六岁的慈禧第一次联手发动政变,其后三次被罢职	奕訢卒于光绪二十四年(一八九八年)四月初十,终年六十七岁	道光帝是册封皇后最多的皇帝,有四位皇后:在位时三位,去世后由咸丰帝追封一位

年号	公历	相关人物	慈禧年龄	事迹		
道光十五年十月初十日寅时	一八三五年	慈禧太后出生于北京辟才胡同,属羊	慈禧一岁	父亲惠征,时为笔帖式文官,四十九岁时去世	祖父景瑞,官至五品刑部郎中,八十岁时去世	道光帝三十九岁即位,在位三十年,六十九岁去世。有后妃二十余人,生皇子九人,钟爱皇四子、皇六子
道光二十三年	一八四三年	荣禄出生,满洲正白旗人,小慈禧八岁,属兔	慈禧八岁	荣禄工策划,善权谋,是慈禧太后一生看中之人	光绪二十九年(一九〇三年)去世,终年六十岁	皇六子奕訢才华胜过皇四子奕詝:肄武事,共制枪法二十八式、刀法十八式。宣宗(道光帝)赐以名,枪曰:棣华协力;刀曰:宝锷宣威
道光二十九年	一八四九年	皇六子奕訢与皇四子奕詝兄弟争储公开化	慈禧十四岁	年近七旬的道光帝召见皇四子奕詝、皇六子奕訢。道光帝考查两位皇子,这次默定储位	皇四子奕詝师傅杜受田说:"阿哥知识不如六爷,皇上自言老病,只伏地流泪就行。"	皇四子奕詝娶太常寺少卿富泰之女萨克达氏,册为嫡福晋。不久,萨克达氏病死。十余天后,皇四子奕詝即位,为咸丰帝,追封她为孝德皇后
咸丰元年	一八五一年	恭亲王奕訢十九岁	慈禧十六岁	慈禧参加清宫选秀,被选入宫		咸丰帝荒淫无度,身边美女如云。同时,他尚嫖妓,宠幸雏伶

年号	公历	相关人物	慈禧年龄	事迹		
咸丰二年	一八五二年	恭亲王奕訢二十岁	慈禧十岁	二月初六日，慈禧父惠征任安徽太广道。二月十一日，封兰贵人。五月初九日入宫	四月，咸丰帝将奕訢分府出宫，指原庆郡王府为府邸。此府原为和珅府邸	御史陆氏迷恋朱莲芬，上书进谏皇帝。咸丰批示："如狗啃骨头，被人夺去，岂不恨哉。钦此"
咸丰三年	一八五三年	恭亲王奕訢二十一岁	慈禧十八岁	正月初一日，恭亲王奕訢写诗："喜看红旗报捷先。"	二月二十日，洪秀全进入南京，改称天京	咸丰帝即位后，面临内忧外患。辅佐政务的是御前大臣载垣、端华和蒙古亲王僧格林沁
咸丰四年	一八五四年	咸丰帝奕詝二十三岁	慈禧十九岁	慈禧封懿嫔	恭亲王奕訢二十二岁，生长女。任宗人府宗令、正黄旗满洲都统	载垣是圣祖之子后裔，封怡亲王。端华为郑亲王。由他们引荐，郑亲王之弟肃顺成为咸丰的宠臣
咸丰六年	一八五六年	咸丰帝奕詝二十五岁	慈禧二十一岁	慈禧生皇子载淳	慈禧生子当天封懿妃	皇六子奕訢封为亲王，就是恭亲王，聪明过人

年号	公历	相关人物	慈禧年龄	事迹		
咸丰九年九月十六日	一八五九年	袁世凯出生,属羊	慈禧二十四岁	袁世凯父袁保中,捐同知,一生未当官,经营田产	恭亲王奕訢二十一岁,授内大臣、管宴大臣。清军大沽口大捷	咸丰九年五月,英法联军在大沽口败北,沿途测量旅顺、威海港口
咸丰十年	一八六〇年	咸丰帝奕詝二十九岁	慈禧二十五岁	七月,清军大败。慈禧反对北狩。八月初八,咸丰帝带领后妃北逃热河避暑山庄	八月二十一日,英法联军强行冲入圆明园后将其焚烧,犯下人类历史上最为丑恶的罪行	《慈禧传信录》载:"一日,帝御圆明园,共后妃宴天地一家春。酒半,枢府奏:'英法军已陷天津!'帝痛哭起,罢宴。孝贞(慈安)与诸妃皆泣,后独进曰:'事危矣,环泣何益?'恭亲王素明决,乞上召筹应对。"
咸丰十一年	一八六一年	咸丰帝奕詝三十岁	慈禧二十六岁	七月十七日,咸丰帝奕詝去世。十八日,尊皇后与懿妃为皇太后。九月三十日,制裁八大臣。十月初一日,授恭亲王奕訢为议政王、军机首领、宗人府令。初六日,处死肃顺、载垣、端华。恭亲王奕訢长女晋固伦公主	八月初一日,恭亲王奕訢叩谒梓宫,密谋政变。九月初一日,上两宫太后徽号:慈安、慈禧。九月三十日,慈禧太后政变成功。十月九日,同治帝载淳登基。十一月初一日,慈禧首次垂帘听政	咸丰十年七月,英法联军攻陷天津。咸丰帝奕詝准备北逃。懿贵妃反对:"昔周室东迁,天子蒙尘,永为后世之羞!今若遽弃京城而去,辱莫甚焉,辱莫甚焉。"

年号	公历	相关人物	慈禧年龄	事迹		
同治元年	一八六二年	同治帝即位，时年六岁	慈禧二十七岁	恭亲王奕訢三十岁	皇帝典学。恭亲王奕訢管理钦天监和算学。设立同文馆	慈禧太后制裁了两江总督何桂清和统兵将军胜保。随后，她明确指示："斩杀二人，不事株连。"
同治四年	一八六五年	恭亲王奕訢三十三岁	慈禧三十岁	三月初七日，慈禧亲书懿旨，革去恭亲王奕訢一切职务。四月十四日，著恭亲王在军机大臣上行走	九月，慈禧撤去恭亲王长女固伦公主名号，封荣寿公主	同治元年元旦，慈禧授予曾国藩两江总督职。随后，曾氏奉旨四省
同治五年	一八六六年	恭亲王奕訢三十四岁	慈禧三十一岁	正月，慈禧派遣官员出国考察。九月，将恭亲王奕訢长女荣寿公主指婚固伦额驸景寿子治瑞	十一月初一日，曾国藩剿捻失败，调任两江总督，李鸿章接替剿捻。发生同文馆之争	湘军步步为营，围剿太平军。同治三年六月，双方发生激战，死伤惨重。最终，湘军攻克金陵。慈禧下旨："金陵巢穴已覆，各路余匪自必闻风丧胆……著即迅将江右逆氛扫荡。"
同治六年	一八六七年	恭亲王奕訢三十五岁	慈禧三十二岁	慈禧发布上谕，开展洋务运动。第一次派遣政府代表团蒲安臣、志刚、孙家谷等人访问欧美	十二月十一日，捻军战败，首领赖文光被俘	御史丁浩弹劾恭亲王奕訢：贪墨、骄纵、揽权、徇私。慈禧太后乘机剥夺了奕訢的议政王和首席军机之职

年号	公历	相关人物	慈禧年龄	事迹		
同治八年	一八六九年	恭亲王奕訢三十七岁	慈禧三十四岁	慈禧不得不发布上谕处死安德海	八月初三日，恭亲王奕訢觐见慈安太后，奏请将安德海就地正法	慈禧制裁了恭亲王奕訢后，奕訢与之前判若两人。近来事无巨细，愈加寅畏小心，深自敛抑
同治十一年	一八七二年	恭亲王奕訢四十岁	慈禧三十七岁	同治帝大婚，娶慈安选中的阿鲁特氏为皇后，慈禧选中的富察氏为慧妃	廷寄李鸿章、左宗棠发展洋务，发展工业	平定太平军，慈禧重赏一百二十余人。曾国藩赏太子少保衔，封一等伯。同治七年十二月，慈禧在养心殿召见曾国藩，裁撤湘军，任命曾为内阁大学士，留在北京
同治十二年	一八七三年	恭亲王奕訢四十一岁	慈禧三十八岁	正月二十六日，同治帝亲政大典，两宫皇太后撤帘归政	十月，谏修圆明园御史被革职	同治十一年二月，册立阿鲁特氏为皇后。第二年，慈禧归政，十八岁的同治帝开始亲政
同治十三年	一八七四年	恭亲王奕訢四十二岁	慈禧三十九岁	十二月初五日，同治帝载淳病逝。慈禧扶立载湉为光绪帝	七月十七日，恭亲王奕訢等十人谏修圆明园。同治帝罢免恭亲王，慈禧太后下令收回罢免令	同治亲政后的第一件事，就是大修圆明园。他发布圣旨：著王公以下、京外大小官员，量力报销捐修

年号	公历	相关人物	慈禧年龄	事迹		
光绪元年	一八七五年	恭亲王奕訢四十三岁	慈禧四十岁	拨款四十五万两订购四艘英国炮舰。慈禧第二次垂帘听政	发生海防、塞防之争。李鸿章负责北洋海防，沈葆桢负责南洋海防	由于慈禧不放权，同治帝心灰意冷。他开始不问政务，寻花问柳，患上梅毒。慈禧吩咐按天花医治。同治十三年十二月初五日，同治帝载淳去世，年仅十九岁。
光绪七年	一八八一年	恭亲王奕訢四十九岁	慈禧四十六岁	三月初十日，慈安暴卒，享年四十五岁	十月，慈禧再封恭亲王长女为固伦公主	光绪六年二月，慈禧病，慈安太后一人垂帘听政。第二年春，慈安暴卒。史官称："丧仪甚草草，二十七日后，一律除孝。"
光绪十年	一八八四年	恭亲王奕訢五十二岁	慈禧四十九岁	二月，中法之战失利。三月，慈禧开去恭亲王奕訢一切差使，撤换全体军机大臣	礼亲王世铎为军机首领，重组军机处，称甲申之变	光绪十年，载湉十四岁，应该亲政，但慈禧迟迟不放权。大臣忧心忡忡，上书慈禧：顺治六岁登基，十四岁亲政；康熙八岁登基，十四岁亲政；皇上该亲政了

年号	公历	相关人物	慈禧年龄	事迹		
光绪十五年	一八八九年	恭亲王奕訢五十七岁	慈禧五十四岁	光绪帝载湉举行亲政大典，慈禧归政	赏恭亲王奕訢头等护卫	载湉十七岁，慈禧依旧不放权。她重组内阁，命庆亲王奕劻负责。设立海军衙门，命醇亲王奕譞、李鸿章主持
光绪二十年	一八九四年	恭亲王奕訢六十二岁	慈禧五十九岁	甲午战争中国败于日本，慈禧庆祝六十大寿	七月初一日，中日宣战	光绪十五年正月，皇帝大婚。二月，载湉亲政。慈禧归政前，对光绪帝约法三章：章程不可改，祖制不可变，军国大事不可擅自主张
光绪二十一年	一八九五年	恭亲王奕訢六十三岁	慈禧六十岁	三月二十三日，中日《马关条约》签订	四月初八日，光绪帝批准条约	甲午战败，御史安维峻上书指责慈禧："各议出自皇太后，太监李莲英实左右之！此等市井之谈，臣未敢深信！何者？皇太后既归政皇上，若仍遇事牵制，将何以上对祖宗，下对天下臣民？至李莲英，何斯人也？敢干政事乎？"

年号	公历	相关人物	慈禧年龄	事迹		
光绪二十四年	一八九八年	恭亲王奕訢六十六岁	慈禧六十三岁	四月二十三日,光绪帝颁《明定国是诏》,变法维新。八月初六日,慈禧发动政变,囚禁光绪帝,第三次垂帘听政	正月,恭亲王奕訢阻止光绪帝召见康有为。二月,慈禧向英德借款一千六百万金镑。四月初十日,恭亲王奕訢去世	光绪二十一年三月,李鸿章代表大清国签订《马关条约》,举国反对。康有为进《上清帝第三书》。翁同龢向皇帝推荐:"康有为之才,过臣百倍,请皇上举国以听!"由于光绪帝器重,康氏先后进第四书、第五书
光绪二十六年	一九〇〇年	袁世凯四十一岁	慈禧六十五岁	慈禧向列国宣战。八国联军入侵北京,慈禧携光绪帝后出逃	七月,李鸿章、张之洞、荣禄、袁世凯主张保护各国公使	慈禧发动宫廷政变,囚禁光绪帝。她先后发布四道懿旨:罢免翁同龢,收回二品以上大臣任免权,秋季天津阅操,任命荣禄为直隶总督。荣禄秘奏:八国联合逼太后归政,慈禧愤怒不已,向各国宣战。战败,慈禧一行逃往西安

年号	公历	相关人物	慈禧年龄	事迹		
光绪二十七年	一九〇一年	袁世凯四十二岁	慈禧六十六岁	签订《辛丑条约》。慈禧回到北京	十一月，袁世凯署理直隶总督兼北洋大臣。以其共保东南疆土尽心筹划，受赏太子少保衔	一九〇一年十月，慈禧从西安回銮。车队出长安东门，经临潼，前往华清池。过华阴，出潼关，进入河南，经涵谷关，到达陕州。经洛阳，到开封，过生日。出磁州后，由直隶总督袁世凯护卫，经顺德府、正定府，从丰台进京
光绪二十八年	一九〇二年	袁世凯四十三岁	慈禧六十七岁	慈禧发布谕旨，推行维新新政	袁世凯实授直隶总督、北洋大臣、督办商务大臣	一九〇二年初，慈禧回到紫禁城。她开始调整对外方针，主动邀请外国大使等外交官及其夫人入宫，学习外国先进成果
光绪三十二年	一九〇六年	袁世凯四十七岁	慈禧七十一岁	慈禧颁旨，实行预备立宪	十一月，袁世凯上奏辞去八项兼差	七十岁后，慈禧的健康开始出现滑坡。光绪三十二年，慈禧身体欠安。太医院长庄守和及御医张仲元等全力调治，但不见好转。此时内外交困，国事艰危

年号	公历	相关人物	慈禧年龄	事迹		
光绪三十四年	一九〇八年	袁世凯四十九岁	慈禧七十三岁	二月二十一日,光绪帝载湉去世。二十二日,慈禧去世	袁世凯赏加太子太保衔	慈禧自知来日无多,着意安排后事。不久,光绪帝被毒死。慈禧临终遗言:女人不可与闻国政,此与本朝家法相违
宣统元年	一九〇九年	袁世凯五十岁	宣统帝三岁	溥仪即皇帝位,年号宣统	袁世凯开缺回乡,隐居垂钓	慈禧遗诏:"予以薄德,祇承文宗显皇帝册命,备位宫闱。……回念五十年来,忧患迭经,兢业之心,无时或释。"